Arriver à bon port

Une stratégie 100 % climat,
50 % écologie récompensante, 50 % Ulysse

5-7, rue de l'École-Polytechnique, 75005 Paris

http://www.editions-harmattan.fr

ISBN : 978-2-336-48475-4
EAN : 9782336484754

Denis Bonnelle

Arriver à bon port

Une stratégie 100 % climat, 50 % écologie récompensante, 50 % Ulysse

L'Harmattan

Du même auteur :

Aux éditions du Cosmogone (Lyon) :

- *À fond ! contre le* CO_2 (2006)

- *Fautes – Climatoscepticisme, incompétence et irresponsabilité* (2011)

Aux éditions Ellipses :

- *21 énergies renouvelables insolites pour le XXIème siècle*, en association avec Renaud de Richter (2010)

En autoédition :

- *The 100 % renewable case* (2018)

- *5 défis techniques XXL inédits pour le climat* (2023)

…R À BON PORT – ENSEMBLE

Penser au climat n'est pas facile. Ni agréable.

Il est normal que, pour beaucoup de gens, une ambition légitime consiste à vivre mieux, et qu'en attendant, tout le monde soit assuré, au moins, d'avoir le droit de continuer à vivre de la même manière. C'est humain, mais impossible.

La physique du climat nous impose de modifier notre organisation énergétique vers : plus de sobriété (ce sera relativement facile quand nous aurons aboli la pub, mais nous n'en prenons pas le chemin) ; et/ou plus d'efficacité (obtenir le même confort avec moins de consommations d'énergie) ; et/ou de la substitution d'énergies décarbonées (pour l'essentiel, nucléaire et/ou éolien et/ou solaire) à la place des énergies fossiles. Ne rien changer, ce n'est pas une option.

Dans ce contexte exigeant, ce livre a un objectif inédit : identifier le maximum de cas où, au profit du climat, des politiques d' « écologie récompensante » peuvent être menées.

Si c'était si simple, me direz-vous, elles seraient déjà appliquées. C'est en partie vrai, d'où deux précisions. Tout d'abord, ce que je propose, ce sont souvent des stratégies de bric et de broc, sans cohérence idéologique ni élégance conceptuelle, à verser au débat plus qu'à asséner avec certitude – ce qui ne m'empêchera pas de les défendre avec passion. Ensuite, elles ne sont quelquefois que partiellement récompensantes. C'est-à-dire qu'elles présenteront certains avantages inattendus, des caractéristiques qui les rendront plus acceptables pour nombre de nos concitoyens, mais, dans le même temps, il ne faut pas se le cacher, elles incluront une part de contraintes.

Soyons, par exemple, résolument optimistes, ce qui sera d'ailleurs le cas tout au long de ce livre : je ne cherche pas à décrire ce qui se passerait dans des hypothèses médianes, où nous flirterions avec le bord du gouffre avant d'agir. Supposons donc que nous prenions la science au sérieux et que nous en tirions rapidement toutes les conséquences.

Nous devrions ainsi nous approcher de l'objectif, établi par la science, de laisser volontairement sous terre une grande part des énergies fossiles accessibles. Plus cela incitera leurs détenteurs à les brader, plus la tentation de quand même profiter de ces prix bas sera considérable. Une tentation peut-être aussi forte que celle que, dans la mythologie, Ulysse s'apprêtait à affronter en traversant le territoire des sirènes et de leur chant diabolique. Qu'a-t-il fait ? Il a demandé à son équipage de l'attacher au mât de son navire, et de resserrer les cordages à chaque fois qu'il demanderait qu'on les desserre. Devrons-nous en arriver à des contraintes aussi fortes ? À débattre…

Par contre, ce qui n'est pas à débattre, c'est de savoir si ces contraintes que nous nous imposerions à nous-mêmes, ce serait de l'écologie punitive. Ulysse, quand il édicte ses consignes très strictes, a-t-il comme intention de se punir : judéo-christianisme, remords, masochisme... ? Évidemment non, il a juste envie d'arriver à bon port, et il sait que c'est la seule possibilité. Et nous ? Si, pour que la planète arrive à bon port après la traversée d'aussi fortes tentations que le chant des sirènes, nous devions, comme lui, nous fixer à nous-mêmes des contraintes sévères, ainsi que les moyens de nous forcer à nous y tenir, ce ne serait naturellement pas de l'écologie punitive. Ce ne serait que du pragmatisme.

Cet argument peut-il, en soi, faire taire toute référence à la notion d'écologie punitive, qui gangrène le débat public depuis quelques années ? Ce serait une excellente nouvelle. Mais, sur le plan logique, il reste encore une difficulté à lever. Ulysse prend une décision objectivement bonne, qu'il s'applique à lui-même. Par analogie, il est nécessaire que nous prenions et que nous nous appliquions à nous-mêmes de bonnes décisions. C'est équivalent, mais à un détail près : le passage du « je » au « nous ». Ce qui pose au moins deux questions.

La première est que le « nous » renvoie à la démocratie, mais laquelle ? La démocratie directe intégrale est une utopie[1],

---

[1] Pas forcément progressiste. Certains cantons suisses ruraux la pratiquent, or, ils ont été parmi les derniers au monde à accorder le droit de vote aux femmes : certaines en ont été privées jusque dans les années 1970.

et elle ne résout, pas plus que les autres formes, la difficulté à donner la parole aux générations futures – difficulté accrue par le faible taux de participation électorale des jeunes.

Pour se rapprocher autant que possible de cette démocratie directe, on peut faire appel, par tirage au sort, à un échantillon de citoyens ordinaires. La convention citoyenne pour le climat (CCC) en était une bonne illustration. Elle me permet par ailleurs de revenir sur un mot que j'ai abandonné dans le passage d'Ulysse à « nous » : « objectivement ».

La CCC avait fait du bon travail parce que ses membres avaient eu le temps et les moyens de se former en faisant appel à des experts, puis de délibérer entre eux, en dépassant leurs origines sociologiques très diverses, et en arrivant à un quasi-consensus, ce qui est le signe d'une approche rationnelle.

On sait dans quelle mesure, très limitée, leurs propositions ont été reprises par l'État, malgré la fameuse promesse du « sans filtre ». Les choses auraient pu être différentes si nos concitoyens, se reconnaissant dans cet échantillon constitué à leur image, avaient, dans leur grande majorité, constaté que ses conclusions étaient l'aboutissement logique de toute réflexion objective sur la question climatique, et s'en étaient approprié les résultats. Mais cela impliquait de fortement modifier leur opinion sur le sujet, et leurs habitudes trop ancrées de recours « évident » aux énergies fossiles. Le passage de 150 citoyens à 68 millions n'était pas beaucoup plus facile que le passage de l'exemple d'Ulysse à celui de « nous tous ».

Ces « nous tous », sont-ils, d'ailleurs, univoques ?

Le mot « nous » ou « notre » revient cinq fois dans la phrase suivante, qui peut servir de fondement à ce livre : « *Notre défi vital, existentiel, est clair : la continuation ou la disparition de notre civilisation, telle qu'elle a été façonnée par les siècles et nous a été transmise, telle que nous aimerions la transmettre à ceux qui viendront après nous* ».

On voit bien ce qu'elle signifie : quand nous parlons de l'état de la planète que nous allons léguer à nos petits-enfants si nous ne stabilisons pas le climat le plus vite possible, c'est bien un défi vital, existentiel. Et « *la continuation ou la disparition de notre civilisation* » est bien en cause lorsque de plus en plus de gens, de villes, d'écosystèmes sont emportés par des canicules et autres évènements météorologiques extrêmes, alors que la science, le progrès technique et économique, depuis leur réveil à partir du XVIIIème siècle, commençaient enfin à produire du développement partout dans le monde. Pour échapper à ces désastres grandissants, nous devons procéder à une transition complète de notre système énergétique dans le cadre d'une coordination mondiale qui, pour l'instant, avance trop lentement : là encore, il s'agit de l'enjeu majeur de notre génération, lourd de difficultés à venir, voire de menaces. Deux ou trois centaines de milliers d'années seulement après que nous, homo sapiens, soyons apparus sur terre, nous risquons de tout faire capoter, en mille fois moins de temps.

Stop ! En fait, je suis complètement hors sujet. Cette phrase aux cinq « nous » est une citation de Marion Maréchal, qui s'en fiche, du climat. Un tel paradoxe s'explique par le fait que pour elle, et pour toute l'extrême-droite, « nous » ne peut pas signifier autre chose que : « nous, les français ».

Ceci nous renvoie-t-il, son camp et le nôtre, dos à dos ? Heureusement, non. Pour dire qui a raison et qui a tort, il existe un juge de paix impartial. La physique du climat est objective, et ses conclusions sont claires.

Tout d'abord, l'opacité des différents gaz tels que le dioxyde de carbone (CO_2) à l'égard des rayons infrarouges de grande longueur d'onde peut se mesurer, à tout instant, en laboratoire, même si ces rayons sont invisibles à nos yeux[1]. On sait depuis deux siècles qu'en conséquence de ce phénomène,

---

[1] L'autre partie invisible du spectre lumineux, les ultraviolets, était concernée par le « trou de la couche d'ozone » du pôle sud, qui menaçait de cancer les australiens et néo-zélandais à la peau claire. C'est le premier problème atmosphérique à avoir été réglé par un accord international, le protocole de Montréal. La question climatique est beaucoup plus difficile, car elle implique des gaz d'une importance économique bien plus grande. Mais ce succès, dont les résultats n'étaient pas non plus attendus de manière immédiate, peut nous motiver pour éviter les catastrophes qui résulteraient d'une perte de contrôle climatique, notamment autour du pôle nord.

toute combustion à grande échelle des ressources énergétiques du sous-sol conduit à un réchauffement important de l'atmosphère. Depuis plusieurs décennies, cette prédiction se réalise effectivement. Ne pas ramener notre consommation de combustibles fossiles à près de zéro d'ici à 2050, c'est risquer de franchir des points de non-retour.

Une autre loi de la physique, encore plus simple à comprendre, permet de trancher objectivement la question « c'est qui, nous ? ». Quand nous brûlons du gaz, du charbon ou un dérivé du pétrole, nous émettons du CO_2 qui se mélange à l'air ambiant, non pas pour rester sur place, mais pour être emporté et dispersé par les vents sur toute la surface de la terre. Nous, les français, qui sommes un peu moins d' 1 % de l'Humanité, émettons de l'ordre d' 1 % du CO_2 mondial, ce qui veut dire qu'à hauteur de 99 %, notre sort dépend des autres pays, de même qu'à 99 % nos émissions affectent leurs habitants.

La physique est donc claire sur deux points. Le seul vrai défi existentiel, c'est celui du climat, qui nous concerne en tant qu'Humanité dans son ensemble. Et les différents pays doivent à la fois : contribuer à la coordination mondiale des politiques climat, ce qu'ils font dans le cadre des CoPs ; et agir sans attendre, chacun à la hauteur de ses responsabilités.

La nécessité du passage au « nous » le plus pertinent est donc établie : la démocratie climatique mondiale, et son fonctionnement le plus efficace possible, sont un impératif absolu. Reste ensuite à mettre en œuvre le dicton « qui peut le plus peut le moins » : au plan national, la transposition au collectif de la stratégie non punitive et pourtant fortement contraignante d'un individu, Ulysse, est-elle possible ? Comment agir dans le respect de la démocratie, alors même que notre corps social ne s'est pas approprié les conclusions des 150 membres de la convention citoyenne pour le climat ?

Nous n'avons, en tout cas, pas d'autre choix que d'approfondir cette démocratie, en prenant les forces politiques telles qu'elles sont, et en leur demandant d'être cohérentes avec leurs principes. Nous avons au moins la chance que, dans leur très grande majorité, ces partis mettent au fondement de leur action la volonté de convaincre. Les rappeler à la nécessité de baser leurs propositions sur des réalités objectives n'est donc pas illusoire. Et rien n'est plus objectif que la physique du climat. Mais, au-delà, restent des intérêts contradictoires, ne serait-ce qu'entre salariés et employeurs, et il est légitime que différents positionnements les représentent.

Certaines de ces forces politiques peuvent choisir d'afficher une volonté de surpasser ces oppositions, dans l'intérêt général. Pour ce qui est de passer de l'individu Ulysse à un nous collectif, prenons leurs « éléments de langage » au mot. Notre première cible est alors toute trouvée : la coalition des partis macronistes qui s'est présentée à nos suffrages sous le terme on ne peut plus fédérateur d' « Ensemble ».

Ce livre s'amuse donc à rebondir sur leur discours. Sont-ils prêts à accepter d'être « challengés », comme ils disent, et à voir certains des slogans du macronisme détournés au profit de notre intérêt à tous, celui de la préservation du climat ? Sont-ils capables, parce que c'est nécessaire au fait de résoudre tous Ensemble la question la plus existentielle qui se pose à nous, celle du réchauffement climatique, de travailler à un nouveau progressisme, à un nouveau « quoi qu'il en coûte », à une nouvelle start-up nation, à une nouvelle rue à traverser, et à de nouveaux premiers de cordée ?

Pour mieux définir la dette que nous léguons à nos petits-enfants ; pour faire bien accepter, par le réseau électrique, les énergies renouvelables variables non pilotables ; pour faire intelligemment coexister des vélos et des voitures électriques et thermiques ; pour mieux cibler les incitations économiques, à commencer par le logement ; pour gérer au mieux l' « effet rebond » ; pour l'industrie « brick and mortar », au sens propre comme au figuré ; et pour bien d'autres objectifs : innovons !

NOUVEAU PROGRESSISME, NOUVEAU « QUOI QU'IL EN COÛTE »

Nous allons très vite entrer dans le vif du sujet, en détaillant un des exemples les plus nets d'écologie récompensante basée sur le progrès, en l'occurrence sur le développement massif du photovoltaïque.

Mais ce dernier est-il, plus globalement, une réponse pertinente à la question climatique ?

Depuis 25 ans, je m'intéresse de près aux énergies renouvelables. Au départ, elles étaient critiquables du fait de leur coût, mais aujourd'hui elles sont compétitives.

C'est grâce au travail acharné d'ingénieurs et de concepteurs de giga-usines qu'elles se développent sans quasiment avoir besoin d'être subventionnées. Voyons comment ce développement peut être suffisamment massif et rapide pour apporter une solution décisive au problème climatique.

Le photovoltaïque : vraiment ni où ni quand on a besoin de lui ?

Vérifions déjà de manière plus précise, avant d'atteindre l'idée récompensante que je vous ai annoncée, si les énergies renouvelables, et d'abord le photovoltaïque, ne sont pas, du simple fait de leur coût, punitives ?

C'était vrai. Mais ça ne l'est plus.

Ce qui ne veut pas dire que ça se démontre en trois lignes. Certes, le développement de l'autoconsommation, qui montre que tout un chacun a intérêt à produire sa propre électricité solaire et que c'est rentable du seul fait des économies réalisées sur sa facture EdF, en est un excellent signe.

Mais il compare du photovoltaïque cher (il faut payer des acrobates pour fixer des panneaux sur un toit en pente, et amortir ce coût sur peu de kilowatts) avec de l'électricité d'EdF chère (celle qu'elle vous vend et qui inclut à la fois les frais de production 24/24 et 365/365, le subventionnement du solaire et de l'éolien de l'époque où ils coûtaient encore cher, les frais de transports, les frais de distribution, ...).

Donc il ne renseigne pas directement sur la comparaison la plus importante, celle qui porte sur les prix de gros du photovoltaïque (ou de l'éolien), à l'échelle des grandes fermes qui seront indispensables demain, comparés aux prix de gros des MWh produits par le nucléaire, par des turbines à gaz, ou par l'hydraulique.

Comparaison qui doit se faire avec une rigueur scientifique à toute épreuve, c'est-à-dire en mettant à la charge des énergies renouvelables intermittentes (solaire et éolien) le coût pour la société de la gestion de cette intermittence.

Cette comparaison « tout compris » a été faite, en 2021, par RTE (« réseau de transport d'électricité ») qui a la double mission d'équilibrer ce réseau en temps réel et de faire de la prospective à plusieurs dizaines d'années.

Autant dire que quand on lui demande de faire la prospective de l'équilibrage du réseau, sa compétence est incontestable. En tant que filiale d'EdF, elle ne peut être suspectée de sentiments antinucléaires. Ni de négliger la question de l'intermittence du solaire et de l'éolien, puisqu'elle y est confrontée quotidiennement.

Les seules insinuations critiques sérieuses que l'on entend à propos de ce rapport portent sur le fait que RTE n'aurait pas assez réduit sa tendance à faire jouer un rôle important aux importations et exportations d'électricité (tendance aujourd'hui justifiée car le mix électrique français est très différent de celui de nos voisins, mais qui le serait moins si tout le monde passait à l'éolien et au solaire).

Il ne me semble cependant pas que ceci soit de nature à totalement invalider ses conclusions, très intéressantes.

Son étude, dénommée « futurs énergétiques », compare six scénarios, qui, pour substituer de l'électricité décarbonée à la place des énergies fossiles[1], prévoient tous un développement considérable des énergies renouvelables, toujours à hauteur d'au moins 50 % du total de l'électricité produite. Trois de ces scénarios prévoient même qu'elles produisent, en 2050 ou en 2060, 100 % de notre électricité, ce qui est connu comme étant le cas le plus difficile et coûteux à équilibrer, compte tenu de leur variabilité dans le temps.

Tout en leur étant favorable, je m'attendais, au doigt mouillé, à ce que des scénarios 100 % renouvelables présentent des surcoûts de l'ordre de + 30 à + 50 % par rapport à des scénarios panachés, combinant les avantages des renouvelables (leurs coûts « nus » aujourd'hui vraiment compétitifs) et ceux du nucléaire (son absence d'intermittence).

Les résultats de RTE ont, pour des gens prudents comme moi, été assez remarquables : ces écarts s'étagent de + 7,5 % (entre le plus coûteux avec nucléaire et le moins coûteux 100 % renouvelable) à + 36 % (pour le cas inverse). « Pas hors de prix » : c'est bien ce que j'ai annoncé plus haut. Jamais une étude officielle n'avait été aussi peu défavorable à l'égard des renouvelables, alors qu'elle intégrait pleinement la question de leur variabilité.

Les scénarios avec nucléaire restant un peu moins chers, c'est sur cette base qu'Emmanuel Macron a annoncé son choix d'en conserver : libre à lui. Mais, bien entendu, il était hors de question que la France s'abstienne de faire progresser les renouvelables, et notamment le solaire, au moins autant que

---

[1] Dans tout ce livre, je considère, comme tout le monde, que « décarboné », c'est-à-dire nucléaire ou renouvelable, est le contraire de fossile (charbon, pétrole et gaz, dont la combustion émet du CO_2 nocif pour le climat). Ceci est vrai à condition de négliger l' « hydrogène blanc », ou fossile, sujet à la mode depuis un ou deux ans. Il en existe des gisements naturels assez intéressants mais qui restent à estimer précisément. Pour l'instant, il reste peu probable qu'il puisse jouer un rôle important dans la décarbonation de l'économie. En tout état de cause, il devrait d'abord être utilisé pour remplacer l'hydrogène obtenu à partir de gaz naturel et utilisé à grande échelle pour la fabrication des engrais, ce qui est un usage non énergétique. Donc, a priori, énergie décarbonée devrait bien rester, à 100 %, le contraire d'énergie fossile.

ce que prévoient ces scénarios avec nucléaire, c'est-à-dire très fortement.

Notons également que, selon ce rapport de RTE, pour qu'à horizon 2050 un réseau électrique 100 % renouvelable et optimisé, contenant beaucoup d'éolien et de photovoltaïque, n'ait pas de problème majeur avec leur intermittence, il suffira de 29 fois moins de batteries que pour électrifier notre parc automobile.

De plus, pour des batteries statiques, la question du poids est moins cruciale que pour les voitures. Il existe ainsi plus de possibilités de se passer au moins du cobalt et du nickel, qui sont à la fois problématiques et nécessaires pour les batteries lithium-ion, les plus légères. Des batteries soit sans lithium, et en particulier les sodium-ion, soit au lithium-phosphate-fer, sont en effet en train de devenir des alternatives de plus en plus crédibles et économiques pour les usages statiques.

Ces derniers peuvent, enfin, être assurés par des batteries un peu vieilles, plus assez performantes pour des voitures mais ayant toujours une certaine capacité. Ou encore en faisant appel à du stockage par les batteries des voitures (« vehicle to grid »), bien que cela ne colle pas très bien pour aider au passage de l'heure de pointe de demande d'électricité, après le coucher du soleil, quand de nombreux véhicules sont sur les routes.

La variété de ces solutions conduit en tous cas à penser que l'argument de l'intermittence, qu'appréciaient beaucoup les pronucléaires anti-renouvelables, est plus facile à réfuter qu'on ne le dit parfois.

*

Le photovoltaïque n'ayant ainsi pas grand-chose à se reprocher, il est, à l'inverse, très près de symboliser ce que le progrès peut nous apporter de mieux, en ces temps climatiquement difficiles. Il est, ainsi, « progressiste », au sens où c'est grâce à du travail de chercheurs puis d'ingénieurs de très grande qualité, qu'il est devenu compétitif – de même, d'ailleurs, que l'éolien.

Une piste pour que ce but, dont il est « très près », puisse être atteint ? Eh bien, par exemple, que le handicap économique résultant de son intermittence disparaisse purement et simplement. Et que, tant qu'à faire, cela soit possible en réunissant en une seule proposition, à la fois un progrès et le symbole le plus clair de ce qu'il est possible de proposer au nom d'une écologie récompensante.

Cahier des charges bien rempli, donc. Et pourtant, cet oiseau rare existe : c'est la clim. Surprenant ? Oui. Mais parce que le débat qui la concerne est souvent doublement mal posé.

*

Tout d'abord, la clim relèverait de l'adaptation (prévoir de mieux supporter les futures canicules[1]), ce qui nous détournerait de la nécessaire lutte contre les causes du changement climatique.

Si c'était le cas, je n'en parlerais pas comme d'une solution à encourager : tout ce livre montre que je suis farouchement opposé à l'idée de nous résigner à un réchauffement important et de nous contenter de nous y adapter.

Mais en réalité, du fait même qu'elle est effectivement utile pour nous adapter, elle peut aussi être utile pour l'atténuation (le fait de s'attaquer aux causes du problème).

En effet, si on renonce à la clim, la question du confort d'été en ville est l'une des plus difficiles à traiter en conciliant atténuation et adaptation, car elles fonctionnent comme des injonctions contradictoires.

(Adaptation) : il existe des solutions pour aider une ville à se rafraîchir naturellement, et en tout cas pour lutter contre le phénomène des « îlots de chaleur urbains » : multiplier les espaces verts, les arbres apportant de la fraîcheur à la fois par leur ombre et par leur évapotranspiration. Et pour multiplier ces espaces verts, dédensifier la ville – de toute manière, moins nous serons entassés les uns sur les autres, moins il fera chaud.

---

[1] Sachant que pour s'adapter, avant même de mettre la clim, on peut s'intéresser à des solutions d'habitat passif. J'y contribuerai plus loin.

Mais (atténuation) dédensifier la ville, ce serait, en matière de transports publics, abandonner un cercle vertueux absolument critique. Son fonctionnement normal est le suivant : il y a suffisamment d'usagers pour justifier que les bus, les trams ou les métros passent à intervalles réguliers ; du fait de cette fréquence performante, ces transports en commun sont attractifs, et il y a effectivement beaucoup de monde qui les utilise ; ils sont financièrement presque rentables et ils concurrencent très efficacement les voitures individuelles ; pour ces deux raisons, les responsables politiques sont d'accord d'entretenir cette offre abondante.

Inversement, abandonner ce cercle vertueux, ce serait tomber dans le cercle vicieux symétrique : fréquences peu attractives, mauvaise rentabilité, utilité modeste, manque de soutien des autorités, fréquences encore moins attractives….

Dilemme insoluble, donc, entre dédensification qui empêche de lutter efficacement contre les émissions de CO_2 des voitures et contre l'étalement urbain, et densification qui aggrave les effets des canicules. Sauf … si accepter de recourir à la clim rend ces canicules à peu près supportables pour celles et ceux qui habitent sous les toits, et permet finalement d'en rester à une ville dense, plus favorable à l'atténuation du changement climatique en matière de transport (et d'îlots de chaleur hivernaux, donc de moindre besoin de chauffage).

*

Deuxième argument : alors qu'on reproche aussi à la clim d'être consommatrice d'électricité et donc émettrice de gaz à effet de serre, dire cela, c'est ne pas remarquer quelque chose de pourtant évident :

- Où a-t-on le plus besoin de clim ? Dans le sud. Où peut-on le mieux produire de l'électricité solaire ? Dans le sud.

- Quand a-t-on le plus besoin de clim ? Lorsque le soleil est le plus ardent (en été, quand il fait beau, et en plein milieu de la journée[1]). Quand le photovoltaïque produit-il le plus ?

[1] En particulier si on peut stocker, pendant quelques heures, le froid qu'elle produit. C'est efficace à 100 %, et ça ne coûte pas très cher.

Lorsque le soleil est le plus ardent (autour du solstice d'été, quand il fait beau, et en plein milieu de la journée), même si le rendement des panneaux baisse un peu avec la température.

Bref, si on croit aux énergies renouvelables et en particulier au solaire, et si on est exaspéré par les critiques sur leur soi-disant « intermittence », prétendant qu'elles ne sont jamais produites au bon moment, alors développer au même rythme la clim et le photovoltaïque est une excellente stratégie, qui l'aidera à montrer qu'il est indiscutablement compétitif.

Et serviable, y compris à l'égard de ses adversaires. Car, en périodes de grosses chaleurs, les réacteurs nucléaires ne sont pas les derniers à souffrir. Surtout ceux situés, non pas sur le littoral, mais au bord des rivières, et qui doivent y prélever de l'eau pour disposer de ce qu'on appelle, en thermodynamique, une « source froide », sans laquelle il est impossible à toute centrale thermique de produire de l'électricité. Les canicules s'accompagnant souvent de sécheresses et de pénuries d'eau, déjà aujourd'hui et de plus en plus au fur et à mesure que le climat se réchauffera, merci qui pour continuer à avoir de l'électricité ?

*

À partir de preuves aussi éclatantes de pertinence, le photovoltaïque pourra continuer à se développer exponentiellement comme il le fait depuis des décennies[1], il continuera à progresser en compétitivité, et il conquerra des marchés encore plus grands, qui lui permettront tous de se substituer à des énergies fossiles (même si l'argument « magique » de la production exactement concomitante aux besoins, que l'on a avec la clim, ne sera plus là).

Cette dynamique vertueuse est toujours en cours, même si, comme de nombreuses autres industries, le photovoltaïque a subi des tensions dans sa chaîne logistique après le Covid.

---

[1] Le principe d'une exponentielle est de rester longtemps apparemment négligeable, puis d'accélérer de manière irrésistible, surtout quand la compétitivité économique s'améliore en parallèle (souvent elle aussi selon une exponentielle, même si elle est en général plus lente – c'est le cas pour le photovoltaïque).

Cependant, le prix des panneaux n'est pas tout : une fois que la promesse de prix très faibles est tenue, cette part du coût total de l'électricité photovoltaïque devient minoritaire, et il faut se préoccuper des autres coûts. Solutions de stockage permettant de gérer au mieux sa variabilité, dont on vient de voir qu'elle ne requiert qu' 1/29ème des batteries nécessaires pour l'automobile ; mais aussi : coût des supports, de l'installation et du raccordement au réseau ; coûts administratifs et commerciaux ; coût du foncier.

Malgré ce dernier, passer du modèle de quelques panneaux sur un toit de maison individuelle à de grandes fermes photovoltaïques au sol est la solution … du moins dans les pays qui ont, à l'égard de cette perspective, moins de réticences que les français, toujours prêts à faire les difficiles vis-à-vis de toute initiative ayant une connotation industrielle.

*

Une troisième objection pourrait éventuellement être soulevée, mais, là encore, elle peut se retourner en faveur de la synergie entre clim et photovoltaïque.

J'ai utilisé l'adjectif « massif » pour caractériser le nécessaire développement le photovoltaïque. Mais y aura-t-il suffisamment de surfaces libres pour cela, en particulier là où c'est le plus pertinent comme on vient de le voir : au sud ?

Commençons par quelques petites digressions, dont une qui nous fera passer par chez moi, au nord.

Les pronucléaires ne critiquent-ils pas l'énergie solaire pour son caractère diffus, qui conduirait à une consommation de foncier bien trop importante ? Évidemment, une centrale nucléaire occupe encore bien moins d'espace qu'une ferme photovoltaïque produisant autant d'électricité qu'elle, cela ne fait pas débat. Mais ce n'est pas ça la comparaison pertinente. La vraie question, c'est entre le photovoltaïque et des surfaces légitimement disponibles bien plus grandes.

Tout d'abord, les toits des parallélépipèdes qui peuplent nos zones d'activités. Il n'y aucune raison de ne pas dédier ces toitures commerciales ou industrielles au photovoltaïque. Pour l'instant, la loi ne l'impose que pour les parkings, parce que faire de l'ombre aux voitures et les dispenser d'être climatisées est un excellent exemple d'écologie récompensante. Mais quand ils seront tous équipés, il sera temps de passer aux toitures plates, moins visibles mais plus grandes, et dont le potentiel est aujourd'hui gaspillé.

Comment y arriver à une vitesse suffisante ? Là encore, une obligation légale serait une bonne solution. À défaut, la loi pourrait aussi mettre en place des mécanismes incitatifs : typiquement, un ensemble photovoltaïque équivalant à 10000 m^2 de productible électrique de bonne qualité (ou 9000 m^2 de très bonne qualité, c'est-à-dire orienté est et ouest pour produire majoritairement le matin et le soir), pourrait donner droit à une dérogation à la loi zéro artificialisation nette à hauteur de 1000 ou 1500 m^2, pouvant être revendue à un promoteur.

Enfin, si par extraordinaire les pouvoirs publics oubliaient de mobiliser ce gisement solaire, rien n'interdirait à des collectifs de citoyens inquiets pour le climat de se manifester sur le thème « réquisition des toits plats vacants ! » par analogie avec le mot d'ordre de « réquisition des logements vacants ! » des associations de défense des mal-logés.

Ceci devrait être significatif mais pas totalement suffisant. Heureusement, il existe une deuxième catégorie de « surfaces légitimement disponibles » : celles actuellement occupées par les agricarburants. En effet, la comparaison avec le photovoltaïque est très largement en faveur de ce dernier.

Déjà, le bilan carbone des agricarburants est fortement plombé par les consommations d'engrais et de carburants pour les tracteurs, pas loin d'être aussi importantes que l'énergie produite. Ensuite le photovoltaïque a un rendement physique pouvant aller jusqu'à 20 %, contre généralement autour d'1 % pour la photosynthèse, et ceci tant que le champ est vert (ni brun quand les plantes sont trop petites, ni jaune à l'approche de la moisson). Puis il faut tenir compte, pour les agricarburants de 1ère génération (encore les plus courants), du fait qu'ils ne transforment que les réserves constituées par la plante, glucides ou lipides – dans le cas du colza, elles en constituent bien moins que 100 %. Enfin, leur but est d'être utilisé dans des moteurs thermiques des voitures, qui ont eux aussi un plus mauvais rendement que le fait de charger des batteries puis d'alimenter des moteurs électriques.

Au total, pour une même économie nette de combustibles fossiles, la filière agricarburants nécessite une bonne centaine de fois plus de surface que l'association du photovoltaïque et de la voiture électrique.

Dans son livre « Ralentir ou périr »[1], Timothée Parrique défend, au nom du climat, la décroissance de l'économie dans son ensemble. Pour cela, il a besoin de discréditer l'idée d'agir principalement en remplaçant les énergies fossiles par des énergies renouvelables. Il le fait en soutenant (argument longtemps utilisé par ceux qui étaient anti-renouvelables parce qu'ils étaient pronucléaires) que ces énergies renouvelables, avant de produire de l'énergie, en consommeraient d'abord presque autant[2]. S'agissant de l'éolien et du photovoltaïque, c'est clairement faux. La fabrication de panneaux solaires ne consomme guère plus d'énergie que ce que, dans de bonnes conditions d'ensoleillement, ils seront capables de produire en 1 an ; or, leur durée de vie est de près de 30 ans.

À force de retourner dans tous les sens les chiffres de Timothée Parrique, j'ai fini par comprendre d'où ils sortaient[3] : d'une moyenne entre les agricarburants, encore assez importants aujourd'hui et qui consacrent une très large part de leur énergie à se produire eux-mêmes, et les autres énergies renouvelables pour lesquelles ce n'est pas du tout le cas.

Cette moyenne suggère que les énergies renouvelables dans leur ensemble auraient d'abord besoin de l'ordre d'un tiers ou

---

[1] Éditions du Seuil, page 71 pour ce que je discute ici.

[2] Calcul d'EROI (Energy return on investment). Il se peut que la légende d'un mauvais EROI pour le solaire date de l'époque où ces panneaux servaient surtout aux satellites, ce qui permettait d'expliquer que même en ayant coûté, pour leur fabrication et leur lancement, autant d'énergie que celle qu'ils produiraient ensuite, ils étaient super-utiles. Avec un peu de mauvaise foi, il était possible de ne retenir que la portion de phrase commençant par « même ».

[3] Explication que je lui ai soumise et qu'il n'a pas contestée.

de la moitié de leur propre production pour exister, avant même de pouvoir nous être utiles. Il suffit donc d'anticiper sur l'inéluctable marginalisation, voire éradication, de la filière des agricarburants, pour revenir aux bons chiffres : les éoliennes et panneaux solaires n'ont aucun problème de consommation excessive d'énergie lors de leur fabrication.

Bonnes nouvelles : même si la sobriété énergétique peut être utile, nous ne sommes nullement contraints à une décroissance, a fortiori pas à une échelle qui serait nécessaire pour sauver le climat (il faudrait que toute l'économie se réduise à une taille cinq à dix fois plus petite qu'aujourd'hui !). C'est le premier effet récompensant des énergies renouvelables. Et le deuxième : remplacer les agricarburants par de grandes fermes photovoltaïques libérerait des surfaces importantes pour de la reforestation, pour de l'agriculture moins intensive, pour plus de pistes cyclables, pour faire pousser du soja en France et épargner la forêt amazonienne, et aussi, au total, pour beaucoup plus de voitures avançant aux énergies renouvelables.

Une dernière objection, en revenant à la localisation du solaire dans le sud, que je prétends optimale y compris pour la clim ? Les cultures pour agricarburants (betterave, colza) qu'il faudrait remplacer sont produites massivement près de chez moi, dans les grandes plaines du nord. Mais celles-ci sont bien plus favorables à l'énergie éolienne (qui n'est pas en compétition avec la photosynthèse) qu'au solaire. Celui-ci étant au sud, n'y a-t-il pas là une contradiction ?

En fait, pas du tout, au contraire. Car, dans le même temps, à cause du réchauffement climatique, les cultures doivent migrer vers le nord, en particulier celles qui ont besoin d'eau, dont la disponibilité va devenir de plus en plus irrégulière dans le sud. Typiquement, le maïs. On propose de le remplacer par du sorgho, beaucoup moins gourmand en eau, très bien. Mais le cultiver plus massivement dans le nord, où il remplacerait les betteraves à éthanol, et lui substituer, dans son sud-ouest actuel, du photovoltaïque, aucun problème non plus.

Donc, contrairement à ce que pouvait laisser craindre le détour par l'éradication des agricarburants cultivés dans le nord, la concomitance spatiale entre besoins de clim et disponibilité de l'électricité photovoltaïque restera bien assurée.

Résumons-nous : les énergies renouvelables, c'est bon pour le climat, a fortiori quand, grâce au progrès technique et au développement industriel dont elles ont bénéficié, elles n'ont quasiment plus besoin d'être subventionnées, et quand personne ne peut les accuser de produire leur électricité au mauvais moment. C'est très largement le cas avec le couple clim / photovoltaïque[1]. La clim est donc à la fois écologique, puisqu'elle fera le plus grand bien au développement de l'énergie solaire, et récompensante : avoir frais en été, c'est cool.

*

Est-elle pour autant sans défaut ?

Il faut, bien entendu, comme pour les frigos, faire attention aux fluides frigorigènes qu'elle renferme et qui, s'ils s'échappaient, seraient de redoutables gaz à effet de serre.

Pour que ces machines soient plus sûres et que leur fin de vie soit mieux contrôlée, il est préférable qu'elles soient moins nombreuses et plus grosses. Et donc que, depuis des sites un peu à l'écart des villes, elles alimentent des réseaux de froid. Cela permettra par ailleurs d'éviter, dans les quartiers qu'on veut rafraîchir, que plein de ventilateurs recrachent, dans la rue et devant les fenêtres des voisins du dessus, la chaleur extraite des logements par la clim.

J'ai développé en détail, dans mon dernier livre[2], l'idée selon laquelle une centralisation de cette production de froid rendrait encore plus facile la conservation à très grande échelle, de l'été vers l'hiver, de cette chaleur rejetée par les clims,

---

[1] Je n'ai pas encore parlé d'agrivoltaïsme, qui consiste à produire sur les mêmes terres à la fois des produits agricoles et de l'électricité solaire, comme c'est déjà le cas, sans aucun problème, pour l'éolien. La tendance qui, pour l'instant, a le vent en poupe, est celle consistant à se servir de l'ombre des panneaux solaires pour rafraichir les cultures qui, contrairement au maïs que je viens de citer, ne peuvent pas migrer vers le nord. Typiquement, les grands crus viticoles. Dans mon dernier livre, j'ai montré que cette option renforçait encore la synergie entre solaire et clim.

[2] « 5 défis techniques XXL inédits pour le climat »

ainsi que la conservation symétrique, de l'hiver vers l'été, du froid que rejettent, de la même manière, les pompes à chaleur (pomper de la chaleur ou rejeter son contraire, du froid, c'est équivalent). J'en avais tiré le petit schéma suivant, assez sympa avec sa forme d'∞ et ses légendes un peu spéciales sur ses axes :

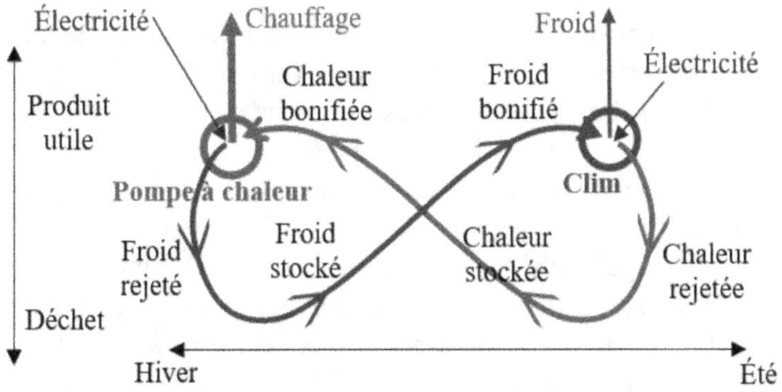

Bon, ceci suppose qu'en hiver aussi, surtout là où il y a des besoins de chauffage importants, donc dans le nord, on ait assez facilement de l'électricité verte. C'est moins éclatant que pour le solaire et la clim, mais nous avons encore un peu de chance : l'éolien est plutôt une énergie du nord, d'hiver et de mauvais temps, et les besoins de chauffage sont, eux aussi, du nord, d'hiver[1] et plutôt de mauvais temps[2].

---

[1] Les usines de cogénération, qui produisent nécessairement de l'électricité et de la chaleur au même moment, répondent elles aussi d'autant mieux aux besoins des particuliers et des locaux tertiaires que l'on va vers le nord.

[2] Éolien et solaire sont ainsi complémentaires, ce qui réduit le coût de la gestion de leur variabilité, par rapport à la somme de ces coûts pour chacune prise isolément. Je parlerai plus loin, à diverses reprises, des cas exceptionnels d'absence de vent et de soleil pendant de longues semaines, sur un grand territoire, coïncidant avec une vague de froid... En attendant, signalons l'idée consistant à, temporairement, ne pas mettre les déchets de cuisine au composteur, mais dans la poubelle normale, si celle-ci va à un incinérateur avec cogénération d'électricité et de chaleur, et si cet incinérateur souffre des consignes de tri qui le privent de matière à brûler. Et à garder pour cette occasion les « refus de tri » secs et combustibles.

Mais comme personne ne prétendra que le chauffage est quelque chose dont, dans une optique d' « écologie punitive », on pourrait se passer, ne poussons pas plus loin le parallèle avec la clim[1]. Cette dernière, dans toute sa pureté, se suffit à elle-même pour prouver la pertinence de l'idée même d'écologie récompensante.

*

L'éolien et surtout le photovoltaïque arrivent donc parfois, quand on sort des idées reçues, à prouver qu'ils sont capables de se glisser dans les interstices du temps où ils sont les plus utiles. Et dans les interstices de l'espace ?

Pour le photovoltaïque, nous avons vu que, même géographiquement, il n'a pas peur du soleil, ni des canicules, ni des sécheresses puisqu'il serait pertinent qu'il braconne sur les terres d'un maïs qui, dans le futur, risque d'être un peu assoiffé là où il règne aujourd'hui en maître. Nous avons aussi vu que pour mettre en œuvre le concept d'écologie récompensante, on pouvait aller voir du côté de l'adaptation au changement climatique, et des risques que ça se passe trop mal entre cette adaptation et la lutte contre les causes du réchauffement.

Canicules, sécheresses, risques accrus par les difficultés d'adaptation, retours négatifs sur le climat lui-même ? Exemple emblématique, et ayant dramatiquement touché la France, notamment les Landes, en 2022 : les incendies de forêt, avec leurs millions de tonnes de carbone qui partent en fumée, c'est-à-dire, concrètement, en CO_2.

Incendies de forêts, photovoltaïque et éolien qui pourraient se glisser dans les interstices de l'espace ? On peut penser aux

---

[1] Avec juste deux dernières remarques :

- tout d'abord, j'ai parlé de « réseaux de froid » pour une clim très centralisée. Ils peuvent naturellement jouer aussi le rôle de réseaux de chaleur, déjà connus pour de la distribution à tout un quartier (de même que, dans le schéma, la clim et la pompe à chaleur peuvent être une même machine).

- par ailleurs, comment optimiser au mieux un développement conjoint des électricités solaire « plutôt du sud » et éolienne « plutôt du nord » ? En n'oubliant pas de renforcer les lignes à haute tension qui relient ces deux moitiés de notre pays – ça a été une question importante lors de la transition énergétique allemande.

pare-feu, ces bandes vides d'arbres pour bloquer la propagation des incendies, et où on voit mal pour quelles raisons il faudrait y interdire les panneaux solaires. Au contraire, nous serions dans une situation mutuellement récompensante : agir pour la protection de la forêt contre l'incendie serait récompensé par la production d'électricité renouvelable et donc par un encouragement à la clim, et vice-versa.

(Pour les éoliennes, il y a du pour et du contre : en forêt, il faut des mâts plus longs, donc plus coûteux, pour être à la même hauteur au-dessus de ce qui, aérodynamiquement, fait office de sol ; en cas d'incendies, des éoliennes pourraient ralentir le vent – voire « souffler » contre lui – mais en le rendant plus tourbillonnant, donc prudence).

Par ailleurs, mettre du photovoltaïque à la place d'arbres, est-ce antiécologique ? Certainement pas quand il s'agit de forêts purement artificielles : monospécifiques, alignées au cordeau, … comme c'est le cas avec les pins des Landes. Et quand il s'agit de créer des pare-feu, réduire un peu, c'est protéger beaucoup … Nous y reviendrons, page 217.

*

Dès lors qu'on creuse un peu, les énergies renouvelables dévoilent ainsi des avantages insoupçonnés. Faut-il néanmoins les accuser de ne pas assez se développer toutes seules, de trop compter sur le soutien de l'État ? Pour qu'une telle critique soit pertinente, il faudrait déjà que l'intervention de l'État, ou, plus généralement, des administrations, ne se fasse pas dans le sens de leur mettre des bâtons dans les roues.

C'est pourquoi, il y a un an et demi, a été votée la loi d'accélération des énergies renouvelables. « Accélération », c'est-à-dire lutte contre tous les obstacles et toute la paperasse qui les ralentissent (les délais d'aboutissement d'un projet éolien sont deux fois pires en France que chez nos voisins). En toute logique, les partis les plus favorables à la protection du climat auraient dû accuser le projet du gouvernement d'être trop timide, de ne pas assez faire table rase du passé bureaucratique qui entrave ce secteur. Sur certains points, on a plutôt eu l'impression inverse : que pour certains partis de gauche, rajouter des critères à remplir avant d'autoriser des projets renouvelables, ce serait un progrès. Voilà qui me donnait envie de me définir comme progressiste tendance Macron !

Quand Marine Tondelier a donné sa première interview à France Inter, c'était au début des débats parlementaires sur ce projet de loi, et elle a exprimé son désaccord avec la méthode macronienne consistant, selon elle, à faire les choses « massivement ». C'est le seul cas où j'accuserais les Verts de faire de l'écologie punitive (en y incluant certaines oppositions « écologistes » au déploiement de panneaux solaires dans les Landes). Qu'y aurait-il de plus absurde et de plus punitif que d'avoir financé, par des surcoûts sur le prix de l'électricité, le photovoltaïque et l'éolien quand ils en avaient besoin pour se développer, et de vouloir nous priver, pour des raisons purement idéologiques (« massif, c'est macronien »), du bénéfice écologique massif qui est enfin à portée de main dès lors que ces énergies se sont effectivement développées au point de devenir compétitives ?

J'ai essayé de faire remonter ce point de vue par les modestes canaux militants dont je dispose. Mais je n'ai pas entendu, de la part de personnes ayant accès aux médias, une telle analyse, alors que, par ailleurs, des actions pro-climat tout à fait indispensables sont qualifiées, elles, d'écologie punitive.

Ou conduisent même à l'insulte suprême, « khmer vert ». Merci pour moi, qui, dans ce livre, cherche surtout à apporter des contributions constructives. Pour m'en défendre, qu'on me permette d'inverser l'argument. Les khmers rouges auxquels il fait référence ont eu deux caractéristiques. Ils sont responsables de la mort de millions de personnes, mais personne n'imagine des écolos en proie à une furie génocidaire. Et ils ont vidé les villes, corruptrices de l' « homme nouveau » qu'ils voulaient inventer. Dans notre contexte de transition énergétique, ce serait quoi, l'équivalent ?

Les « territoires » sont à la mode. Être fier d'habiter un « territoire autosuffisant en énergies renouvelables », c'est être fier de ce qu'il soit peu peuplé, car c'est ce qui rend le plus facile une telle autosuffisance. Dans ce cas, c'est aller au-delà qui serait important. Rester juste autosuffisant, ce serait khmer vert. Car l'Ile-de-France, pas plus que Phnom Penh, ne peut vivre en autarcie. Il faut bien qu'elle importe une très grande part de son énergie de l'extérieur. Les autres territoires doivent donc être exportateurs d'énergies décarbonées. C'est ça, ou bien la solution khmère rouge – et on voit mal de quoi seraient coupables les franciliens, dont une bonne partie ne le sont que par nécessité.

Mes khmers verts, sur un critère du genre autosuffisant / exportateur, c'est en fait à peu près tout le monde. Marine Tondelier, quand elle voulait bien des énergies renouvelables mais à condition que ce ne soit pas de manière massive, elle était un peu khmère verte. L'opposition aux éoliennes[1] du président des Hauts-de-France, région où la ressource est pourtant la meilleure et dont la vocation d'exportation vers l'agglomération parisienne est évidente ? C'est khmer vert.

Seuls les membres de la convention citoyenne pour le climat, à qui on avait donné le temps et les ressources documentaires pour réfléchir à tête reposée, auraient peut-être eu une opinion mieux construite. Mais cela n'a pas, par effet de contagion, réformé les réflexes intellectuels de la totalité de nos concitoyens.

*

Nous avons constaté que le photovoltaïque, du fait du moment et de l'endroit où il est produit, peut très bien, par son association avec la clim, être un point fort de l'écologie récompensante. Il n'est pas forcément nécessaire, pour savoir combien il coûte vraiment à la société, de lui imputer un montant pharaonique de coûts de la gestion de son intermittence, en tout cas tant que l'on n'est pas trop près d'un mix 100 % renouvelable. Son caractère de plus en plus compétitif, résultant des progrès technico-économiques remarquables dont il a bénéficié jusqu'à maintenant, est donc un élément essentiel de nos choix pour le futur.

---

[1] La question de l'arbitrage avec le nucléaire sera traitée un peu plus bas.

Il existe cependant différentes approches économiques pour appréhender son développement, comme celui de l'éolien. Ces différentes approches permettront-elles à une politique pro-climat résolue de se mettre à l'abri des alternances politiques, ce qui est indispensable compte tenu de l'urgence ?

Plus précisément, être libéral quand c'est pertinent, et keynésien sous la même condition, est-ce possible ? Voilà de quoi alimenter une réflexion féconde à propos d'un « nouveau quoi qu'il en coûte ».

Libéralisme, dette financière et dette climatique

« Féconde » !!! « Être libéral quand c'est pertinent » !!! Et pourquoi pas, pendant que j'y suis, nier les ravages du capitalisme et la responsabilité de la mondialisation dans la destruction en cours du climat ?

À l'extrême-droite comme à gauche, on pense qu'Ensemble mérite mal son nom, que le macronisme serait un diviseur, et ceci de manière structurelle, en application de son idéologie qualifiée, au choix, de « néolibérale » ou d' « ultralibérale », qui organise la compétition de tous contre tous.

L'application intégrale du libéralisme à toutes les sphères de l'économie peut effectivement faire débat.

La régulation du marché du travail est un point très sensible, dont les appréciations dépendent naturellement de la proximité que l'on peut avoir soit avec les employeurs, soit avec les salariés. Il ne sera pas discuté ici : dire que des alternances politiques peuvent légitimement exister, c'est reconnaître que la gauche et la droite sont des réalités ; dire qu'il est bon que les politiques climat soient capables de résister à ces alternances, c'est essayer de trouver, malgré tout, des terrains d'entente permettant des accords techniques, fondés sur des faits objectifs, quand l'essentiel est en jeu, et urgent.

Objectifs, essentiel, urgent : c'est bien le cas du climat.

L'autre question qui distingue les « néo » et les « ultra » des simples libéraux, est celle des déficits budgétaires. Nous verrons très prochainement ce qu'on peut en penser, pour le climat.

Restons-en donc à la théorie économique libérale de base.

J'ai eu récemment des débats avec des militants inquiets du développement du photovoltaïque à la campagne, au nom d'un argument moral : ce serait trop rémunérateur, aussi bien pour l'entreprise installatrice que pour l'agriculteur, par comparaison avec le travail normal de la terre.

Sur ce point, la théorie économique libérale a exactement la bonne réponse : si tout le monde est libre de proposer ses terrains pour de la production photovoltaïque et si tout le monde est libre d'exercer le métier d'installateur, alors la concurrence fait baisser ces rémunérations excessives.

Cette théorie de la « rencontre non faussée de l'offre et de la demande » détermine les prix et les quantités, et de la manière la plus favorable au climat. Par rapport au point de départ qui déplaisait aux militants en question, et grâce à l'élimination des rentes indues qu'ils avaient bien identifiées, la libéralisation de ce marché conduit à un prix de vente plus faible de l'électricité, donc à un coût inférieur pour la société (« non punitif »), et à des quantités bien plus grandes (« écologie », puisque cette production d'électricité solaire enfin massive contribuera fortement à la protection du climat).

Bien posé de cette manière, le débat n'est pas entre écologie punitive d'un côté, et « non-écologie non-punitive » de l'autre. Il est entre perdre sur les deux tableaux (rester dans un cercle vicieux, à la fois non écologique et punitif pour le consommateur d'électricité, où les énergies renouvelables seraient peu développées et chères), ou gagner sur les deux (« écologie récompensante ») par l'élimination du plus possible de réglementations arbitraires et d'obstacles bureaucratiques.

J'assume donc, à partir de cet exemple, d'être libéral, sans être néolibéral ni ultralibéral. Il se trouve que je n'aurai pas beaucoup d'autres occasions, concernant le climat, de défendre ce positionnement. Au contraire, le plus souvent, c'est la nécessité d'un certain interventionnisme de l'État que je démontrerai. La balle sera donc dans le camp de ceux qui sont a priori plus libéraux que moi : les partis politiques membres de la coalition « Ensemble ». En particulier, sauront-ils se rallier à l'idée, spécifique au climat, d'un « nouveau quoi qu'il en coûte » ?

*

La récompense de nos actions en faveur du climat n'est pas immédiate : ce seront surtout les générations futures qui, grâce à nous, éviteront d'habiter un monde quasi-invivable. Les évènements extrêmes (canicules, sécheresses, tempêtes, inondations, mégafeux) ou au contraire discrets mais inéluctables (hausse du niveau des océans) ont en commun de n'être qu'un modeste avant-goût de ce que connaîtront nos enfants et petits-enfants. À nous quelques efforts, à nos descendants la relative récompense consistant à ne pas subir sur un mode hyper-punitif le changement climatique que nous leur léguons.

De leur côté, des mouvements politiques tels qu'Ensemble[1] ou Les Républicains affirment qu'ils se préoccupent eux aussi des générations futures, en luttant contre la dépense publique, génératrice d'une dette qui sera léguée à nos descendants.

La convergence est logique : tenir compte de tout ce que nous leur léguons, à l'actif (plus d'équipements) et au passif (dette financière et dette climatique).

Additionnons ces deux dettes. Si seul leur total a de l'importance, alors des vases communicants de l'une à l'autre sont neutres : aucune objection au fait d'avoir plus de dette en € si on réduit d'au moins autant notre dette climatique[2] ! Mieux, intégrons aussi l'actif, nos investissements de décarbonation, et faisons le solde de ces trois éléments. Quels partis seraient alors les meilleurs gestionnaires, du point de vue de nos petits-enfants ? Certainement ceux qui sont les plus résolus sur les énergies décarbonées, et d'abord renouvelables, qui sont en train de devenir compétitives (en 1er lieu, pour la production

---

[1] Tout ce qui suit (sauf, bien sûr, le parallèle avec le Covid) est dans la ligne de la chronique de Jean Pisani-Ferry, économiste ex-macroniste, dans Le Monde du 30 juin 2019 : « *Le climat, une bonne raison de s'endetter* ».

[2] Celle-ci peut-elle effectivement se calculer ? Un institut regroupant des gens très sérieux, l'Institut Avant-garde, y travaille.

d'électricité) sans même être fortement favorisées par une taxe carbone ou un mécanisme équivalent[1].

Cependant, les partis les plus en pointe sur la politique climatique sont parfois aussi les plus allants pour dépenser le plus d'argent public, en toutes circonstances et pour toute finalité, sans autre argument que le fait de qualifier leurs adversaires de tenants d'une ligne d' « austérité », « ultralibérale », uniquement justifiée par le respect des critères de Maastricht ou « la soumission aux marchés financiers ».

Or, le climat est aujourd'hui une question si urgente qu'elle doit être résolue par des mesures capables de survivre aux alternances politiques et aux oppositions géostratégiques. Pour ces dernières, pas besoin d'aller au bout du monde : aux yeux des peuples de nombreux pays européens, nous autres français avons une telle réputation de dilapideurs d'argent public que ces peuples risqueraient de devenir hostiles à des politiques climatiques pourtant pertinentes, au seul motif que ce serait nous qui les proposerions.

Heureusement, il existe de vrais bons arguments en faveur de telles politiques climatiques volontaristes, capables d'en convaincre les plus réticents, à condition toutefois de les défendre sans idéologie.

Et désolé si je le fais en reprenant, justement, les mots d'un de ces idéologues qui n'est clairement pas de droite, Aurélien Barrau. La raison, c'est que je suis, comme lui, un physicien. Il analyse la finance ou l'économie comme étant constituées de conventions entre humains, qu'aucune raison physique n'empêche de modifier dès lors que nous en conviendrions entre nous. La physique, et donc le climat, c'est le contraire : nous, les humains, nous pourrions bien nous mettre tous d'accord pour décider que le CO_2 n'est pas un gaz à effet de serre, il le resterait quand même.

Traduite en termes d'arbitrage entre dettes financières et transition énergétique, cette distinction est fructueuse. Comparons deux situations : l'une où, de peur d'aggraver les dettes

---

[1] Cf. la deuxième moitié de ce livre

des États, nous investirions peu dans cette transition ; et l'inverse. Chacune de ces deux politiques pouvant être justifiée au nom de l'idée de ne pas laisser une dette (soit financière, soit climatique) à nos petits-enfants, examinons-les au regard de la solidarité intergénérationnelle.

Profitons-en pour noter une opposition importante entre énergies fossiles et décarbonées (nucléaire + renouvelables). Une centrale à charbon ou à gaz ne coûte pas cher à la construction, mais l'achat des combustibles pèsera toute sa vie sur son exploitation. Pour le nucléaire et a fortiori pour les renouvelables, la dépense immédiate est forte (c'est pourquoi on les appelle des secteurs capitalistiques), mais l'exploitation est beaucoup moins coûteuse, voire quasi-gratuite. Une première conséquence : il est normal de financer des tels équipements par de la dette, qui sera remboursée au fur et à mesure des cash flows futurs. Et une deuxième : leur appliquer des taux d'intérêt proches de ceux, les plus faibles, dont bénéficient les États, cela peut leur faire gagner plus en compétitivité que de les subventionner à l'échelle d'une ou deux dizaines de %.

Mais oublions un instant la finance, et raisonnons en physiciens. Si notre génération réalise la transition énergétique, ça signifiera que nous nous serons retroussé les manches pour construire des éoliennes, des centrales nucléaires, des fermes solaires, des lignes à haute tension, des pompes à chaleur, des voitures électriques, et isoler nos passoires thermiques. Dans le cas contraire, nous aurons juste brûlé, année après année, autant de pétrole, de gaz et de charbon qu'aujourd'hui. Dans un cas, nous aurons beaucoup travaillé, dans l'autre, moins.

Tiens, bizarre… Cela remettrait-il en cause le cliché selon lequel les partisans d'une politique pro-climat volontariste seraient ces français dépensiers et donc flemmards que la droite se plait à dépeindre ? Oui, ce cliché est faux. Être, dans ce domaine, favorables à la dépense publique, c'est vouloir léguer à nos petits-enfants un monde qui sera plus vivable parce que nous aurons travaillé dur à ce qu'il le soit.

*

Et si tout ceci n'était qu'un sophisme, résultant du fait de raisonner en termes physiques ? Si mes arguments sont exacts, il devrait y avoir un équivalent en économie : les €, c'est bien, en fin de compte, la traduction d'un travail humain. Vous avez donc le droit d'exiger de moi que je détaille la même idée, en tant qu'économiste.

Premier élément en ce sens : les partis ou syndicats qui défendent la dépense publique le font souvent en invoquant l'idée de réduire le chômage – donc de travailler plus.

Il existe une expression pour qualifier ce type de politique : « relance keynésienne ». Et la droite a un bon argument contre : la gauche l'a essayé entre 1981 et 1983, et s'est arrêtée juste au bord du gouffre financier. Comme on le disait à l'époque, « une politique de relance dans un seul pays, ça ne marche pas ».

Vous pouvez, aujourd'hui, m'opposer à peu près la même objection : « *si l'idée, c'est d'acheter un milliard de panneaux solaires à la Chine, que le gouvernement s'endette (auprès de créanciers qui pourraient bien être chinois) pour payer grassement des ouvriers français à les installer, et que ceux-ci dépensent cet argent pour acheter des smartphones chinois, est-ce qu'il n'y a pas un hic quelque part ? Surtout vu l'état déjà piteux de notre balance commerciale, et vu que la contrainte climatique va mettre en péril notre modèle d'affaire consistant à accueillir, par avions long-courrier très émetteurs de* CO_2*, de nombreux touristes, notamment chinois, pour leur vendre notre art de vivre sans stress et notre industrie du luxe ?* ».

C'est ce qu'on appelle « la contrainte extérieure ». En économie, on considère qu'une relance keynésienne est pertinente à deux conditions :

- qu'il y ait un problème de chômage à résoudre (qu'il y ait des usines qui pourraient tourner et qui ne tournent pas) ; si on fait de la relance alors qu'il n'y a pas beaucoup de chômage, ça place certains travailleurs en situation de force pour les négociations salariales, ça augmente les coûts de production, et ça génère de l'inflation ;

- et qu'il n'y ait pas de contrainte extérieure, sinon, comme on vient de le voir, ça crée du déficit commercial.

Ces deux critères sont très intéressants car ils permettent de comparer la question climatique au « quoi qu'il en coûte » que le Covid avait justifié.

Tout d'abord, le gouvernement n'avait pas été incohérent de décréter ce « quoi qu'il en coûte » en contradiction avec ses attitudes antérieures et ultérieures : le Covid étant mondial, tous les pays avaient, en même temps, la même obligation de soutien de leur économie. Nous étions, en 2020-2021, dans la situation opposée à celle de 1981. Une relance keynésienne était, à ce moment précis, orthodoxe.

Pour le climat, qu'en conclure ? Quand je parle de solidarité et d'équité intergénérationnelle, je parle des relations entre l'humanité actuelle et ses descendants. C'est la dette financière mondiale qui devrait être mise en balance avec la dette climatique : celle-ci est constitué du CO_2 qui constitue pour nous un problème global.

Un monde qui a de la valeur y compris économique, c'est un monde dont l'atmosphère n'est pas trop pleine de gaz à effet de serre, c'est donc un monde riche de ses combustibles fossiles à condition qu'ils restent sous terre. Cela renvoie à ce que doivent décider les CoPs, et à une éventuelle gouvernance budgétaire et monétaire mondiale. Une politique active d'investissement pro-climat ne risquera donc pas d'être qualifiée de « relance dans un seul pays ».

La contrainte extérieure, c'est bon. Et l'inflation ?

Un signe que, de ce point de vue, un fort parallélisme est possible entre Covid et climat, c'est :

- que dès le début de l'épidémie, Jean-Marc Jancovici, expert reconnu du climat, avait affirmé que pour gérer au mieux l'économie au travers de la pandémie, il faudrait accepter le retour de l'inflation ;

- et que je m'en souviens, car moi aussi, au même moment, je pensais à peu près la même chose. En gros, le « quoi qu'il en coûte » consistait à continuer de payer des entreprises et des travailleurs qui devaient ne plus travailler : serveurs de restaurant, professionnels du tourisme, ouvriers du bâtiment... Mais, dans le même temps, les « premiers de corvée » et surtout les détenteurs d'emplois « télétravaillables » continuaient à gagner de l'argent, et les mieux payés ne pouvaient pas aller au restaurant, voyager ni faire faire des travaux chez eux. Faute de pouvoir dépenser cet argent, ils l'épargnaient. Une fois le Covid terminé, il y avait donc de l'argent et de l'envie de le dépenser chez pas mal de monde, soit un déséquilibre entre demande et offre de biens et services, ce qui a été une cause d'inflation[1].

Quelle leçon pour le climat ? Si celui-ci, comme je le préconise, justifiait un « nouveau quoi qu'il en coûte », avec beaucoup d'investissements de décarbonation à réaliser, cela pourrait avoir deux effets possibles :

- ou bien cela déclencherait plus d'inflation qui compenserait la générosité de l'État en rognant la richesse que nous avons sur nos comptes en banque, ou sur ceux des entreprises dont certains d'entre nous sont actionnaires ;

- ou bien ça ne serait pas inflationniste parce qu'il n'y aurait pas trop de tension sur les ressources humaines : parce qu'on serait dans un cas classique où il y a du chômage et où le keynésianisme est le bon outil pour le réduire ; ou parce que nous ferions l'effort de reconvertir des emplois climaticides (publicitaire ; juriste ou communicant en greenwashing ; ...) en emplois utiles (recycleur, réparateur, fabricant ou installateur d'équipements liés à la transition énergétique, ...).

Quelles sont les conséquences de tout cela pour notre débat sur l'équité intergénérationnelle et sur l'arbitrage entre dettes financière et climatique ?

Dans les différentes hypothèses ci-dessus, notre génération se sera mise au travail pour le climat : nous aurons donc moins à nous culpabiliser de l'état de la planète que nous allons léguer à nos petits-enfants. Si cette mise au travail se produit

[1] Même s'il y en a eu d'autres, avec des difficultés logistiques dans le commerce mondial, les confinements chinois à contretemps du reste du monde, puis la guerre en Ukraine...

par la réduction du chômage[1] ou d'emplois auxquels leurs titulaires ne voient aucun sens, ce sera encore mieux.

Si ce n'est pas le cas, donc si nous relançons l'inflation, il faudra tout d'abord s'assurer que les salariés, et notamment ceux dont la responsabilité climatique est faible, y perdront le moins possible en pouvoir d'achat. C'est-à-dire en pouvoir de se partager le fruit du travail des autres. Mais, forcément, le fait de réorienter une partie de ce travail vers la transition écologique, ça aura un impact négatif sur le reste de la quantité de travail pouvant être consommée par nous tous.

Là encore, la seule solution pour en sortir par le haut sera de faire la chasse aux emplois absurdes que notre société a inventés depuis une génération. Les vieux sont déboussolés, les jeunes exigent des emplois qui aient du sens, et tous refusent que leur niveau de vie soit amputé par l'achat de ce travail humain inutile, voire climaticide. En réorientant la production vers des activités vraiment pertinentes, la reconnexion intergénérationnelle est possible.

Plus prosaïquement, signalons que l'inflation a aussi une conséquence, à double tranchant, sur la dette publique.

Elle a un effet d'effacement de cette dette. On le dit peu, mais si pendant trois ans, malgré des déficits budgétaires importants, la dette française en % du PIB n'a pas augmenté, c'est parce que la valeur de ce PIB en € courants était en permanence revalorisée par l'inflation. C'est magique ? Oui et non… On ne peut quand même pas dire que personne n'y perd. Si l'État est endetté, c'est qu'il a des créanciers, et l'inflation leur fait perdre de l'argent, leur seule façon de s'en prémunir étant de demander des taux d'intérêt plus élevés ... ce qui relancerait notre déficit budgétaire.

Qui sont ces créanciers ? De plus en plus, des institutions qui se refinancent auprès de la banque centrale. Le Covid a été l'occasion pour l'Europe d'accepter un tel financement des déficits des États par, de fait, la banque centrale européenne

[1] Moins de chômage peut vouloir dire plus de croissance économique, allant à l'encontre de mesures favorables au climat. C'est ce qu'on appelle l'effet rebond. Nous y reviendrons à plusieurs reprises.

(« quantitative easing »). C'est donc un peu elle la créancière qui risque d'y perdre. Mais, derrière elle, il y a la masse monétaire en circulation, et donc, comme je l'ai indiqué plus haut, « *la richesse que nous avons sur nos comptes en banque ou sur ceux des entreprises dont certains d'entre nous sont actionnaires* ».

Revenons à Aurélien Barrau. L'économie, ce ne sont que des conventions entre les humains. La dette publique, c'est une convention entre qui et qui ? L'État, c'est nous. Chacun d'entre nous doit donc de l'argent à ceux dont les comptes en banque, directs ou indirects, sont plus fournis que la moyenne. Ainsi, alors que nous vivons déjà dans un contexte de croissance des inégalités, plus de dette publique, ce sont des pauvres qui, en plus, doivent de l'argent aux riches.

Ce contexte de plus en plus inégalitaire en termes de revenus et de patrimoines, est-ce une fatalité ? Question très complexe à laquelle je me garderai bien de répondre. Mais qu'un peu d'inflation, dont les salariés seraient protégés, conduise finalement à rogner quelques patrimoines monétaires, pourquoi pas ? Sachant que pour notre exemple du Covid avec ceux qui n'avaient pas pu travailler et ceux qui n'avaient pas pu dépenser, cette petite perte de valeur de la masse monétaire en circulation était la réponse adéquate au problème.

Reste le problème de la hausse des taux d'intérêt qui pourrait en résulter, notamment pour nous prémunir d'une trop forte tentation de profiter de ces mécanismes « quasi-magiques ». Problème qui concerne les États, mais aussi tous les équipements qui, même si ensuite leur fonctionnement est très économe, coûtent cher à l'achat : énergies renouvelables, nucléaire, isolation thermique, etc. Ils dépendent donc très fort des taux d'intérêt, et leur compétitivité se réduit rapidement si ces derniers augmentent. Aïe !

Et sans hausse des taux d'intérêt, pas de contrôle possible de l'inflation, donc un risque d'hyperinflation, pouvant aller jusqu'à celle qui a conduit à la ruine de la République de Weimar puis à l'avènement du nazisme. Réticences à craindre du côté de la Cour constitutionnelle de Karlsruhe…

Les banques centrales, toutes « accommodantes » qu'elles acceptent d'être, doivent donc conserver un peu de crédibilité. Autrefois, c'était leur or qui la leur apportait. Qu'en est-il de nos jours ? Sur les billets anglais, on a l'effigie de la reine ou du roi, avec, en gros, la formule « en échange de ce billet, je promets la somme de X £ ». Donc on peut aller à Buckingham Palace avec un billet, et recevoir, en échange, … un billet équivalent ! Dans ces conditions, la confiance dans la monnaie est quelque chose d'assez subtil.

Et pourtant, on vient de le voir, accepter une relance keynésienne de telle manière qu'on ait beaucoup de dette financière mais pas trop de dette climatique, ce n'est pas, contrairement au discours habituel, une solution de facilité : en termes physiques, ça veut dire nous retrousser les manches et travailler dur pour laisser à nos petits-enfants un monde mieux équipé pour moins dégrader son climat.

Il doit bien y avoir une solution pour traduire ces idées physiques en termes économiques, et si possible en lien avec les questions de banques centrales. Nous rejoindrions ainsi la proposition faite en avril dernier par Emmanuel Macron, lors de son discours « Sorbonne 2 » : donner mission à la banque centrale européenne de veiller au climat, en plus de la monnaie et de l'économie.

*

Il y a trente ans, j'étais stagiaire à la banque de transition des pays de l'Est vers le capitalisme, la BERD. Son président, Jacques Attali, réfléchissait à remplacer l'or qui constitue le trésor des banques centrales classiques par, dans le cas de la Russie, le plutonium de l'ex-armée rouge, dont on craignait qu'il ne soit plus surveillé très sérieusement. Réserve de valeur et en même temps neutralisation d'un danger, pourquoi pas ? L'équivalent pour le climat, ce serait qu'une super-banque centrale, héritière du FMI, se voie attribuer la propriété de tous les gisements de combustibles fossiles, avec un dédommagement adéquat des pays où ils se trouvent, réglé dans la quasi-monnaie que ce post-FMI continuerait d'émettre (les DTS, « droits de tirage spéciaux »). Le principe serait, comme je l'écrivais plus haut, de gérer « *un monde riche de ses combustibles fossiles à condition qu'ils restent sous terre* ».

Bon, c'est un peu contre-intuitif, encore qu'avoir toutes ces sources d'énergie fossile sous une autorité commune, ça pourrait permettre que leur inéluctable repli se fasse en bon ordre.

Et en particulier que leurs prix restent stables tout au long de cette phase, ce qui serait d'ailleurs aussi bien l'intérêt des pays exportateurs qu'importateurs.

En effet, en théorie, une demande qui, dans l'intérêt du climat, se réduit de plus en plus, donc devient inférieure à l'offre, ça tire les prix vers le bas. Pour nous, consommateurs, que ces énergies fossiles deviennent bon marché, ce serait la pire des tentations à laquelle, comme Ulysse face au chant des sirènes, nous devrions résister à tout prix : renoncer à sauver le climat, renoncer à continuer de réduire nos consommations.

Donc, que leur prix soit régulé par une sorte de post-FMI, cela nous éviterait les affres d'une telle tentation : bonne nouvelle pour nous aussi – en plus de l'être, évidemment, pour les pays exportateurs, qui auront déjà bien à faire pour se reconvertir comme exportateurs d'énergies renouvelables.

À noter que mettre en commun ce qui est dangereux, plutonium militaire ou énergies fossiles, ça a déjà existé. Un des trois précurseurs de l'union européenne, à côté de la CEE, avait été la CECA, la « communauté européenne du charbon et de l'acier », créée pour mettre sous tutelle supranationale ce qui était nécessaire à la fabrication des chars et des canons d'une possible nouvelle guerre franco-allemande.

Mais le troisième précurseur, c'était Euratom : ce qui, à l'époque, était vu comme une énergie d'avenir. De même, ne pourrait-on imaginer quelque chose de moins paradoxal que de considérer à l'égal de l'or l'ensemble de tous les combustibles à maintenir de force à l'état de fossiles ? Et où, à la place, ce qu'on mettrait à l'actif des banques centrales, ce serait de la vraie valeur – et de la valeur utile au climat ?

Bingo ! Il y a une douzaine d'années, au plus fort de la crise grecque qui opposait ce pays à l'Allemagne et à son inflexible gouvernement, des spécialistes allemands de l'énergie solaire avaient proposé de relancer l'économie grecque en y installant une grosse quantité de panneaux photovoltaïques, payés par la banque centrale européenne et destinés à lui appartenir.

Ceci aurait, par ailleurs, permis à l'Allemagne de réussir sa transition énergétique post-Fukushima en important cette électricité venant d'un pays nettement plus ensoleillé qu'elle. Quant à la Grèce, subissant des mesures d'austérité contribuant à une récession économique (avec notamment l'exil de nombreux jeunes diplômés) rendant encore plus difficile une hausse des recettes de l'État pour rembourser sa dette, cela lui aurait permis d'éviter ce cercle vicieux. Elle était, objectivement, dans une situation où du keynésianisme correctement conçu et appliqué lui aurait fait du bien, mais, facialement, les chiffres de sa dette lui interdisaient une telle politique.

Ces panneaux solaires auraient joué un rôle équivalent aux réserves d'or des banques centrales, et en plus ils auraient été utiles (quand on y réfléchit bien, de l'or, ça ne sert à rien). Bref, tout ceci aurait été de l'écologie multi-récompensante. Et progressiste puisque fondée sur une coopération européenne approfondie. Malheureusement, il aura fallu attendre le Covid pour que la BCE commence à évoluer un peu dans ses outils, et, encore plus malheureusement, à ce moment-là, elle ne s'est pas souvenue de cette géniale idée pro-climat.

Mettre en balance dette climatique et dette financière, ça veut dire favoriser ce type de solution (de base, ça signifie que moins il restera de place dans l'atmosphère pour y rejeter encore un peu de CO_2, plus nous serons pauvres. Faut-il en déduire que les États ou les banques centrales auront de moins en moins de réserves et pourront de moins en moins dépenser de l'argent ? Mais, en réalité, nous étions déjà très pauvres du fait d'être lancés sur une trajectoire « business as usual » insoutenable. Rectifier le tir, ça ne peut pas être pire).

Donc agissons. Nous qui habitons loin de la Grèce, et qui sommes le seul pays européen à ne pas avoir tenu nos engagements de développement d'énergies renouvelables, que pouvons-nous faire ?

Évidemment les développer. Mais bon nombre d'entre vous en êtes déjà convaincus, donc essayons d'aller un peu plus loin.

Ce retard de la France est lié à la force de notre lobby pronucléaire, qui estime que nous en faisons déjà assez en matière d'électricité décarbonée. Revenons en arrière, d'une quarantaine d'années : les écolos antinucléaires dénonçaient les centrales, mais aussi les lignes à haute tension qui distribuaient leur électricité dans tout le pays. Relevons donc au passage que les pronucléaires, malgré l'engagement antiéolien de certains d'entre eux « au nom des paysages », ne sont pas contre les lignes à haute tension – qui, en fait, sont de plus en plus enterrées.

Tout cela est intéressant. Il y a une vingtaine d'années, j'avais rencontré feu David MacKay, le Jean-Marc Jancovici anglais, roulant à vélo mais pronucléaire parce que ne croyant pas aux renouvelables. Il m'avait expliqué son choix : pour lui l'énergie solaire n'était pas faite pour l'Angleterre parce que pour l'importer du sud il faudrait lui faire traverser la France par des lignes à haute tension, et que les français ne l'accepteraient jamais. La honte pour moi !

Aujourd'hui, je pense que même les écolos pourraient l'accepter. En effet, l'Allemagne a toujours besoin d'importer du solaire, et pas forcément de Grèce car les Balkans ne sont pas la région la plus facile à traverser et car la péninsule ibérique est une excellente alternative (d'autant qu'aller de l'ouest vers l'est, ça permet de couvrir un tout petit peu mieux l'heure de pointe post-coucher du soleil).

Surtout, l'Allemagne, après avoir fait le choix de sortir du nucléaire, avait opté pour une transition post-charbon passant par le gaz, beaucoup moins carboné. Elle a cru au gaz de Poutine, on a vu ce qu'en étaient les enjeux géostratégiques, et Nord-Stream (1 et 2) est mort et enterré, au sens propre comme au figuré. Elle a donc dû se résigner à en passer par le gaz de schiste américain, ce qui ne plait pas du tout aux écolos.

Il n'y a donc aucune raison qu'ils ne soutiennent pas l'idée d'importations massives d'électricité renouvelable (solaire mais aussi éolienne) espagnole et portugaise, via la France. Ce qui, au passage, faciliterait, pour nous aussi, l'équilibrage entre notre sud ensoleillé et notre nord venteux.

Revenons quand même à notre suggestion grecque. Il ne s'agissait pas seulement d'un projet techniquement rationnel. Mais aussi d'aider un pays très endetté en permettant à la banque centrale européenne de mettre à son actif un équipement utile à tous, en en devenant propriétaire (tout en en laissant la gestion quotidienne à une entité plus professionnelle).

Pourquoi ne pas ressortir ce schéma très pertinent, s'agissant de ces lignes à haute tension ? Certes, les équipements d'intérêt européen sont déjà subventionnés, les banques centrales mettent déjà à leur actif des « crédits à l'économie », et il y a déjà des demandes d'extraire des critères de Maastricht toutes les dépenses publiques participant à des investissements en faveur de la transition énergétique[1], mais pourquoi ne pas aller encore un peu plus loin ?

Et même beaucoup plus loin : investir vraiment de manière massive dans de l'électricité solaire produite dans le sud de l'Europe, et dans des lignes haute tension passant par la France – sachant que ces lignes peuvent être faites, à la place du cuivre qui pourrait se raréfier, en aluminium, dont la fabrication, aujourd'hui problématique par rapport au climat, peut s'améliorer sur ce point, comme on le verra au chapitre prochain.

Si c'était écolo, récompensant et progressiste en ce qui concernait la Grèce, ce le serait tout autant dans cette configuration, au bénéfice : de l'économie de tous les pays concernés, y compris le nôtre ; de l'idée européenne ; et du climat.

*

Pour terminer sur le keynésianisme, il nous reste juste à en examiner la version de droite. Eh oui, accroître les dépenses publiques, c'est de gauche, diminuer les recettes publiques et en particulier les impôts, c'est de droite, mais l'un comme l'autre ont pour effet d'augmenter la dette, donc ne sont à

[1] Je n'ai jamais signé de pétition en ligne, sauf une fois, celle, initiée par Alain Grandjean et Gaël Giraud, qui allait en ce sens.

pratiquer que si les conditions d'une relance keynésienne à peu près saine sont réunies.

En ce sens, Ronald Reagan, avec ses Reaganomics fondées sur d'importantes baisses d'impôts, était un keynésien, n'en déplaise à son amie Margaret Thatcher.

Bon, baisser le taux des impôts n'a rien à voir avec le climat. Mais leur assiette, si. En particulier en ce qui concerne les carburants. Compte tenu de tous les avantages de la voiture à moteur thermique, passer à l'électrique n'est économiquement possible que si, en maintenant les carburants fossiles aussi fortement taxés qu'aujourd'hui (en Europe), on ne crée aucune taxe sur l'électricité servant à la mobilité. L'État devrait donc perdre beaucoup de recettes.

Là encore, à quoi cela correspond-il en termes physiques ? Au fait que produire du lithium, construire des batteries avec, fabriquer des panneaux solaires, des éoliennes et des bornes de recharge et les installer, construire des centrales nucléaires ou des lignes à haute tension, tout cela représente du travail humain, que nous n'effectuerions pas si, par facilité, nous en restions aux carburants fossiles.

Donc, à nouveau, la même logique : accepter que la dette publique s'accroisse dans un but de protection du climat, c'est le contraire d'être paresseux, et c'est du bon keynésianisme, il faut juste veiller à ce que les salariés ne soient pas les victimes de l'inflation qui va en résulter. Et donc ne pas avoir peur de générer des emplois pour lesquels les compétences des techniciens qui auront accepté de s'y former seront très recherchées, ce qui les mettra en position de force pour négocier leur rémunération.

Aux États-Unis, l'essence coûte très peu cher, donc pour que la voiture électrique s'y généralise autrement que par une obligation légale, elle devrait être fortement subventionnée, bien plus que chez nous. Au total, pour que la voiture électrique soit considérée comme récompensante, du keynésianisme sera nécessaire, soit par augmentation des dépenses (de l'autre côté de l'Atlantique), soit par baisse des recettes (chez nous).

Les dividendes du soft power

Sans quitter complètement les questions de dettes ou de débats techniques autour de la transition vers les énergies décarbonées, avançons encore un peu dans notre appréhension du progressisme.

Longtemps, les dégâts du changement climatique ont été minimisés, en particulier du fait de la trop grande honnêteté intellectuelle des climatologues : face aux délires des climato-sceptiques, ils faisaient le pari d'être le plus irréprochables possible et, quand il y avait un doute, de faire les prévisions les moins catastrophistes. Nous en voyons les conséquences aujourd'hui, avec des évènements extrêmes qui sont plus graves qu'annoncés. La dette climatique (par ailleurs croissante du fait de l'accumulation de CO_2 dans l'atmosphère) que nous sommes en train de léguer aux générations futures aurait donc, si on la convertissait en un équivalent monétaire, une importance de plus en plus supérieure à celle de la dette financière.

Il y a, certes, une différence. Les dommages climatiques sont répartis sur la totalité du globe, indépendamment de l'origine des différents gaz à effet de serre qui en sont la cause. Au contraire, les endettements des différents États sont l'objet d'une compétition : qui aura la note la plus proche de AAA, garantissant les taux d'intérêt les plus faibles ? Jouer chacun pour soi, c'est-à-dire se préoccuper de sa dette financière mais pas de sa responsabilité dans la dette climatique globale, cela a donc, très cyniquement, une certaine logique.

Mais c'est vrai de la totalité de l'action en faveur du climat. Et c'est déjà pris en compte. Les CoPs, malgré leur lourdeur et leur lenteur, sont là pour ça, pour être le lieu d'accords gagnants-gagnants : s'il y a accord, alors, si nous, français, réduisons nos émissions, ce qui bénéficiera à 99 % aux autres pays de la planète, ces autres pays réduiront les leurs, en dépit du fait que ça nous profitera (et en majorité à d'autres qu'eux). Au final, le climat qui nous concerne en tant que Français sera préservé, à 1 % grâce à nos propres efforts et à 99 % grâce à ceux des autres.

Nous l'avons vu un peu plus haut, c'est également grâce à une telle coopération internationale que nous pourrions, un jour, collectivement décider de financer une transition énergétique mondiale par une croissance mondiale des dettes publiques et/ou du bilan des banques centrales, voire du FMI, justifiée par l'objectif de réduire la dette climatique mondiale et (à rebours du discours convenu sur l'endettement public qui serait une conséquence de notre propension à flemmarder) par le fait que tout cela nous conduirait à, mondialement, retrousser nos manches au profit des générations futures.

Grâce à cette approche globale, nous échapperions ainsi à l'erreur du « keynésianisme dans un seul pays », illustrée par la politique de relance socialiste en France en 1981-1983.

Avons-nous de bonnes raisons de nous faire, entre pays, confiance sur le climat ? En tout cas, la France n'est pas scandaleusement défavorisée. Nous représentons moins de 1 % de la population mondiale ; nous versons parfois dans l'autosatisfaction en indiquant que grâce au nucléaire nous serions peu émetteurs, mais nous le sommes quand même d'un bon 1 %.

Ces deux 1 % égaux entre eux, s'agit-il, par ailleurs, d'un chiffre négligeable ? Ceux qui n'ont que les mots « écologie punitive » à la bouche sont parfois aussi ceux qui utilisent l'argument le plus stupide que l'on puisse imaginer à propos du climat : du fait de ce chiffre de 1 %, nos efforts seraient inutiles et nous aurions le droit de nous en dispenser.

À ce compte-là, les luxembourgeois ou, pire, les résidents fiscaux monégasques, devraient-ils, parce qu'ils sont très peu nombreux, se sentir encore plus exonérés de toute action en faveur du climat, alors qu'ils sont plus riches et plus émetteurs que nous ? Évidemment non. La solidarité mondiale que je viens de décrire est notre seul espoir, ne la ruinons pas par des tentatives aussi lamentables de nous exonérer de notre responsabilité.

Autre réfutation possible : dans « Un nouveau contrat écologique »[1], Emmanuel Combet et Antonin Pottier indiquent

[1] 2024, PUF, page 51.

que les pays qui émettent, chacun, 1 % ou moins du CO_2 mondial, sont responsables, à eux tous, de 22 % du total, soit plus que les États-Unis et presque autant que la Chine.

Ces 1 % ne représentent d'ailleurs que nos émissions territoriales, c'est-à-dire n'incluant pas les émissions incorporées dans les biens que nous importons et consommons : ce n'est pas notre véritable « empreinte carbone ».

Enfin, il ne s'agit que de nos émissions annuelles actuelles, par opposition à leur cumul historique. C'est lui qui représente notre véritable part de responsabilité dans l'état actuel du climat, et elle est plus grande.

Sur ce point, il existe un contre-argument. Nous faisons partie du monde industrialisé, qui a contribué à développer les sciences, en particulier d'une part la science du climat (un français, Joseph Fourier, avait eu, il y a 200 ans, l'intuition de l'existence de l'effet de serre), et d'autre part les technologies de l'énergie (des scientifiques français.es d'il y a environ un siècle ont pris une grande part dans les découvertes qui ont mené au nucléaire et au photovoltaïque).

Tout cela serait perdu – et la situation morale de notre pays au regard de ses responsabilités climatiques deviendrait très défavorable – si nous renoncions, par passivité et manque d'enthousiasme, au développement massif des énergies renouvelables qui est aujourd'hui possible.

Si, au contraire, nous n'y renonçons pas, alors nous pouvons équilibrer l'actif et le passif de l'héritage de nos parents. Progrès scientifique, progrès technique et massification de ce qu'il y a de positif dans cet héritage, sont notre seule possibilité de sortir par le haut de la dégradation actuelle du climat.

Le progressisme n'est donc pas une option.

Et sans tarder. Selon quelles priorités ? Leur ordre peut se déduire d'un classement assez étonnant, illustré ci-contre par un « graphique-boomerang » qui, bien qu'issu de ma perception très subjective, ne me semble pas trop faux. Ce graphique rassemble les secteurs avec enjeu de décarbonation (ce qui exclut, par exemple, la menuiserie, l'arboriculture, les petits objets à haute valeur ajoutée, …) :

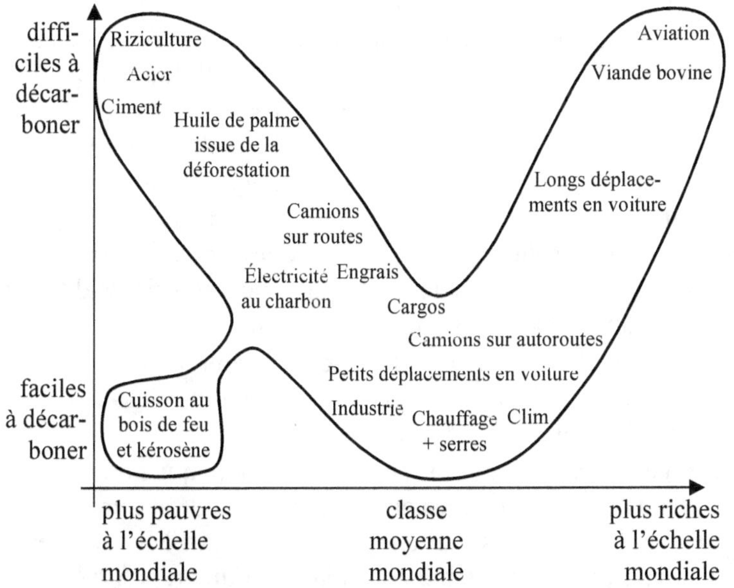

La plupart des secteurs concernés (exceptée la « révolution de la cuisson photovoltaïque » aux multiples avantages potentiels dans les pays très pauvres) peuvent se regrouper en trois catégories seulement :

1 - les secteurs « difficiles à décarboner » et qui concernent des consommations de la classe mondialement la plus riche : l'aviation, la consommation de viande bovine ; et peut-être aussi, comme nous allons le voir d'ici deux pages, les déplacements en voiture de plusieurs centaines de km … ;

2 - les secteurs « difficiles à décarboner » et qui concernent des biens très peu coûteux, donc auxquels l'application d'une taxe carbone en \$/t d'équivalent CO_2 pourrait poser un très gros problème de fins de mois à ceux qui les ont déjà difficiles : le riz, le ciment, l'acier, et dans une certaine mesure l'électricité au charbon et les engrais ;

3 - les secteurs « pas trop difficiles à décarboner » et qui concernent la classe moyenne mondiale : le chauffage, la clim, les déplacements du quotidien en voiture, l'électricité quand il

y a du soleil ou du vent, le transport de marchandises par cargos (que l'on peut électrifier plus facilement que ce qu'on croit souvent, Cf. mon dernier livre), l'industrie, l'aluminium, ...

En tant que français, nous sommes surtout concernés par deux de ces catégories. La n° 3, à laquelle nous pouvons apporter rapidement les réponses techniques que je viens de qualifier de « pas trop difficiles ». Et la n° 1, qui, à l'inverse, dépend aujourd'hui surtout de l'autre levier : la sobriété. Or, il en est de même pour la n° 2, qui concerne principalement des personnes bien plus pauvres que nous.

Comment se passera l'arbitrage entre entrecôte et éradication des bidonvilles par des immeubles en dur, c'est-à-dire en béton armé ; entre aviation et riziculture ?

Là encore, nous aurons du mal à prétendre que nous faisons déjà plus d'efforts que les autres et qu'il faudrait que ça s'inverse. N'hésitons pas à anticiper que le « post-FMI », présenté plus haut pour sa possible contribution à une réponse keynésienne à la catégorie n° 3 ci-dessus, soit ensuite transformé en une « autorité mondiale de régulation des derniers usages des énergies fossiles ». Et agisse de manière plus ou moins stricte en fonction de la manière dont auront évolué, d'ici là, toutes les incertitudes qui existent sur les puits de carbone, naturels ou artificiels, appelés un peu imprudemment à la rescousse pour atteindre le « net zéro émissions ».

*

Viser l'économie récompensante est un autre moyen de permettre à la France de tenir son rang sur la scène climatique internationale.

Développer les énergies décarbonées (nucléaire et renouvelables) et rouler le plus possible à l'électrique, c'est essentiel pour sortir de l'ère des combustibles fossiles et de la dégradation du climat. Essentiel, mais peut-être difficile. Plus haut, pour défendre un développement très ambitieux du photovoltaïque et de l'éolien, je me suis félicité, du calcul de RTE selon lequel, pour équilibrer le réseau électrique, il suffirait de 29 fois moins de batteries – et pas forcément des lithium-ion –

que pour passer au tout-électrique. Je dois admettre que l'on peut retourner l'argument : si, pour respecter l'échéance de 2035 (fin de la fabrication de moteurs thermiques), il faut viser à terme 29 fois plus de batteries que pour équilibrer un réseau 100 % renouvelables, est-ce vraiment rassurant ?

En plus, pour tout un chacun, cela pose un problème de coût : une voiture électrique, ce n'est pas donné. Or, la cause principale, c'est la taille de la batterie, liée à la quantité d'énergie qui peut y être stockée.

Cette capacité de stockage détermine l'autonomie de la voiture. Vous vous imaginez partir en vacances et être obligé(e) de recharger tous les 60 km ? Mais en même temps, pour beaucoup de monde, la voiture sert tous les jours, et pour pas plus que 50 à 80 km. Comment choisir entre une autonomie de plusieurs centaines de km, ou plutôt de 70 km ?

D'abord, une grosse batterie, est-ce bon pour le climat ?

Considérons une voiture achetée fort cher du fait d'une grande autonomie (de même que l'on nous en vend qui sont capables d'atteindre les 200 km/h) mais qui, au cours de ses 12 à 15 ans d'existence, sera surtout utilisée pour parcourir 3 000 à 4 000 déplacements quotidiens de 70 km ou moins. À l'autre extrême, elle fera 200 trajets utilisant plus de 50 % de son autonomie maximale. La tranche la plus élevée de la batterie ne sera donc chargée et déchargée que 200 fois.

Or, une batterie lithium-ion actuelle, utilisée 200 fois, aura un ratio d'émissions de l'ordre de 0,5 kg de CO_2 par kWh stocké et déstocké[1], soit autant que pour 0,5 kWh d'électricité produite par une centrale à charbon. Donc, sans même parler

---

[1] Source : n° 77 de la revue de la Société Française de Physique, « *Transition énergétique, Les défis de la défossilisation* », février 2024, article de Fabien Perdu, page 125. L'hypothèse retenue est celle d'un facteur d'émissions de 100 kg d'émissions de CO_2 pour 1 kWh de capacité de stockage électrique. Facteur qui, selon l'auteur, a des chances d'être amélioré – mais sans doute pas dans des proportions considérables – grâce à la fabrication des batteries en gigafactories. Il est précisé que cela concerne principalement les coûts énergétiques du nickel, du manganèse et du cobalt des cathodes, sachant que des recherches se poursuivent pour réduire en particulier la quantité de cobalt nécessaire.

du contenu en carbone de l'électricité, ni des autres problèmes posés par les métaux tels que le cobalt[1], cette tranche sera à peine 2 fois moins émissive qu'une locomotive au charbon, et encore plus proche d'une voiture à moteur thermique[2]. Au contraire, la première tranche de 20 %, utilisée 3000 ou 4000 fois, aura un bilan carbone 15 ou 20 fois meilleur.

Votre typologie de trajets n'est peut-être pas exactement la même. Mais, au moins pour une voiture sur deux dans un couple, une grande partie d'une batterie à plusieurs centaines de km d'autonomie risque assez souvent d'avoir, en analyse de cycle de vie, un facteur d'émission si mauvais qu'il ne justifierait guère – et encore moins si on y ajoute l'aspect financier – la mise à la casse d'une voiture thermique actuelle.

Le passage à la voiture électrique à grande autonomie ne sera donc incontournable que pour les professions dont le métier consiste à faire plusieurs centaines de km chaque jour, telles que les infirmières libérales, les policiers patrouilleurs, les commerciaux, etc.

Ce qu'il y aurait de mieux à faire autour de 2035 (et pourquoi pas dès 2032), ce serait donc, certes, d'arrêter la production de voitures thermiques, mais surtout de construire, pour les personnes obligées d'aller à leur travail en voiture, des véhicules électriques à l'autonomie limitée autour de 70 km (avec recharge au domicile et/ou au travail).

Et de miser sur le fait que ces familles pourront conserver au moins une voiture thermique achetée avant 2035, et, progressivement, s'en serviront juste dans deux cas : pour leurs longs voyages ; et pendant les quelques rares périodes assez longues et avec peu de vent et de soleil, qui inquiètent le plus les responsables des réseaux électriques dans la perspective d'une transition très riche en éolien et en photovoltaïque.

Il se peut que cette transition se produise spontanément. Ou non. Dans ce cas, en contrepartie du fait que (sauf pendant les

---

[1] Son extraction se fait parfois dans des mines aux conditions sociales déplorables, notamment en ce qui concerne le travail des enfants.

[2] L'essence ou le gazole ont un meilleur ratio, car, contrairement au charbon, ils ne sont pas constitués de carbone pur.

périodes de tension sur le réseau électrique) tout achat d'essence effectué à moins de 50 km du domicile ou de l'endroit où la même personne a déjà fait trois de ses derniers pleins sera surtaxé, quelques mesures d'aides pourront être prises.

Sans être exhaustif : plan d'aide aux constructeurs pour qu'ils conçoivent en urgence de telles voitures électriques à faible autonomie ; prise en charge par l'État du contrôle technique des voitures thermiques vieillissantes ; obligation imposée aux assureurs d'en assurer deux pour le prix d'une ; multiplication des aires collectives de stationnement longue durée de véhicules servant pour les vacances, comme c'est déjà le cas pour les caravanes et les camping-cars.

Pourquoi tout ceci est-il récompensant ? Évidemment parce que mobiliser 5 ou 7 fois moins de lithium et autres métaux pour batteries rendra enfin la mobilité électrique abordable.

Mais aussi parce que, quand tout le monde part en vacances en même temps (donc l'autopartage, ça ne marchera pas[1]), avoir à recharger sa voiture électrique à chaque aire d'autoroute, sans garantie d'accéder à une borne de recharge rapide[2], c'est énervant.

Également parce que beaucoup de français prisonniers de la mobilité-voiture sont sans doute excédés que nous, les moralistes, leur recommandions de se contenter d'une petite voiture : ce dont nous parlons ici peut très bien être une assez

---

[1] La même réserve peut être formulée à l'égard d'une idée consistant à louer des remorques pleines de batteries et, tout au long du voyage, à les échanger, une fois déchargées, contre d'autres, rechargées.

Par contre, cette réserve ne serait pas opposable à l'idée très similaire que j'avais eue, pour mon dernier livre, au sujet des cargos, pour lesquels emporter suffisamment de batteries dans leurs soutes pour tout le voyage est hors de question, mais qui pourraient se faire accompagner, sur des tronçons de l'ordre de 100 ou 200 km, par de telles « batteries externes » ou « remorqueurs énergétiques à batteries ». En effet, cette solution pourrait être pertinente toute l'année – ou presque, si pendant les rares longues périodes sans vent ni soleil, on préfère en revenir à la motorisation thermique et réserver l'électricité au réseau.

[2] Qui ne seront pas forcément installées en nombre suffisant si c'est pour être rentabilisées seulement quelques jours par an.

grosse voiture, mais juste avec une batterie peu coûteuse car à autonomie réduite.

Enfin, il paraît qu'il y a des gens pour qui conduire avec un moteur qui ronronne gentiment, c'est un plaisir (si ce genre de personnes n'existaient pas, il n'y aurait pas de pubs conçues sur ce thème). Bon, pour les trajets du quotidien, la notion de plaisir n'est pas vraiment le sujet, l'important est que les 70 km d'autonomie suffisent pour rouler à l'électrique et dépenser moins. Mais pour les vacances : récompense !

Donc que des avantages, et une solution qui devrait s'imposer sans conteste ? Deux nuances quand même, pour suggérer une stratégie alternative.

*

Tout d'abord, il y a un mot que je n'ai pas encore utilisé, mais qui court en filigrane sous tout ce que je viens d'écrire : « hybride rechargeable ». Autrement dit, la même logique mais en un seul véhicule.

Et d'autre part, je viens de décrire une France qui fait preuve d'astuce en se débrouillant avec des bouts de ficelle, donc quand même une France un peu pauvre, et ça pourrait ne pas trop plaire à certains de nos concitoyens. Donc ne pourrait-il pas y avoir une variante pour France riche ?

France riche, mais pas arrogante (on nous le reproche déjà assez). De plus, un des buts principaux du fait de passer à la voiture électrique, c'est quand même de faire le bien, dans l'intérêt du climat qui est commun à tous les humains, indépendamment de qui émet du CO_2. Donc se réserver pour soi-même, par un comportement « dur en affaires », le plus possible de lithium, dans un but politique visant à soigner sa réputation, ce serait illogique.

À l'inverse, voyons quelles potentialités s'ouvrent dès lors qu'on combine l'idée que nous resterions riches, et que peu importe où notre argent serait dépensé, pourvu que ce soit utile au climat qui est une question globale.

Imaginons donc que nous disposions, difficilement, d'assez de métaux critiques pour batteries (lithium et sans doute cobalt et nickel) pour, d'ici 2040, équiper 20 millions de voitures électriques, ayant chacune 350 km d'autonomie. Eh bien, ce que nous avons de mieux à en faire, c'est peut-être de nous contenter de mobiliser 80 % de cette ressource difficile à obtenir (avec par exemple le risque de devoir d'extraire les derniers 20 % dans des conditions environnementales et sociales plus que douteuses), afin d'équiper 80 millions de voitures hybrides rechargeables n'ayant chacune, en moyenne, que 70 km d'autonomie en mode électrique[1].

C'est toujours aussi récompensant que la variante précédente, avec en prime le fait de n'avoir qu'une voiture à gérer. Et c'est encore meilleur pour le climat.

En effet, la France n'a pas besoin de 80 millions de voitures, donc la moitié sera pour elle, et, dans le cadre d'un accord international pro-climat, l'autre moitié du lithium servira à équiper des pays dont le mix énergétique serait bien avancé sur la voie de la décarbonation mais qui n'auraient pas eu les moyens de s'équiper en voitures tout-électrique.

Si 70 ou 80 % des km se font sur de petits trajets, on aura ainsi au total, par rapport à l'hypothèse initiale de 20 millions de voitures tout-électrique, 4 fois plus de voitures (80 millions) qui rouleront à 75 % sans combustibles fossiles, soit un résultat écologique 3 fois meilleur, et avec un débouché plus important pour, par exemple, de l'électricité renouvelable, qui pourra ainsi se développer plus vite.

Objections ?

Tout d'abord, dans son livre « Pourquoi la voiture électrique est bonne pour le climat »[2], Cédric Philibert doute du respect d'une consigne d'utilisation maximale de l'électricité, a fortiori quand il n'y a pas d'incitation, notamment quand les

---

[1] 80 % de 20 millions de fois 350 km = 80 millions de fois 70 km. Par ailleurs, pour que des recharges quotidiennes deviennent banales, tous les garages devront être équipés de la puissance électrique suffisante, surtout si on conserve beaucoup de nucléaire, qui produit en excédent pendant la nuit. La question de l'incitation à l'équipement des copropriétés anciennes sera abordée au chapitre « Une nouvelle rue à traverser ».

[2] Éditions Les petits matins, 2024, page 77.

hybrides sont des voitures de fonction participant juste au greenwashing des grandes entreprises. Avertissement utile : si la proposition ci-dessus était adoptée, ce devrait être en tant que dérogation tolérée d'extrême justesse par l'UE (qui, ainsi, ne se déjugera pas trop), donc à condition que le conducteur accepte un « mouchard » vérifiant : qu'il se branche bien dès qu'il reste assez longtemps géolocalisé là où il y a de l'électricité qu'il est pertinent d'utiliser pour cela ; que, à 80 %, il indique à l'avance ses horaires et ses kilométrages ; qu'il laisse piloter sa recharge dans le cadre de smart grids ; voire qu'il contribue de temps en temps à rendre au réseau de l'électricité stockée (« vehicle to grid ») ; etc.

Autre objection, le fait que les émissions évitées soient localisées ailleurs qu'en France ? Aucune importance, puisque le CO_2 se mélange très vite à l'air du monde entier (par contre, le fait que ça soit en ville[1], et dans deux pays au lieu d'un, que l'on roulera à l'électrique, ce sera bon pour les poumons et les tympans d'un maximum de gens).

À propos de poumons, si on peut conserver un moteur thermique, vaut-il mieux qu'il soit à essence ou diésel ? Pour le climat, un diésel, car ça émet moins de CO_2 et que, dès lors qu'on n'aurait le droit de s'en servir que loin des villes, les particules seraient rapidement dispersées et donc peu nocives. Mais un moteur diésel coûte plus cher, et si on ne peut plus l'amortir sur beaucoup de kilomètres … Pourrait-on recycler des moteurs diésel pas encore complètement amortis, dans le cadre d'une politique d'incitations à une éradication accélérée des voitures 100 % thermiques ? À voir …

Mais pourquoi tout cela est-il, globalement, favorable aux intérêts de la France ? D'abord parce que récompenser les

---

[1] Ceci pourrait même aider à sortir de l'impasse des ZFE. Retarder leur mise en œuvre à 2032 et avancer à cette même date le passage vers des motorisations électriques à 70 km d'autonomie, ce serait récompensant par la résolution du problème social que ces ZFE avaient généré, et écologique au double sens de l'environnement mondial (le CO_2) et local (dans ZFE, le « E » pour « émissions » ne veut pas dire « émissions de CO_2 », mais de particules fines ou d'oxydes d'azote, nocifs pour la santé humaine).

automobilistes français, c'est bien. Ensuite parce qu'avoir une bonne image décarbonée à l'international, c'est toujours utile, que ce soit pour être soumis à une moindre pression financière lors des CoPs, pour nous procurer facilement les métaux critiques dont nous avons besoin, pour toute autre considération géopolitique, ou même pour vendre du nucléaire si c'est votre tasse de thé.

Et enfin parce que nos constructeurs, qui sont excellents sur les moteurs thermiques mais un peu moins dynamiques que les chinois sur le 100 % électrique à grande autonomie, tireront peut-être un peu plus facilement leur épingle du jeu[1] si l'hybride joue bien son rôle, comme je viens de le décrire, de technologie de transition entre le tout thermique et le tout électrique.

Et pourquoi ceci prouve-t-il que l'extrême-droite ne sera jamais capable d'agir concrètement pour l'écologie récompensante et en faveur des intérêts de la France ? Parce qu'avec son obsession pour le nationalisme, et donc son incapacité à intégrer quoi que ce soit qui pourrait ressembler, même de loin, à de l'altruisme international, elle ne défendra jamais, au Parlement européen, une proposition de ce type, quand bien même elle voudrait réformer le droit actuel qui impose le passage aux voitures 100 % électriques en 2035.

Les chiffres montrent pourtant que même en négligeant les émissions de CO_2 des batteries, il vaut mieux des hybrides en Europe et dans des pays moins riches, plutôt que du tout-électrique en Europe et du tout-pétrole ailleurs.

*

À être lié aux questions de soft power et aux institutions que cette qualification évoque (les CoPs, le Parlement Européen), le climat est-il certain d'être pris au sérieux ? Ou ne faudrait-il pas pousser à ce qu'il soit considéré comme une

[1] Trop bien ? Construire deux fois plus de moteurs thermiques, cela générera quelques surcoûts – qui ont cependant de bonnes chances d'être contrebalancés par les fortes économies sur les batteries, connues pour être le principal problème économique de nos futures voitures électriques.

question régalienne[1] ? Ne s'agit-il pas d'un enjeu existentiel, au même titre que les domaines, jugés régaliens, de la défense, des libertés publiques, de la monnaie… ?

Le mettre à égalité avec la défense pourrait être très concrètement utile, à court terme. Donald Trump, malgré son bilan climatique désastreux et sa politique pour le moins brouillonne à l'égard de l'Iran, de la Corée du Nord et de Poutine, a osé se poser en donneur de leçons à propos du pourcentage du PIB que les membres de l'OTAN consacrent à leur propre défense[2]. Cette attitude doit donner lieu, y compris préventivement, à la réponse la plus ferme. Nous avons le droit de nous réarmer intellectuellement, pour poser différemment les termes des débats que, sur ce sujet comme sur d'autres, les antiprogressistes voudraient lancer sur leur propre terrain.

Oui, on peut établir une sorte de classement moral, au sein des démocraties suffisamment riches, en fonction des efforts qu'elles font pour assumer leurs responsabilités dans la stabilité mondiale. Oui, au vu du contexte ukrainien, la question des efforts militaires est légitime. Mais contribuer à éviter que le climat ne devienne hors de contrôle, que des évènements de plus en plus extrêmes ne génèrent de graves crises agricoles, migratoires ou de partage de l'eau, c'est tout aussi essentiel.

Nous réarmer intellectuellement, ce serait par exemple construire, et faire valider par les gouvernements européens les plus puissants, un indicateur chiffré mesurant la totalité de ces « efforts pour assumer nos responsabilités dans la stabilité mondiale » au sein du camp des démocraties, incluant à la fois les efforts militaires et les efforts climatiques. On voit mal un éventuel gouvernement Trump faire valoir, à l'aune d'un tel

---

[1] Suggestion relayée par Lucile Schmid lors du 10ème anniversaire de La Fabrique Écologique, think tank trans-partisan dont elle est vice-présidente.

Il est en effet paradoxal que tout le monde s'accorde sur l'urgence qu'il y a à agir vraiment pour le climat, mais que les médias s'en détournent quand intervient un évènement bien plus futile mais plus ponctuel, comme l'arrivée d'un joueur vedette dans un club de football.

[2] Ce n'est même pas une question de cotisations en retard, pratique dont les Etats-Unis étaient, eux, coutumiers, notamment à l'égard de l'Unesco.

indicateur, que lui-même serait vertueux tandis que ses partenaires mériteraient d'être critiqués !

Une preuve de ce que les questions de transition énergétique sont pleinement régaliennes, c'est notre dépendance aux énergies fossiles, celles qui, aujourd'hui, financent la guerre de Poutine comme, hier, elles finançaient celles de Saddam Hussein (y compris quand il était l'allié de l'occident). Cette dépendance, nous devons la réduire.

Vérifions tout de même que la transition énergétique contribue bien, en toutes choses, à la stabilité mondiale. Pour notre futur monde décarboné, où nous avons besoin de matériaux et de matériels particuliers (lithium, nickel et cobalt pour les batteries, cuivre pour le renforcement des réseaux électriques, panneaux photovoltaïques s'ils sont fabriqués dans des pays lointains, terres rares à aimants permanents pouvant être utiles pour les voitures électriques et pour les éoliennes en mer, ...), risquons-nous de quitter une dépendance pour tomber dans une autre ?

Non, car il y a deux grandes différences.

Tout d'abord, si, un jour, un fournisseur stoppe ses livraisons, cela aura un impact sur notre capacité à poursuivre le développement de notre parc d'équipements, mais celui-ci continuera de fonctionner. Nous serons donc bien moins vulnérables qu'en 2022-2023, quand le risque de voir des livraisons de gaz chuter de 100 % concernait le fonctionnement de certains secteurs de notre économie, dans leur ensemble.

Et, à sa grande époque, l'OPEP, en réduisant drastiquement les volumes vendus, en était affectée au niveau des recettes, mais c'était doublement compensé : par une hausse des prix, et par le fait que ses membres restaient propriétaires du pétrole qui, cette année-là, n'était pas extrait. Inversement, pour les panneaux photovoltaïques ou pour les batteries, une cessation du commerce puis, rapidement, de la fabrication, serait aussi néfaste pour les vendeurs que pour les acheteurs.

Croire au progrès, croire aux énergies renouvelables, ce n'est donc pas forcément faire preuve d'un idéalisme exagéré, c'est également réaliste. Sans minimiser les enjeux militaires, continuer de rechercher des synergies entre gouvernance mondiale du climat et « dividendes de la paix » a toujours du sens. Et des dividendes, c'est récompensant.

En tout état de cause, laisser évoluer le climat hors de contrôle est tellement inimaginable (ce serait, à proprement parler, un suicide de l'Humanité) que, si nous devons, d'une manière ou d'une autre, nous « réarmer », nous n'avons en réalité pas le choix. Un réarmement de type nationaliste, réactionnaire et antiscientifique serait, de par son simple effet sur le climat (par, notamment, le blocage des CoPs qu'il impliquerait), un désastre. Notre réarmement ne peut être que progressiste et humaniste.

D'ailleurs, jamais nous n'aurions soutenu l'Ukraine si c'était elle qui avait été agressive envers la Russie. Nous la soutenons parce que c'est juste, et parce que c'est notre existence, en tant que démocraties refusant d'être sous influence, qui est en jeu. Nos libertés publiques, le droit pour notre jeunesse[1] de contester le modèle climaticide que notre génération est en train de lui léguer, cela aussi n'existe pas en Russie ni dans les pays qui lui ressemblent.

Le climat, boussole du progrès et du progressisme

Un « nouveau progressisme » post-macronien, visant à ouvrir des champs d'analyse originaux, ne reniera certainement pas le critère de la poutinophilie comme caractéristique de ses adversaires. Mais voyons si revenir à la question basique du climat pourrait, ou non, s'avérer fructueux pour éclairer la scène politique en recomposition.

Je vous l'ai promis, j'aborde donc maintenant le choix entre énergies nucléaire et renouvelables, bien qu'elles soient toutes décarbonées.

[1] Du moins la partie de cette jeunesse qui fait le choix, elle aussi, de refuser d'être sous influence, c'est-à-dire qui refuse de se laisser fasciner par le modèle économique des influenceurs et des influenceuses. Vous pouvez en déduire ce que sera mon état d'esprit au chapitre suivant, « une nouvelle start-up nation ».

La position d'Ensemble ne peut être dissociée du travail technocratique qui a été effectué sous son pouvoir. Quand il s'agit de mettre noir sur blanc quelques scénarios prospectifs, les incohérences de chiffres ne sont plus permises.

Une conséquence importante a été que, peut-être « à l'insu de son plein gré », le camp macroniste s'est retrouvé du bon côté d'une frontière importante à propos du climat, celle qui sépare :

- ceux pour qui la question du nucléaire et de l'éolien se pose essentiellement en termes de vases communicants, être pronucléaire étant uniquement un alibi pour refuser les éoliennes. Ce camp est fortement marqué à l'extrême-droite[1], ce qui peut donc constituer une nouvelle manière de caractériser, a contrario, la notion de progressisme ;

- et ceux qui, à l'inverse, (1) proposent d'abord d'avoir une politique à somme non nulle en ce qui concerne le climat, en produisant plus d'électricité décarbonée pour qu'elle se substitue à des combustibles fossiles, par exemple en développant les pompes à chaleur (ou « clims réversibles ») et la voiture électrique, et (2), seulement dans un second temps du raisonnement, expriment telle ou telle préférence concernant cette électricité décarbonée supplémentaire, que ce soit en faveur du photovoltaïque, de l'éolien terrestre ou en mer, ou du nucléaire.

Ce positionnement est devenu celui du macronisme, sans doute parce qu'il s'agit de la conclusion à laquelle la structure

---

[1] Certains membres des Républicains sont proches de cette position, mais pas tous.

Plus important, pourrait-on porter une accusation symétrique contre la gauche non communiste, qui ne serait pro-éoliennes que parce qu'elle serait antinucléaire ? La meilleure réponse est sans doute le classement que le Shift Project, think tank dirigé par Jean-Marc Jancovici donc pronucléaire, avait fait, sur la question du climat, des candidats à la dernière présidentielle : Yannick Jadot et Jean-Luc Mélenchon étaient, avec une note équivalant à « assez bien », les mieux classés, en dépit de leur appartenance au camp antinucléaire ; inversement, Éric Zemmour était (à égalité avec Nathalie Arthaud), jugé tellement inconsistant qu'il ne pouvait même pas être noté, et Marine Le Pen était elle aussi évaluée très défavorablement.

administrative de l'État[1] devait forcément arriver. Ce réalisme des technocrates a même conduit à un positionnement original quant à la répartition de la croissance à court terme des énergies décarbonées, entre le nucléaire et les renouvelables : le pouvoir étant officiellement pronucléaire (Cf. le « discours de Belfort » du président-candidat Macron, en 2022) mais les futurs nouveaux réacteurs ne pouvant sortir de terre avant une grosse dizaine d'années, et l'action climatique ne pouvant plus attendre, les ingénieurs d'État ont misé, dans l'intervalle, sur un développement enfin très puissant des renouvelables.

Être pronucléaire aujourd'hui, ça ne peut pas être autre chose qu'espérer, à partir de 2035, infléchir la tendance selon laquelle les énergies renouvelables doivent absolument, d'ici là, être développées de manière massive.

À quoi pourra ressembler ce futur infléchissement ?

Il coïncidera tout d'abord avec l' « effet falaise » du nucléaire français : les très nombreuses centrales construites dans les années 80 arriveront en bout de course, après avoir été prolongées d'une ou deux décennies par rapport à leur durée de vie initiale.

Donc, rien que pour ne pas réduire la production nucléaire, il y aura un très fort investissement à réaliser (et à financer) dans autant d'EPR, en leur souhaitant un fleuve moins long et plus tranquille qu'à Flamanville et Olkiluoto.

Ensuite, si on veut être encore plus pronucléaire, on peut se fixer un objectif encore plus ambitieux : faire que la part du nucléaire dans la production électrique française ne baisse pas.

En effet, la simple reconstruction à l'identique de tous les réacteurs qui vont être arrêtés dans le cadre de cet « effet falaise », n'empêcherait pas que le recul des énergies fossiles devra en grande partie se faire par substitution par un supplément d'énergies décarbonées. Avec cette reconstitution à l'équivalent du parc nucléaire, ce supplément serait assuré à 100 % par des énergies renouvelables.

[1] Le ministère de l'environnement (à l'époque où il avait la compétence « énergie »), mais aussi l'Ademe, et surtout RTE – Cf. son rapport « futurs énergétiques » que j'ai largement cité au début de ce chapitre.

Dans le cas de cet « objectif encore plus ambitieux », avec un pourcentage constant d'un total qui augmentera, le nucléaire produira, en 2050, plus de TWh qu'en 2035, mais il en sera exactement de même pour les énergies renouvelables – qui, elles, auront déjà progressé entre aujourd'hui et 2035.

Voilà qui est bon à savoir – même si on peut évidemment imaginer un objectif « encore plus ambitieux qu'encore plus ambitieux », où, du fait d'un investissement colossal dans le nucléaire, les énergies renouvelables s'arrêteraient de croître à partir de 2035 ; personnellement, je trouve ça assez peu imaginable, au moment précis où il y aura de fortes chances qu'elles aient fait leurs preuves en étant les seules (soit par leur production sur le sol français, soit chez nos voisins, qui nous exporteraient cette électricité si nous persistions à être les plus mauvais élèves de la classe renouvelable) à avoir fait reculer de manière importante, sur une décennie, les énergies fossiles.

En tout état de cause[1], les pronucléaires n'ont le choix qu'entre différentes politiques qui, toutes, intègrent une très forte croissance des renouvelables sur cette même décennie. Aujourd'hui, le progrès, c'est le solaire et l'éolien.

Si certains d'entre eux le voient d'un mauvais œil, que leur dire ? Sur la rationalité du fait d'entamer, tout de suite, une transition qui verrait les énergies fossiles décroître enfin de manière très nette, au profit de solutions électriques, et donc soit nucléaires soit renouvelables, mais, en pratique, renouvelables puisque c'est la seule solution immédiatement disponible, il n'y a là rien qui était inconnu des membres de la classe politique, sauf de ceux qui ne regardaient les problèmes ni en face (« Qui aurait pu prédire le changement climatique ? ») ni avec suffisamment de souci du moyen et long terme.

---

[1] Sauf à décider de politiques qui soient en contradiction flagrante avec la science du climat selon laquelle il est crucial que la décennie 2025-2035 soit enfin marquée par un net début de déclin des énergies fossiles, grâce aux pompes à chaleur et aux voitures électriques, auxquelles on peut ajouter l'hydrogène comme produit de base de la chimie, et l'électrification de la chaleur haute température dans l'industrie.

En tout cas, cela fait assez longtemps que le lobby pronucléaire invoque la question climatique pour plaider sa cause. Étant constitué d'ingénieurs ayant une culture scientifique suffisante, il avait toute latitude, depuis plusieurs décennies, pour faire passer, avec précision, ce message aux partis politiques qui lui sont les plus proches, et pour le réitérer si nécessaire. S'il ne l'a pas fait ou pas réussi, c'est son problème et celui de ces partis peu soucieux de la réalité climatique.

Quoi qu'il en soit, les ingénieurs de l'administration française, tout pronucléaires qu'ils aient été historiquement, sont parfaitement conscients de ce qui précède. Et le gouvernement, pour la part de son travail qui consiste à s'appuyer sur eux, notamment dans le domaine de la prospective chiffrée, ne pouvait que s'y rallier. C'est pourquoi on ne trouve qu'au sein de certains partis politiques très à droite, peu soucieux de réalisme, l'idée de vases communicants (plus de nucléaire pour arrêter de construire des éoliennes), par opposition à ce jeu raisonnable, à somme non nulle.

Cette question peut-elle donc devenir le critère principal de la distinction entre les partis politiques fréquentables et ceux qui ne le seraient pas ?

*

Comme fondement de la démarcation entre ceux de ces partis qui sont dans l'arc républicain et ceux qui n'y sont pas, les questions qui suivent apparaissent, aujourd'hui, très largement sous-estimées, alors qu'elles sont, en réalité, d'une importance essentielle pour la viabilité même de tout projet collectif autour duquel nous rassembler :

1 - Le climatoscepticisme doit être combattu d'une manière claire, avec quatre principaux arguments.

Tout d'abord, rappelons que ce sont les climatosceptiques qui ont imposé leur manière de poser la question. Selon eux, elle serait double : en préalable, observe-t-on un changement climatique ? et, si oui, est-il causé par l'homme ?

Or, les progrès scientifiques les plus puissants sont ceux qui ont d'abord pris la forme d'une prédiction, validée ensuite par l'observation. Et c'est le cas du climat : les principes de l'effet de serre et donc de sa variation en fonction de la concentration de CO_2 dans l'atmosphère ont été scientifiquement étudiés depuis 200 ans[1], une estimation chiffrée étonnamment précise a été calculée il y a plus de 100 ans[2], et la confirmation par l'observation est venue en son temps, quand nous avons effectivement brûlé tellement de charbon, de pétrole et de gaz, donc émis tant de gaz à effet de serre, que leur effet devenait très sensible et donc bien mesurable. Le changement climatique répond ainsi parfaitement aux exigences à satisfaire pour constituer un fait scientifique doublement incontestable et à la hauteur de l'intelligence humaine : prédiction d'abord, confirmation par l'observation dans un second temps.

L'opinion doit aussi être prévenue à l'avance des périodes où elle doit se méfier plus particulièrement des fake news climatosceptiques. En effet, au réchauffement tendanciel s'ajoute la variabilité naturelle du climat, avec en particulier les évènements El Niño. Quand ceux-ci se produisent, comme en 2023, la température mondiale moyenne est supérieure à la tendance, et quand ils se terminent, on a, par comparaison avec l'intervalle El Niño, l'impression d'une petite baisse des températures moyennes. Naturellement, c'est à ce moment-là que les climatosceptiques se réveillent.

Il est donc utile d'avertir l'opinion de ce qu'un El Niño est en cours et qu'une fois celui-ci terminé, elle risque de subir une offensive de climatoscepticisme, évidemment infondée puisqu'en prolongeant les courbes depuis avant cet El Niño, la tendance à la hausse se poursuivra sans aucune inflexion.

Mais – voilà le troisième argument – elle devra s'infléchir, très fortement et le plus vite possible.

Grâce à des solutions techniques ad hoc, personne ne sera arbitrairement privé de sa liberté de déplacement sur terre, du choix de sa nourriture, etc., la question étant principalement

---

[1] Fourier, déjà cité à la page 46.

[2] Par le chimiste suédois Svante Arrhenius, également connu pour d'autres avancées très sérieuses dans sa discipline.

celle du coût de cette transition. Coût d'investissement dans les technologies respectueuses du climat, mais aussi, comme l'a montré Christian de Perthuis[1], coûts de désinvestissement des actifs carbonés (centrales électriques au charbon, puits de pétrole, ...), y compris ceux que l'on finance et réalise encore aujourd'hui ! Quel gaspillage que de déclasser ainsi – mais, pour le climat, le plus tôt sera le mieux – des équipements que, depuis longtemps, on aurait dû arrêter de rajouter à ceux existant déjà.

Au lieu d'opérer, disons, de 2025 à 2050, la décarbonation de notre monde, nous aurions pu obtenir un résultat climatique équivalent en l'étalant sur 2015-2060, voire 1995-2080. Cela aurait coûté beaucoup moins cher : moins de centrales au charbon à fermer peu de temps après les avoir construites, etc... Il aurait juste fallu, pour cela, s'y prendre plus tôt. Et qui a tout fait pour qu'on procrastine ? D'abord les climatosceptiques.

Conclusion : la soi-disant écologie punitive, ce n'est pas les écolos, mais au contraire leurs adversaires, les climatosceptiques et tous ceux qui, à leur suite, ont cru astucieux, depuis 30 ans, de renvoyer systématiquement le problème aux générations suivantes. C'est-à-dire, aujourd'hui, à nous !

Et enfin, la question climatique devrait bénéficier du principe de précaution, parfois mis en œuvre pour des causes bien plus futiles. Les climatosceptiques ne cherchent pas à gagner les débats scientifiques sérieux, ça leur est évidemment impossible[2], mais ils veulent juste semer un peu de doute : « je vous sors un nouveau pseudo-argument du chapeau, tant que vous ne l'avez pas réfuté vous n'allez quand même pas ralentir l'économie, puis quand vous l'aurez réfuté je vous en sortirai

---

[1] Dans son dernier livre, « Carbone fossile, carbone vivant », Gallimard.

[2] En complément des arguments de nombreux scientifiques réfutant leurs thèses, on peut en trouver quelques autres dans mon livre « *Fautes / Climatoscepticisme, incompétence et irresponsabilité* » (Ed. du cosmogone, 2011) où je démontrais en particulier qu'à ma grande surprise les développements soi-disant scientifiques des climatosceptiques de l'époque, notamment Vincent Courtillot, prouvaient en réalité, quand on les regardait en détail, exactement le contraire de ce qu'ils prétendaient démontrer.

un autre, bonjour Sisyphe ». Il s'agit d'arguments dilatoires, sans aucune chance d'être validés, mais le temps nécessaire pour les réfuter est, bien réellement, du temps perdu.

Seul un excès de formalisme pourrait nous faire considérer qu'il y a un doute. Mais le principe de précaution est là pour nous dire que même si (ce qui est faux) il n'y avait pas de certitude que le climat soit en danger, il faut passer outre à cet éventuel doute, et ne pas perdre plus de temps.

Pour être considérées comme faisant partie de l'arc républicain, les forces politiques devraient reprendre ces différents arguments à leur compte.

2 – La seconde question pour laquelle la même attitude serait attendue d'elles est celle de l'adaptation. Un des discours les plus dangereux est celui qui consisterait à dire : « *bon, tant pis, on ne réussit pas à se désintoxiquer des énergies fossiles, nous n'avons plus qu'à en accepter la conséquence, le réchauffement climatique, et à nous y adapter, en travaillant sur chaque point : la gestion de l'eau ; la protection contre les canicules, les tempêtes, les incendies, l'élévation du niveau des océans ; les modifications à apporter à l'agriculture, à la gestion des forêts…* ».

Il est très dangereux car il est faux : renoncer à nous passer des énergies fossiles, ce n'est pas avoir à nous adapter à un climat plus chaud, c'est subir un climat qui n'arrêtera jamais de devenir de plus en plus chaud, puisque nous n'arrêterions jamais d'émettre de nouveaux gaz à effet de serre s'ajoutant au stock de ceux déjà émis. L'arrêt de l'utilisation des combustibles fossiles n'est donc pas une option.

Et l'adaptation, qui est effectivement nécessaire, ne pourra jamais être une alternative à la transition énergétique : ce n'est pas l'une ou l'autre, c'est les deux, obligatoirement ensemble. Comme on dit : « s'adapter, c'est gérer l'inévitable, réduire les émissions de près de 100 %, c'est éviter l'ingérable ». Ceci doit également être reconnu par toutes les formations politiques prétendant nous gouverner.

3 – Enfin, comme exposé plus haut, la seule attitude responsable que nous attendons de nos représentants, c'est

celle qui considère les énergies décarbonées dans le cadre d'un jeu à somme positive, où, d'abord, nous leur assignons le rôle de se substituer aux combustibles fossiles (transports, logement…), et seulement dans un second temps nous exprimons éventuellement des préférences entre photovoltaïque, éolien, nucléaire… Les partis qui, à l'inverse, placeraient leur priorité dans une approche en vases communicants, et qui par exemple se présenteraient en pronucléaires dans le seul but de lutter contre l'éolien, s'excluraient, de ce fait, du périmètre républicain.

*

Espérons que, épaulés par des médias qui renonceraient au simplisme, les électeurs prendront l'habitude d'être plus exigeants face à la démagogie. Les mots « écologie punitive » devront alors disparaître du registre des responsables politiques concerné(e)s, qui ne s'en servent que pour justifier leur paresse intellectuelle et leur indifférence à l'état de la planète qu'ils légueront à nos petits-enfants.

Espérons, enfin, que nous saurons aussi résister à certaines réactions qui consistent à même se plaindre de l'écologie récompensante !

Les récompenses en question sont forcément soit morales, soit financières.

Dans la première catégorie, être fier(e) d'être aussi peu responsable que possible du changement climatique, être en bonne santé parce qu'on privilégie le vélo ou la marche à pied ou encore parce qu'on mange sain, applaudir quand le passage de la cuisson traditionnelle au bois à la cuisson électrique couplée à du photovoltaïque devrait fortement réduire les maladies respiratoires des femmes en Afrique tout en freinant la déforestation, consommer moins pour travailler moins, participer à un projet éolien citoyen, se soucier de la fin du monde autant que des fins de mois, tout cela est convaincant à condition d'être déjà écolo, ce qui n'est pas le cas de tout le monde.

Pour les autres, notons que certaines situations suscitent des récompenses à la fois morales et financières.

Par exemple, certaines communautés de communes rurales, souvent dirigées par des élus divers droite, répartissent avec un grand souci d'équité les recettes fiscales provenant de l'installation d'éoliennes, afin que chaque commune soit dédommagée au prorata de sa proximité et de leur visibilité. Ainsi, personne n'est lésé, les dossiers sont traités de manière objective et l'ambiance des débats locaux reste bonne.

Exemple comparable, la gratuité des transports en commun. Elle consiste en quelque sorte à rémunérer celles et ceux qui font l'effort de choisir un mode de déplacement moins rapide et moins pratique, en laissant aux autres plus de place pour rouler, pour stationner et pour émettre du CO_2.

C'est très justifié quand la fréquentation initiale est faible : si elle augmente de 50 % et même si le taux de subventionnement passe de 90 % à 100 %, la subvention par passager diminue. Inversement, ces arguments disparaissent dans le cas d'une grande agglomération : comme d'ailleurs le TGV, le métro et le RER sont plus rapides que la voiture et, lorsqu'ils sont saturés, de nouveaux usagers ne peuvent être admis qu'à la condition de renforcer l'offre – nous y reviendrons.

Après ces deux exemples d'écologie récompensante à la fois d'un point de vue moral et financier, les derniers cas sont ceux où seule la question financière compte, en particulier quand cela concerne les français qui ont le plus de mal à boucler leurs budgets et qui sont prêts à se laisser influencer par l'expression « écologie punitive ». Ces situations doivent, elles aussi, être considérées avec respect.

Mais sans faiblesse. Une récompense financière, ça peut être le fait que les personnes concernées soient, pour partie, rémunérées pour les services qu'elles rendent en faveur de la nature. Quand on s'affirme opposé à une soi-disant écologie punitive, c'est-à-dire qu'on refuse que le moralisme prenne le pas sur le financier, il n'est pas logique de se plaindre de ces revenus. Or, c'est un débat qui existe, par exemple avec les agriculteurs, qui revendiquent, en plus de tout le reste, de « pouvoir vivre du fruit de leur travail ». Traduction : de la vente de nourriture, et de rien d'autre.

Une telle revendication, apparemment morale tout en étant anti-écolo, est critiquable à divers points de vue.

Tout d'abord, c'est se voiler la face sur la véritable économie du secteur agricole : la PAC (politique agricole commune) qui leur donne l'impression de vivre de la vente de leurs produits, est en réalité un système de subventionnement généralisé, en partie payé par le reste de l'Europe au profit de la France dans le but de mettre les agriculteurs à l'abri de la concurrence internationale. Sans la PAC, de nombreux produits, dont la viande bovine, devraient être vendus plus cher et/ou rapporter moins au producteur. Donc les agriculteurs qui prétendent que leurs revendications anti-écolos sont fondées sur un refus du fait de vivre de subventions, sont dans le déni de la réalité de l'économie de leur secteur.

Ensuite, les rémunérations liées à l'entretien de l'écosystème et en particulier aux pratiques culturales les plus protectrices du climat, visant à éviter trop de pertes du carbone[1] et d'azote[2] des sols, sont éminemment dignes[3].

---

[1] Le carbone du sol, c'est-à-dire les anciennes matières organiques qui lui donnent sa couleur sombre, s'oxyde (donc devient du CO_2) s'il est mis en contact avec l'air, par exemple s'il est remonté des profondeurs vers la surface lors des labours et si le sol est ensuite laissé nu.

[2] L'azote provient des apports azotés (engrais de synthèse ou épandage du lisier d'élevage ; utiles pour faire pousser des végétaux contenant des protéines) et, lui aussi, s'oxyde, donnant le protoxyde d'azote N_2O, également un puissant gaz à effet de serre. Ces émissions sont moins fortes si les apports azotés sont gérés avec plus de finesse, ce qui a un coût.

[3] Moi qui essaie de m'impliquer en faveur des énergies telles que le photovoltaïque et l'éolien, je ne trouve rien de déshonorant au fait que, quand elles étaient naissantes, elles aient eu besoin d'être subventionnées (y compris sous forme de tarifs de rachat, c'est-à-dire l'équivalent de la PAC pour l'agriculture) pour se développer et devenir les industries hautement performantes que nous connaissons aujourd'hui. Et tout ce que je propose dans mes divers livres a pour but qu'à l'avenir elles contribuent à la lutte contre le changement climatique en coûtant le moins cher possible à la société. Ces deux attitudes de ma part ne sont en réalité nullement contradictoires entre elles, et sont au cœur de ma conception de l'écologie récompensante, laquelle pourrait tout à fait, me semble-t-il, être adoptée par les agriculteurs.

Contribuer à privilégier notre bien commun, le climat, quand on est en situation de pouvoir le faire, cela mérite d'être bien considéré, à la fois financièrement et moralement.

Financièrement, cela veut dire que nous devons accepter de rémunérer les agriculteurs qui s'y impliquent, c'est notre devoir de mise en place de l'écologie récompensante ; et c'est bien ce qui se passe, notamment au niveau européen.

Donc, moralement, je ne suis pas d'accord avec le fait que les agriculteurs critiquent une telle politique au motif qu'elle les priverait de leur dignité de vendeurs de produits agricoles et de rien d'autre.

Nous (tout le reste de la société, y compris les chercheurs en agronomie et les députés européens) n'avons quand même pas à nous excuser d'avoir identifié que certains changements de pratiques culturales sont un élément important pour que notre civilisation née des trente glorieuses arrête de détraquer le climat. Ni d'avoir mis en place des mécanismes juridiques et financiers récompensant ces actions bénéfiques.

Développer ainsi l'écologie récompensante, ce n'est pas aller contre le progrès, à moins de considérer que le progrès, c'est ce modèle de l'après-guerre. Ce progrès-là ne faisait pas attention à tous les dégâts qu'il causait, et il est temps de lui substituer un progrès plus responsable, plus raisonnable.

Les pratiques culturales un peu plus coûteuses qui sont aujourd'hui préconisées sont, elles, véritablement progressistes, au bon sens du terme. Étant également équitables à l'égard des agriculteurs en compensant (et au-delà) leurs surcoûts, elles sont aux antipodes d'une écologie qui pourrait être qualifiée de punitive.

Seuls ceux qui ne s'intéressent pas à ce qui est dit du climat par les sciences, dont l'agronomie et l'écologie (mot qui désigne, à l'origine, la science des écosystèmes), trouvent matière à critique dans les politiques pro-climat récemment mises en place pour l'agriculture.

Rien d'étonnant, d'ailleurs : ceux qui attaquent la science, de même que les forces politiques qui mettent de l'huile sur le feu du malaise paysan – dont les causes, sur d'autres points, sont réelles[1] – sont souvent les climatosceptiques. À nouveau, les mots « écologie punitive » ne sont qu'un faux procès à l'encontre de toutes les actions menées de manière constructive pour le climat.

Et nous retrouvons ici la nécessité de mettre au ban de l'arc républicain le déni de l'aggravation inévitable du changement climatique tant que l'économie ne sera pas décarbonée.

*

En conclusion, qu'est-ce que je pense, à titre personnel, du nucléaire ? Eh bien, que le rôle historique des pronucléaires, ç'aurait été, il y a 30 ou 40 ans, de dire haut et fort : « *Le monde va dans le mur. En plus, le lobby pétrolier se met à subventionner le délire climatosceptique. Notre honneur, c'est de dire que nous sommes en désaccord avec 99 % des français et avec 99,9 % des énarques et des dirigeants d'entreprises. Il faut décarboner d'urgence toute l'économie mondiale, et il n'y a que le nucléaire qui peut le faire* ». Ils avaient tous les éléments pour poser ce diagnostic, mais leur culture trop conformiste les en a empêchés. Seule une toute petite partie de ce camp, autour du site « https://www.nucleairedurable.fr », est aujourd'hui sur cette ligne.

Bref, si leur ambition était d'être « la » solution, ils ont passé leur tour. À partir d'en ce moment, avec des renouvelables qui sont une alternative de plus en plus crédible, ils ne seront plus, au mieux, qu'une (sans doute assez petite) partie de cette solution.

---

[1] Un des autres points d'opposition entre agriculteurs et écolos, au-delà de l'atténuation du changement climatique, c'est-à-dire la nécessaire baisse des émissions de gaz à effet de serre (CO_2, N_2O et méthane CH_4), concerne l'adaptation à ce changement climatique, en particulier la gestion de l'eau et la construction de retenues et de méga-bassines. Ce que j'en ai écrit dans mon dernier livre, « *5 défis techniques XXL inédits pour le climat* », est bien plus modéré que la position de la plupart des mouvements écolos.

QUEL TECHNOSOLUTIONNISME ? UNE NOUVELLE START-UP NATION

Avertissement préalable : je suis, de base, un physicien, et c'est sans doute dans ce chapitre que cela apparaît le plus, mais de manière progressive. Certains d'entre vous risquent donc, tôt ou tard, de moins apprécier mes développements les plus techniques. Si c'est votre cas, et dès que vous en ressentirez le besoin, n'hésitez pas à sauter les passages qui suivront, pour reprendre votre lecture au milieu de la page 120.

*

Physicien, et, comme on l'a vu au chapitre précédent, favorable au progrès scientifique et technique. Au point d'être accusé de technosolutionnisme ? Si oui, je l'assume. Et ceci même si, au sein des différentes solutions techniques, mes préférences sont proches de celles de nombreux écolos.

Je pourrais donc éluder ce débat mais, au contraire, je pense utile d'affirmer qu'être technosolutionniste n'est pas une tare.

Vous trouverez ainsi, tout au long de ce livre, des passages où j'indique en quoi la décroissance économique ou la sobriété ne me semblent pas à la hauteur des enjeux.

La rénovation thermique des bâtiments (dont j'analyserai la « mal-incitation » économique au chapitre suivant), c'est l'archétype de la très consensuelle « efficacité énergétique », et pourtant c'est bien une solution technique.

Les énergies renouvelables suscitent quelques oppositions dans le camp des décroissancistes, auxquelles j'ai répondu en pages 20 et 21. J'y suis favorable non seulement du fait de ma tradition écolo, mais aussi parce que ce sont aujourd'hui des technologies parfaitement abouties et qui ont su atteindre la compétitivité économique, ce dont leurs adversaires de droite les jugeaient incapables.

Elles subissent aussi l'accusation d' « extractivisme ». En réalité, les panneaux photovoltaïques et les éoliennes sont peu gourmands en métaux critiques[1]. La question du lithium des voitures électriques qui vont avec est un peu plus délicate[2], mais j'y ai répondu au chapitre précédent, avec ma proposition de vente, dans un premier temps, de beaucoup de voitures dont la batterie aurait une autonomie limitée à environ 70 km.

Et, de manière générale, je récuse globalement le concept même d'extractivisme, dans la mesure où son principe est de mettre sur le même plan : (1) des minéraux qui sont extraits une seule fois et permettent ensuite une fourniture gratuite d'énergie, et (2) l'extraction de combustibles fossiles qui doivent être en permanence renouvelés et conduisent à ce que la teneur en CO_2 de l'atmosphère s'accroisse sans limite.

Le nucléaire classique, j'y suis indifférent dans le contexte franco-français, sachant que pour la décennie à venir il n'y aura que les renouvelables qui pourront faire avancer la décarbonation. Il faut aussi l'examiner en tant qu'éventuelle solution mondiale. À grande échelle, ce « nucléaire classique », c'est-à-dire fondé sur l'uranium 235, devrait assez rapidement manquer de ressources. Il faudrait alors passer à la valorisation de l'uranium 238, bien plus abondant, mais reposant sur un concept particulier, dit à neutrons rapides. Ses opposants se souviennent de Superphénix, et ses partisans du projet Astrid. Bref, ce n'est pas un simple prolongement de ce que nous connaissons déjà.

Les deux dernières idées technosolutionnistes le sont encore moins. La fusion nucléaire, utopie sans cesse repoussée pour une maturité sans cesse annoncée avec un délai d'attente de 40 ans. Et le CCS, ou capture et stockage géologique du CO_2, dont le principal soutien, le lobby des énergies fossiles, aurait

---

[1] Juste un peu d'argent-métal pour le solaire, et de terres rares pour équiper les éoliennes en mer avec d'excellents aimants permanents. Dans un cas comme dans l'autre, le recours, si nécessaire, à des alternatives, ne devrait pas être problématique, rendant juste ces technologies un peu moins performantes.

[2] Voir aussi l'argumentaire très étayé du livre « Pourquoi la voiture électrique est bonne pour le climat », de Cédric Philibert, aux éditions « Les petits matins ».

largement eu le temps et les moyens de démontrer sa faisabilité et sa pertinence s'il avait voulu y investir ne serait-ce qu'une petite part de ses abondantes ressources.

Cette contradiction entre ce qui aurait été rationnel (avoir testé ce concept en vraie grandeur depuis bien longtemps) et ce qui est (une idée bien moins mûre que les renouvelables) étant de mauvais augure, ce livre est rédigé sur le principe que nous ne pouvons pas remettre notre destin entre les mains de cette simple hypothèse.

Donc je suis technosolutionniste, mais tendance substitution massive des énergies décarbonées, et d'abord renouvelables, aux énergies fossiles.

Et tendance favorable aux start-ups, ou défavorable ?

Supprimer des tâches répétitives, n'est-ce pas libérer les humains ? Mais, en même temps, ne sont-elles pas destructrices d'emplois ? Cette dialectique est classique, elle concerne aussi bien le passé relativement ancien (le machinisme industriel et agricole), que plus récent (l'informatique, la robotique), voire le futur proche (l'intelligence artificielle générative, IA). Les arguments « pour » sont toujours les mêmes : ces progrès créent de nouveaux emplois, de nouveaux cycles de croissance, donc, en s'y adaptant et en s'y habituant, on finit par ne pas regretter ces transformations.

Mais nous parlons ici du climat. Donc, pour commencer, un mauvais pressentiment : pourquoi forcément nous parler de croissance, et non pas, si on invoque le fait de libérer les humains de leur esclavage vis-à-vis du travail ancien, mettre en avant les possibilités de réduction du temps de travail à niveau égal de richesse produite ou, mieux, de bonheur national brut (BNB) ?

Pour l'élection de 2017, la candidature la plus intéressante était peut-être celle de Benoît Hamon, le seul à poser, en gros, la question : « *à son origine, la robotisation et l'informatique portaient une promesse de libération des humains des tâches fatigantes et fastidieuses, ne serait-il pas temps d'en faire le bilan et de vérifier si cette promesse a été tenue, ou si l'informatique ne nous a pas conduits à un monde de stress, de nouvelles formes d'aliénation, et donc, en fait, d'absence de progrès ?* ». Dans l'opposition entre philosophie Amish et esprit start-up, cette réflexion était sans doute salutaire pour nous-mêmes comme pour la planète.

D'autant que, quand on interroge[1] les tenants de l'IA sur le coût des investissements à réaliser pour que la France soit leader, et ceci dans un contexte de finances publiques non infinies, ils répondent qu'eux sont prioritaires, donc que tous les autres n'auront qu'à attendre. La transition énergétique et la sauvegarde du climat sont ainsi, pour eux, « non prioritaires », noyées dans la masse.

Alors, évidemment, à supposer qu'on leur demande si leur vision n'est pas quelque peu contradictoire avec les impératifs climatiques, vu notamment la consommation d'énergie toujours croissante des serveurs informatiques, on devine ce qu'ils vont répondre : que les GAFAM font des efforts pour passer à de l'énergie décarbonée[2], et que l'IA permettra d'optimiser certains process pour les rendre moins énergivores.

Autrement dit, rien de pertinent pour s'attaquer au problème le plus sérieux de notre sevrage des énergies fossiles : l'effet rebond, particulièrement tenace dans son principe qui est de transformer toute baisse du ratio des tonnes de CO_2 émises par unité de PIB, en une hausse du nombre absolu de tonnes de CO_2 émises.

Pouvons-nous, à nouveau, dépasser cette contradiction ?

L'effet rebond est l'objet de ce livre tout entier, de ses déclinaisons déjà bien connues à celles qui pourraient, à l'avenir, nous placer face à un dilemme à la Ulysse.

Sous cette réserve, la technologie, soit dans le domaine de l'informatique que j'ai évoqué, soit en dehors, a-t-elle des pistes à nous apporter pour une écologie la plus récompensante possible ? C'est pour y répondre que je questionne le concept par lequel cette thématique a été préférentiellement abordée au cours des sept dernières années : celui de start-up nation.

---

[1] Sur France Inter, le matin du 16 mars 2024.

[2] Le Kazakhstan, ou « bitcoin-istan », carbure, lui, au charbon.

En n'étant pas encore assez une start-up nation, nous, français, serions insuffisamment innovateurs, il nous faudrait développer de nouvelles qualités d'« agilité »... Pour le macronisme, né dans la destruction du monopole des taxis et son remplacement par la plateforme numérique d'Uber, et héritier politique du mouvement des soi-disant « pigeons »[1], ceci ne pourrait exister que sous cette forme de start-ups. Lesquelles ne pourraient exister qu'à l'initiative de quelques pré-trentenaires, petits génies de la tech. Et la tech ne pourrait exister que par la valorisation de nos données personnelles sur Internet. Bref, le contraire de ce qu'en anglo-saxon on appelle le « brick and mortar »[2], et, en français, l'industrie lourde, par exemple la sidérurgie. Même « le numérique » a un contraire, sur lequel nous reviendrons aussi : « l'analogique ».

Or, le Covid l'a révélé, nos sociétés occidentales avaient été considérablement fragilisées par le pari qui avait été fait de tout miser sur l'immatériel, du genre applis sur smartphones : nous avons découvert avec stupéfaction que nous n'étions plus capables de produire du paracétamol ou des masques !

Je vais donc bientôt vous proposer deux initiatives bonnes pour le climat et bonnes pour désamorcer les critiques sur une écologie supposément punitive, tout en présentant le paradoxe suivant : être innovantes, « agiles », et pourtant peu ressemblantes à des start-ups classiques. L'une appartient en effet au domaine du BTP et l'autre à celui de la fabrication des métaux.

Des infrastructures de transport rationnelles et récompensantes

Mais, en préalable, remarquons que l'apparition de start-ups n'est que l'aboutissement final d'évolutions par cycles économiques, parfois caractérisés par de gros investissements (création d'une industrie sidérurgique puissante, d'un réseau

---

[1] Start-uppeurs qui, sous François Hollande, s'estimaient trop imposés quand ils revendaient leurs sociétés avec de belles plus-values.

[2] Des briques et du mortier.

de chemins de fer, mécanisation de l'agriculture) conditionnant une étape ultérieure au cours de laquelle des potentialités nouvelles et bien plus diversifiées fleurissent. Une étape décisive franchie dans le cadre d'une industrie lourde permet le développement d'industries légères, des gains de productivité libèrent de la main d'œuvre qui va pouvoir créer de la valeur ajoutée dans un autre secteur …

Le numérique a lui aussi suivi ce chemin. Il y a quelques décennies, « les ordinateurs », c'était IBM, surnommée « big blue ». Puis Clinton a lancé « les autoroutes de l'information » et c'est dans ce cadre qu'aujourd'hui, le logiciel (software) est devenu bien plus créateur d'activité économique que le matériel (hardware).

À l'exception d'Apple, l'entreprise concevant à la fois son matériel et ses logiciels a disparu. À l'inverse, de plus en plus de sociétés travaillent, au coup par coup, avec divers clients et divers fournisseurs. Rien de très différent, finalement, par rapport à bien d'autres secteurs économiques où on observe la même structuration segmentée, ramifiée, réticulée et évolutive des chaînes de valeur.

Avec, pour faire circuler les matières en jeu, des camions. On n'a, en effet, rien trouvé de plus flexible pour livrer non seulement en flux tendu mais aussi sans rupture de charge à partir d'un point quelconque et à destination d'un autre point quelconque. Que nous, les écolos, nous préférions le train, ça ne change rien : sauf pour des cas particuliers où des ruptures de charges sont acceptables au regard des économies réalisées grâce à des volumes importants, le fret ferroviaire a, pour les activités économiques les plus récentes, beaucoup de mal à rivaliser avec la route.

Des ruptures de charges sont pourtant possibles et supportables grâce à un concept assez rationnel : les conteneurs. En quelques instants, sur une plateforme multimodale, ils sont transbordés entre camion, train, cargo ou péniche.

Rationnel, mais contestable ? Sans eux, le commerce mondial serait bien moins développé, mais ne serait-ce pas aussi bien ? Dans le cadre de l'écologie récompensante, je pourrais parler du pouvoir d'achat, qui serait moins brillant si nous ne devions acheter que français. Je pourrais parler du fait que les émissions de CO_2 par tonne et par km sont bien plus faibles pour un cargo que pour tout autre moyen de transport. Vous objecteriez que ces gains sont annulés par un très fort effet rebond. Je vous répondrais que je ne l'ignore pas et que j'en parlerai très bientôt…

Mais en fait, je ne vais rentrer dans aucun de ces débats, car ça m'est égal. Non pas que je sois indifférent à mon devoir de citoyen et d'essayiste, qui est d'avoir un avis. Mais parce que la conclusion à laquelle je vais arriver dans quelques pages est la même aussi bien si on apprécie ou si on n'apprécie pas ce commerce mondial par cargos. Et, pour y arriver, il faut d'abord supposer qu'on l'apprécie. Donc je le suppose.

Visualisons ces gigantesques cargos qui arrivent de bien loin, et déchargent à Fos-sur-Mer, à Saint-Nazaire, au Havre, à Anvers, à Londres, à Rotterdam, à Hambourg … Point commun de tous ces ports ? Ils sont à la fois maritimes et fluviaux (Anvers est à l'embouchure d'un fleuve modeste, l'Escaut, mais au cœur du tellement plat pays, tellement facile à faire traverser par des canaux à très grand gabarit, qu'en fait il double un peu Rotterdam). Le transbordement de cargo à péniche y est donc une opération naturelle, prolongée par une autre opération naturelle, la remontée dudit fleuve, tant qu'il est navigable, au besoin en étant canalisé.

Bref, pour aller de Shenzhen à Paris, la route logique est toute trouvée : une seule escale, au Havre, et de là, direct Gennevilliers.

Bon, si vous aimez vraiment les détours, vous pouvez aussi imaginer de passer par Anvers, commencer par emprunter les grands canaux plats de la Flandre, puis rejoindre Paris par le canal du Nord, qui est de gabarit intermédiaire : plus large que le gabarit standard français (le « Freycinet ») mais moins large que les canaux flandriens, car là, près de chez moi, il y a quand même un peu plus de relief. Donc il y a des écluses pour monter, des écluses pour redescendre, et même un tunnel pour éviter de monter tout en haut du col, comme dans les Alpes !

Autrement dit, pour des péniches, quelques dizaines de mètres de dénivelée, ce n'est pas négligeable, surtout quand il faut, au cours d'un même voyage, d'abord les monter puis les redescendre. C'est pourquoi, rejoindre Paris par ce « chemin des écoliers », ce serait un peu étrange.

*

Mais ce qui est encore plus étrange, c'est, de la part d'une « start-up nation », d'avoir l'idée de dépenser 5,5 milliards d'euros, en plein 21ème siècle, pour remplacer cet honorable canal du Nord par un nouveau canal, au gabarit flamand. L'argument principal est de réduire le nombre de camions qui circulent sur l'autoroute A1 voisine et parallèle. Mais il y a aussi l'argument de relier Paris à Anvers. Pour quelle raison ? Pour avoir un accès à la mer ? Ah bon, Paris n'est pas reliée au Havre par voie d'eau ?

Par les terrassements nécessaires (pour avoir moins de tronçons, séparés par moins d'écluses mais plus hautes, donc avec des tronçons plus encaissés), ce « Canal Seine Nord Europe » (CSNE) impliquerait les travaux les plus volumineux jamais réalisés en France. Il y a donc des opposants (les mêmes qui avaient réussi à convaincre de ne pas donner suite au projet de grand canal Rhin-Rhône). Ils ont établi un argumentaire visant à démontrer qu'il s'agit d'un projet irrationnel.

Incroyable : des écolos qui ne se préoccupent pas de la protection des milieux naturels concernés, mais qui se mobilisent juste pour éviter à nos gouvernants de faire une grosse bêtise ! Et qui rejoignent ainsi le constat fait par la Cour des Comptes européenne en 2020, selon laquelle le projet était basé sur des hypothèses trop optimistes, avec un trafic censé quadrupler, en 2060, par rapport à la situation de référence prévalant en 2030 en l'absence du canal.

Les divers arguments exposés semblent très convaincants. En tout cas, je n'ai jamais entendu les partisans de ce projet expliquer « *nous savons que nos adversaires font un travail de lobbying qui a l'air pertinent, mais en réalité nous avons de quoi réfuter chacun de leurs arguments* ». Au contraire, à ma connaissance, leur discours reste du pur premier degré : « *nous sommes pour le transport fluvial contre les camions, donc c'est un bon projet. Point final* ».

Ce que dit l'argumentaire opposé, c'est que le projet est injustifié parce que ce discours est simpliste et que, dès lors qu'on regarde les choses plus rationnellement, il est faux. Voilà qui me plait : j'ai côtoyé la haute fonction publique française – et en plus, dans une fonction qui consiste à critiquer ce que font les autres fonctionnaires – et jamais je n'ai vu ni obtenu que l'adjectif « simpliste » soit utilisé de manière péjorative[1], alors que « complexe » l'était souvent.

Le cœur de cet argumentaire très fouillé, c'est que la voie d'eau n'est généralement pas en concurrence directe avec les camions : bien au contraire, elle est en concurrence avec le rail qui, lui, est un concurrent de la route. L'argument soi-disant écolo se retourne finalement : favoriser la voie d'eau là où le train est sur le fil du rasoir, c'est agir contre le climat !

Et prétendre que chaque très grosse péniche pourrait remplacer des centaines de camions, c'est oublier les raisons pour lesquelles même le train a du mal à les concurrencer : parce que, depuis longtemps, l'industrie lourde n'est plus au cœur de notre dynamisme économique, elle en est juste un élément plus ou moins constant. Dans l'industrie légère, les entreprises tiennent aux camions parce que c'est infiniment plus pratique

---

[1] Et pourtant, il me semble qu'il y a un cas où ç'aurait été vraiment mérité. Quand on s'est aperçu que les particules émises par le diésel étaient nocives, on a, par simplisme, mis une limite maximum à leur poids par litre d'air sortant des pots d'échappement. Comment un moteur peut-il respecter cette limite ? Avec autant de particules, mais plus fines, et donc encore plus nocives, car s'enfonçant plus profondément dans les bronches ! Logiquement, il aurait fallu changer d'indicateur, en inventer un nouveau ne tenant plus compte du poids mais de la surface active des particules et de leur dangerosité, corrélée à leur petite taille. Mais non ! On a persévéré dans la recherche d'un indicateur se mesurant en µg/l, mais en l'appliquant aux particules fines. Puis, comme, évidemment, ça ne résolvait rien et que ça continuait d'empirer les choses, on a encore persévéré, en passant aux µg/l de particules ultrafines… Les dégâts du simplisme ! Alors que le diesel est meilleur pour le climat que l'essence : il émet moins de CO_2.

pour être en relation avec leurs divers fournisseurs et leurs divers clients qui, comme elles-mêmes, sont de moins en moins souvent localisés au bord d'un canal. Que l'on soit une pure start-up ou simplement une PME spécialisée sur un marché de niche comme il y en a tant aujourd'hui, une péniche, c'est un dinosaure.

Donc les 5,5 milliards d'euros de ce projet pourraient être utilisés pour des choses bien plus utiles : baisser les impôts (écologie récompensante), arrêter d'aggraver inutilement la dette (si le gouvernement est sérieux quand il dit que le quoi qu'il en coûte, c'est fini), moderniser le canal actuel (pourquoi pas ?), et enfin réduire les émissions de CO_2 des camions par d'autres moyens (électrifier les voies de droite des autoroutes façon SNCF ; ou moderniser nos voies ferrées, sachant que, déjà, renoncer à ce projet fera du bien au fret ferroviaire).

Autre argument majeur, que j'ai déjà esquissé : le fait que, dès qu'il existe un minimum de relief à franchir, le transport par péniches est bien plus rationnel pour remonter des fleuves à partir des ports maritimes qui se trouvent à leurs embouchures, que pour aller rejoindre d'autres bassins fluviaux et d'autres ports maritimes, en ayant besoin de franchir des cols, donc des écluses à la montée puis à la descente.

Un exemple cité est très convaincant : le canal Rhin-Main-Danube, creusé à travers toute la Bavière, n'a tenu aucune de ses promesses de trafic et de rentabilité, alors même qu'il était, a priori, assez rationnel puisqu'il interconnectait deux bassins majeurs de l'Europe centrale ne pouvant être reliés par la mer que par un très très long détour, via Gibraltar et Istanbul. Que dire alors du projet de canal Seine-Nord-Europe qui, lui, est déjà très peu pertinent de ce point de vue : depuis n'importe quel autre port maritime, aller à Paris en passant par Anvers plutôt que par Le Havre, c'est un rallongis !

Pourtant, ce dossier a pu suivre son cours et franchir les méandres administratifs. Aujourd'hui, les travaux seraient sur le point de commencer, mais un dernier sursaut de rationalité est-il encore possible ? Au nom de l'écologie récompensante, il faut l'espérer.

Et j'ai tenu la promesse que je vous avais faite un peu plus haut : que l'on approuve ou que l'on désapprouve le principe du commerce mondial à grande échelle par cargos, dans tous les cas la conclusion est la même : le Canal Seine Nord Europe semble bel et bien indéfendable. Le Havre, horizon indépassable de Paris et d'Ensemble ? À vous de choisir. Signez, faites signer la pétition !

*

En me faisant ainsi le relai des opposants à ce projet dispendieux et bien peu utile, j'espère prendre ma modeste part dans le fait de nous faire économiser 5,5 milliards. Et, évidemment, grande est ma tentation de donner mon avis sur ce qu'on pourrait faire de bien avec cette somme.

Comme je viens de l'indiquer, il existe une excellente idée, qui n'est pas de moi mais que j'ai souvent relayée dans mes divers bouquins : équiper les camions de pantographes et les voies de droite des autoroutes de caténaires, de façon à électrifier ce segment du secteur des transports, pour lequel nos gentilles batteries au lithium ne font pas vraiment le poids.

Autrement dit, continuer sur notre modèle de transports qui fait la part belle aux camions et aux autoroutes ? Oui, je maintiens que c'est une tendance de fond, dans notre économie dont l'industrie lourde n'est plus le moteur. Les flux centralisés, c'est fini.

Et c'est la même chose pour les flux d'humains. Dans les grandes agglomérations, le ramassage des travailleurs par un car de l'entreprise, c'était avant-hier. La priorité aux radiales par des transports en commun convergeant vers l'hypercentre, c'était hier. Aujourd'hui, les trajets de banlieue à banlieue sont majoritaires. De même que les entreprises fonctionnant en réseau plébiscitent le camion, les déplacements domicile-travail ont du mal à se faire autrement qu'en voiture. Le Grand Paris Express est une louable tentative pour répondre à cette question, mais il n'est pas certain qu'il renverse franchement la tendance lourde que nous observons.

À ce problème, je n'ai aucune réponse directe. Ce qui suit vise donc à apporter une contribution « par ricochet ». Et donc, paradoxalement, à prendre le problème par le mauvais bout, en continuant de nous intéresser à la question de la desserte de la ville centrale.

*

Nous avons vu au chapitre précédent que, dans une grande agglomération, la gratuité des transports en commun se justifie moins que dans une petite. Cherchons donc quelque chose de plus sophistiqué. Une première réponse se trouve dans le livre « La Révolution Obligée »[1], à la seule occurrence des mots « financièrement récompensé », sous la forme d'une synergie entre différentes offres de transport : autoroutière, en transports en commun, en vélo… Ce que je propose ci-dessous a la même ambition, mais comme j'ai annoncé que je parlerais de BTP et que celui-ci ne joue pas de rôle dans l'exemple que je viens de citer, il va s'agir de quelque chose d'un peu différent.

Les parisiens les ont rejetées à une très forte majorité (d'un très faible nombre de votants) : les trottinettes électriques en libre-service, gérées par des start-ups et déverrouillables à partir d'une appli sur smartphone, étaient une révolution trop radicale de la mobilité dans les très grandes villes.

Mais les trottinettes électriques personnelles restent pertinentes, en particulier parce qu'il s'agit d'un objet que l'on peut facilement ranger dans un tout petit coin d'un bureau, et avoir à la main pour prendre un transport en commun ou faire du covoiturage : vive l'intermodalité !

Ce vote très négatif résultait d'une exaspération des autres usagers des voiries urbaines, à commencer par les piétons. Poursuivons donc franchement sur la lancée de cette réaction, et séparons radicalement les flux.

Construisons, en pleine ville, pour les cyclistes et les trottinettistes, un réseau de type autoroutier (je me suis amusé à en dessiner un échangeur pour vérifier qu'il demande des efforts minimaux à la montée), 4 mètres au-dessus des voitures, à l'abri de la pollution et des intempéries, accessible, à partir des pistes cyclables au sol, par les mêmes tapis roulants que ceux

[1] Page 214. De David Djaïz et Xavier Desjardins. Éditions Allary.

qui servent à faire monter les caddies des hypermarchés sur leurs parkings en terrasse, et enfin pas trop coûteux car, grâce au faible poids des usagers autorisés, ils pourront être constitués d'éléments préfabriqués, au lieu de structures en béton.

Appelons cela une « mezzanine cyclable express » (MCE).

Des pistes cyclables, il en existait depuis longtemps, mais pensées pour des sportifs. L'électrification des trottinettes et vélos change l'échelle des flux à accueillir, mais aussi la nature du besoin : fini le temps où venir au bureau en vélo impliquait d'arriver en sueur, et profitons-en pour ne pas arriver non plus trempé par la pluie.

Autrement dit, n'hésitons pas à investir des sommes raisonnables (moins cher qu'une ligne de métro pour un trafic équivalent) pour bénéficier des mêmes fonctionnalités qu'avec une voiture électrique mais en consommant pour cela beaucoup moins d'électricité, de lithium, de cobalt, d'acier, de m^2 de voirie et de m^2 de places de stationnement.

Bon, tout cela est assez consensuel, donc passons à des sujets qui pourraient cliver.

Pourquoi ne pas se contenter de faire toujours plus de pistes cyclables « normales », qui coûtent moins cher, et sont un bon moyen pour lutter contre la bagnole, grâce aux politiques de « partage de voirie », où tout couloir réservé (aux bus, aux vélos, aux tramways, aux piétons) se fait au détriment de la voiture ?

Réponse : parce que je défends l'écologie récompensante, c'est-à-dire soucieuse de ceux qui, même avec un peu de mauvaise foi, pourraient la juger punitive.

Visons largement au-delà des centres-villes. Déjà, créer un réseau de MCE de type autoroutier, c'est permettre qu'un trajet typique en trottinette électrique ne soit plus de 2 km, mais de 10 km. Mais surtout, c'est prendre en compte les gens qui habitent à 40 km et qui pourraient bénéficier, directement et indirectement, de ce réseau de MCE.

Une partie de ces personnes resteront des automobilistes, à qui il faudra bien apporter des compensations au fait, d'abord de se conformer à la réglementation sur les ZFE, puis, à terme, de devoir rouler à l'électrique. Ces compensations, ce sera d'abord le fait de ne pas subir encore plus de partage de voirie à leur détriment. C'est important mais pas très sexy, donc il faut rajouter autre chose : bénéficier d'autoroutes moins congestionnées dans le reste de l'agglomération, permettant des liaisons plus faciles entre banlieue et ville centre, et aussi, par ricochet, de banlieue à banlieue.

Comment ? Un réseau doublement autoroutier (mezzanine dans les villes-centres, et classique en dehors) va apparaître, il appelle un dernier type d'usagers électriques. Capables de rouler raisonnablement vite, de ne pas occuper trop de place ni de peser trop lourd. Ce qui définit un cahier des charges pour des motos électriques : atteignant les 80 km/h sur autoroute urbaine classique avec une autonomie de 40 km ; ne pesant pas plus de 80 kg ce qui, avec le conducteur, restera dans une marge de + 100 % par rapport à un trottinettiste ; et pilotées par des motards conscients du privilège d'être les seuls véhicules admis dans la totalité d'un espace autoroutier (autoroutes de banlieues + MCE), donc acceptant un contrôle très strict d'une limitation de vitesse à environ 25 km/h sur la MCE, qui doit rester un espace d'abord dédié aux vélos et trottinettes. Près de 25 km/h à vol d'oiseau dans le cœur d'une grande ville, sans feux rouges, tout bien pesé, c'est avantageux.

Une plus grande proportion de motards électriques sur l'ensemble du réseau autoroutier de l'agglomération, ne roulant pas plus vite que les voitures, ce serait, pour ceux qui resteraient fans des quatre roues, moins de bouchons, et un accord politique plus facile en faveur de la dépense supplémentaire constituée par la construction de la MCE et par l'équipement de tout ce petit monde en batteries.

Souci d'un accord politique le plus large possible ? Écologie récompensante ! Favoriser en apparence uniquement les cyclistes et trottinettistes peut, en réalité, aussi bénéficier aux motards et in fine aux automobilistes, qui sont visés par ailleurs (et c'est nécessaire pour le climat) par l'obligation de se convertir à l'électrique.

*

Dans ce qui précède, je suis allé très loin dans le sens de l'écologie récompensante. D'abord en acceptant l'idée que des innovations, des investissements, permettent à une partie de la population de persévérer dans ce qui est pourtant une des causes de l'impasse dans laquelle nous nous débattons depuis des décennies : notre civilisation du tout-bagnole, voire du tout-camion. Et, en plus, en leur facilitant la vie. En leur offrant des autoroutes de banlieues décongestionnées, et, dans le cœur des villes, des rues échappant au « partage de voirie ».

Je l'ai fait pour deux raisons qui font que ceci reste quand même favorable au climat :

- parce que, sauf à ce que la proposition que j'ai faite en faveur de l'hybride au chapitre précédent soit retenue, ces personnes auront bien droit à un lot de compensation après avoir été contraintes, à compter de 2035, de ne plus acheter que des voitures électriques, qui, elles, seront bonnes pour le climat dès lors que l'on aura fortement accru la production d'électricité verte – et l'ensemble de ce livre a pour ambition d'y contribuer, à sa modeste part ;

- et parce que la MCE devrait quand même, d'abord, être un gros progrès pour les cyclistes, les trottinettistes … et les piétons, débarrassés de ces deux catégories de concurrents en trottoirs !

On retrouvera un peu, au chapitre suivant, la même idée en ce qui concerne le logement : à partir du moment où, à la fois, on les isole mieux, et on remplace du chauffage au gaz ou au fioul par des pompes à chaleur, ces deux efforts permettront, en même temps, que moins de CO_2 soit émis dans l'atmosphère et que les gens qui, aujourd'hui, y vivent dans le froid aient un peu plus de confort.

Tout ceci constitue un pari risqué de ma part, mais indissociable de l'idée d'écologie récompensante : accepter quelquefois que, quand une activité devient moins polluante pour un coût acceptable, on la fasse croître, au risque d'annihiler une partie de ses progrès à l'unité.

Inversement, le plus souvent, nous n'avons pas d'autre choix que de poser en préalable la nécessité d'éviter cet effet rebond. Ce sera au cœur des deux prochains chapitres, c'est-à-dire de la moitié de ce livre. Au préalable, notons que les start-ups n'y échappent pas. À la louche, depuis les débuts de l'industrie informatique, et grâce à une miniaturisation impressionnante, l'énergie consommée par un transistor pour faire une opération logique a été divisée par plus de mille milliards, mais le nombre de commutations de tous les transistors en fonctionnement dans le monde a, lui, été multiplié par des milliards de milliards. Longtemps, les start-uppeurs classiques ont cru faire partie d'un monde n'ayant pas trop d'impact sur le climat, mais c'est de moins en moins vrai.

Et je ne parle pas des ex-start-up, aujourd'hui mastodontes d'une économie finalement très peu virtuelle, type Amazon : son impact sur le climat dépend, très basiquement, du nombre de kg et du nombre de km que son activité implique. Très « brick and mortar », en fait.

L'industrie Sumo : lourde et agile

Nous venons de voir, dans le domaine du BTP, avec cette « mezzanine cyclable express », un exemple d'idée non seulement à la fois écologique et récompensante, mais aussi à la fois légère et massive, bref, de « start-up démacronisée ». Il nous reste, je vous l'avais promis, à en faire autant en matière de production de métaux.

Une qualité que l'on prête aux start-ups, c'est la souplesse. Pour le climat, la rigidité est un défaut quand elle concerne la consommation d'électricité de certaines industries : si elle ne peut varier dans le temps pour s'adapter aux conditions de vent et d'ensoleillement qui déterminent la production renouvelable, il sera bien plus difficile de décarboner l'économie.

Une des industries les plus concernées est la fabrication, par électrolyse, de l'aluminium.

Le courant électrique qui traverse les électrolyseurs ne sert pas seulement à transformer l'alumine de la bauxite en métal, mais aussi, comme un vulgaire grille-pain, à dégager de la chaleur (« effet Joule ») pour maintenir fondus aussi bien l'aluminium produit que l'alumine à partir de laquelle on le fabrique. Si ce dégagement de chaleur est trop fort, une température trop élevée pourra causer divers dégâts, et s'il est trop faible, ces solides fondus vont se figer, ce qui est encore pire[1].

Traditionnellement, l'industrie de l'aluminium exigeait donc un courant électrique parfaitement constant. Mais remettre en cause cette tradition est devenu une option à la fois bonne pour le climat (faciliter le passage à un mix énergétique très riche en éolien et en photovoltaïque) et récompensante pour l'industrie elle-même (être capable de consommer plus d'électricité aux moments où elle est la plus abondante et où son prix est donc bas, et, inversement, d'en consommer moins quand elle est rare et hors de prix).

La société EnPot a résolu ce problème en intervenant sur la partie thermique : en isolant mieux les cuves à électrolyse, on peut leur permettre de maintenir leur température tout en étant traversées par moins de courant électrique s'il coûte plus cher, et, symétriquement, en les ventilant de l'extérieur, on peut évacuer plus de leur chaleur, et donc leur permettre de supporter un courant plus fort si c'est opportun pour profiter de prix bon marché.

Cependant, cette approche par le comportement thermique des cuves est limitée, les variations d'intensité annoncées étant de + 20 % ou - 20 % pour les opérations courantes (et +/- 30 % pour des variations moins fréquentes). Mais il est possible, à la baisse, de faire mieux.

---

[1] Lors de crise du gaz due à l'invasion de l'Ukraine par la Russie en 2022, l'électricité était devenue très chère pour les industriels, et certaines usines d'aluminium, comme à Dunkerque, avaient carrément été arrêtées, ce qui est une opération très lourde et coûteuse, justifiable uniquement quand des prix très élevés sont prévus pour une période assez longue. Ce n'est donc pas un moyen adapté à la gestion de la variabilité courante des énergies telles que le solaire et l'éolien.

Ce n'est pas très compliqué, il suffit, pour quelqu'un qui avait la chance d'être informé de cette question, d'avoir le temps de mettre à l'écart ses préoccupations professionnelles quotidiennes, de retourner le problème dans tous les sens, et de faire appel à un souvenir de physique de lycée (sections technologiques et littéraires aussi bien que scientifiques) sur les résistances chauffantes : la simple formule $P = RI^2$, où P est la puissance calorifique dégagée, R la résistance de l'électrolyseur, et I l'intensité du courant.

Et « ^{2} » ? Ça veut dire « au carré ». Autrement dit, $2^2 = 4$, $3^2 = 9$, etc.

Application immédiate : supposons que $R = 1$ et que le cas « rigide » soit d'avoir $I = 1$ (donc $P = 1 \times 1^2 = 1$) pendant 100 % du temps. Et regardons ce que ça donnerait d'avoir $I = 0$ pendant les trois quarts du temps, et $I = 2$ pendant le quart restant.

La formule que l'on vient de voir montre que la puissance maximale serait de 1×2^2, soit 4, et comme c'est seulement pendant 1/4 du temps, en moyenne on retomberait sur 1. Ça correspondrait donc toujours à la même condition d'équilibre thermique entre la source de chaleur interne de l'électrolyseur et l'évacuation de cette chaleur : pas de risque que ça tourne mal.

Et pourtant quelque chose d'important aurait été modifié : la moyenne du courant électrique passé par l'électrolyseur, I. On a supposé qu' I soit multiplié par 2 pendant 1/4 du temps. Il aura donc été, en moyenne, divisé par 2. Or, ce courant, ces électrons, c'est ce qui commande la transformation des ions aluminium tels qu'ils existent dans la bauxite, où il leur manque trois électrons, en atomes d'aluminium métal, avec tous leurs électrons au complet. Donc deux fois moins de courant en moyenne, c'est deux fois moins d'électrons qui auront participé à l'électrolyse, et c'est deux fois moins d'aluminium qui aura été produit.

Bon, c'est idiot. Produire moins, vous connaissez un industriel qui aurait ça comme objectif ?

Oui. Souvenons-nous, donner plus de souplesse à cette industrie, c'est lui permettre de produire plus quand le courant ne vaut presque rien, et moins quand il coûte très cher. « Moins », en ne s'intéressant qu'à la question sous son angle thermique, c'était seulement - 20 %, c'est-à-dire une multiplication par 0,8. Si on rajoute le fait de faire passer deux fois plus de courant pendant seulement 1/4 du temps[1], on rajoute une multiplication par 0,5, donc on descend jusqu'à x 0,4, et la réduction de l'achat d'électricité quand son prix est le plus élevé est maintenant de - 60 %[2].

Moins acheter de ce qui est trop cher par rapport à sa valeur d'usage, c'est moins perdre d'argent, donc ce n'est pas si idiot que ça. Ce n'est pas pour gagner plus que les fabricants d'aluminium n'arrêtent jamais leurs électrolyseurs, c'est juste parce que, d'un point de vue technique, c'est quasiment impossible.

Les ralentir, jusqu'à l'invention de la société EnPot, ils pensaient que ce n'était pas possible non plus ; depuis cette invention ils savaient et se réjouissaient de ce que c'était faisable dans la limite de - 20 % ; et avec le petit raisonnement tout bête que nous venons de faire à partir de la formule $P = RI^2$, on voit que c'est possible avec une amplitude encore plus forte. Récompensant, non ?

---

[1] Ce qui, pour consommer un courant constant, implique de pouvoir diviser en quatre parties les alignements de nombreux électrolyseurs qu'il y a dans une usine d'aluminium, et alimenter chacune de ces parties à son tour. Cela générera quelques surcoûts. Par ailleurs, il faut vérifier que le passage d'un courant deux fois plus élevé ne posera pas de problème au niveau des électrodes. Mais un calcul pas beaucoup plus compliqué que celui que j'ai fait ici montre qu'on peut commencer par essayer une division en deux parties (et un courant moyen réduit de ≈ - 30 %), ce qui apporterait déjà une bonne part des avantages qui sont présentés ici.

[2] Pas exactement, car nous nous sommes arrangés pour que la (petite) fraction de cette électricité qui servait à réchauffer l'électrolyseur de l'intérieur ne diminue pas – sachant que, pour être très précis, une fraction de cette fraction sert non pas à compenser la chaleur qui en sort, mais à faire fondre l'alumine qu'on y verse pour l'électrolyser ; et cette chaleur de fusion va, elle, bien être divisée par deux si on produit deux fois moins d'aluminium.

Et écologique, évidemment, puisque le but est que l'on critique moins l'éolien et le photovoltaïque par rapport au caractère variable, car dépendant de la météo, de leur production. Et donc qu'on puisse les développer plus massivement.

*

Peut-on craindre, comme cela a été esquissé juste avant de décrire cette piste relative à la fabrication de l'aluminium, un effet rebond ? C'est-à-dire qu'à partir des économies que l'on vient de présenter, nous serions poussés à une surproduction et donc à une surconsommation de matière ? Et par exemple à une surproduction d'avions, ce qui ne serait vraiment pas le moment…

En matière de transition énergétique, des doutes tiennent au risque de manquer de certains métaux ou terres rares.

C'est faux dans certains cas : on n'a pas besoin de la moindre terre rare pour le photovoltaïque, le métal le plus sensible pour lui est l'argent-métal pour les contacts électriques, mais, le jour où il faudra s'en passer, on y arrivera.

Mais c'est sans doute vrai sur d'autres points, en particulier si on doit renforcer les réseaux électriques puisque la clé de voûte de la décarbonation est l'électrification : plus d'électricité, nucléaire ou renouvelable, pour remplacer les énergies fossiles.

Et qui dit réseaux renforcés, dit besoin de beaucoup de cuivre, non ? Eh bien, on commence à réfléchir au fait d'utiliser massivement de l'aluminium à la place de cuivre[1]. Nulle part je n'ai lu que l'aluminium ferait partie des métaux faisant face à une pénurie de minerai, donc le seul obstacle est celui de la forte consommation d'énergie : en business as

---

[1] On le faisait, traditionnellement, pour des lignes haute tension, en particulier en cas de relief accidenté, avec des pylônes très éloignés les uns des autres, donc pour lesquelles la question du poids des câbles était importante (l'aluminium est très léger, d'où son utilisation dans l'aviation).

C'est toujours le cas, Cf.
https://www.youtube.com/watch?v=VKpDvCGqUv8

usual, l'électricité viendrait de centrales au charbon[1], ce qui est inacceptable pour le climat.

Donc, oui, on peut anticiper un effet rebond en cas de production d'aluminium rendue plus facile à partir de sources renouvelables, mais cet effet rebond aura, lui, de bonnes chances d'être utile à la transition énergétique.

De même en ce qui concerne les cadres des panneaux photovoltaïques, souvent eux aussi en aluminium – sachant que les fabriquer en plastique pourrait aussi se concevoir, au moins pour le climat : en évitant que le pétrole concerné finisse dans des moteurs d'avion ou de voitures, on réduit les émissions de CO_2 ; et en même temps, on consomme moins d'électricité pour la fabrication de l'alu.

*

Depuis le premier exemple de progressisme récompensant que j'ai cité (la clim), jusqu'aux deux raisons d'apprécier l'aluminium du futur dont je viens de parler, et qui ont chacune à voir avec le fait d'accepter plus d'électricité renouvelable dans les réseaux électriques, nous avons vu le photovoltaïque comme un acteur majeur de la transition énergétique qui occupera nos trente prochaines années. Mais, au fait, est-il plutôt côté start-up, ou plutôt industrie lourde ?

Variante de la même question : parmi les écolos, il y a aussi des adeptes des low tech, ils en ont fait un film, et on y voit un

---

[1] En France, plutôt du nucléaire : j'ai parlé plus haut de Dunkerque, la raison est évidemment la proximité de la centrale de Gravelines. Mais, ailleurs dans le monde, le charbon pourrait même remplacer l'électricité habituellement utilisée pour l'aluminium, à savoir l'hydraulique. Cette dernière était en effet traditionnellement réputée pour son faible coût, et voilà pourquoi une bonne partie de l'aluminium français était produite dans la vallée de la Maurienne. Mais, de plus en plus, la principale qualité de l'hydroélectricité devient son caractère pilotable, c'est-à-dire sa disponibilité quand la demande risque d'excéder l'offre. Il est rationnel de la réserver à cet usage, particulièrement critique (le mot « réserver » est le bon, car il s'agit d'une ressource limitée). Mais de là à renvoyer la fabrication d'aluminium vers des centrales à charbon ! Donc plus on la rendra compatible avec l'utilisation d'électricité éolienne ou solaire (potentiellement illimitée ou presque), mieux on aura agi pour le climat.

magnifique panneau photovoltaïque. De quoi me faire réagir, car pour moi c'est vraiment du high tech, et c'est pour ça que je l'admire.

Sa théorie repose sur la physique quantique – la même que l'ordinateur du même nom. Elle permet de montrer que les rendements de 20 % et plus, qu'on obtient commercialement aujourd'hui, sont remarquablement performants. En effet, une limite théorique infranchissable sauf à complètement changer de paradigme, est de l'ordre de 33 %, et il y a toutes sortes de raisons pour lesquelles on devrait être nettement plus bas.

Quand un politicien prompt à dénoncer « l'écologie punitive » veut montrer qu'il n'est pas complètement irresponsable sur le climat, mais qu'en même temps il veut se donner une image « il y a plus intelligent à faire que d'encourager des politiques publiques coûteuses, et je suis le garant de l'argent des français », il a une solution toute trouvée : « il faut encourager la recherche pour faire de la France un champion des technologies d'avenir ». Comme si c'était une évidence.

Or ça n'en est pas une, si on est tout près des limites fixées par les lois de la physique, et s'il n'y a plus de progrès possible.

L'expression « c'est la quadrature du cercle » le dit bien : en maths, il existe un théorème qui dit qu'il est impossible de trouver une méthode permettant de tracer, à la règle et au compas, un carré ayant la même surface qu'un cercle donné. Conséquence : il n'y a plus un seul laboratoire de mathématiques au monde qui fait de la recherche sur la quadrature du cercle. Heureusement qu'il n'y a pas raison particulière, pour un politicien, de se faire mousser en disant « je suis plus intelligent que les autres, je propose qu'on fasse plus de recherche sur la quadrature du cercle ». Eh bien, pour le photovoltaïque, il faut raisonner de la même manière.

Ou alors, il faut se limiter à faire de la recherche dans le seul domaine de la productique, c'est-à-dire de la meilleure manière d'organiser les usines, puisque le photovoltaïque doit devenir « l'industrie lourde de demain ».

Sauf que, là encore, cette recherche a sans doute déjà eu lieu. D'ici quelques années, nous (l'Humanité) pourrions ajouter, en un an, 1000 GW de nouveaux panneaux, soit, à pleine puissance, l'équivalent de 1000 réacteurs nucléaires, ou encore près de 10.000 km^2 de panneaux (1 m^2 par être humain). Il s'agit bien d'une industrie déjà assez puissante.

À quoi ressemble la recherche en productique ? Il y a une vingtaine d'années, j'avais lu le « rapport Keshner-Arya », commandé par le NREL (National Renewable Energies Laboratory), aux États-Unis. Il prévoyait de construire des « giga-usines » de manière à baisser le coût des cellules photovoltaïques sous le seuil, incroyablement bas pour l'époque, de 1 $/W. On parle aujourd'hui de 0,2 $/W.

Partant du principe que le photovoltaïque, c'est comme l'électronique, c'est des semi-conducteurs (et en pratique du silicium), il aurait pu se caler sur la loi de Moore qui décrit le rythme de croissance des technologies de l'information. Il ne l'a pas fait, car cette loi est fondée sur une miniaturisation ininterrompue des transistors, qui leur permet à la fois d'être plus rapides, moins coûteux à l'unité, et moins consommateurs d'énergie.

Pour le photovoltaïque, aucune miniaturisation n'est possible puisque le but est d'intercepter le maximum de rayons du soleil, donc avec une surface suffisante. Ce rapport avait donc eu l'idée géniale de se comparer à la seule branche de l'industrie électronique qui allait en sens inverse de la miniaturisation : les écrans de télévision. Et c'est pourquoi il a pu être à la fois rigoureux et visionnaire.

Et faux, mais ça n'était pas très grave.

Faux car, technologiquement, il pariait sur la filière dite du « silicium amorphe hydrogéné en couches minces » qui, finalement, n'a pas réussi à supplanter ce qui était alors la filière dominante, et qui l'est resté : le silicium cristallin.

Et pas très grave, car cet article était surtout intéressant par l'éclairage qu'il donnait sur la productique et l'économie, à propos d'un domaine où, très longtemps, toutes les prévisions étaient très largement sous-estimées. Au total, 99 % de ce rapport étaient compatibles avec la poursuite de la filière cristalline.

Bref, si l'idée lumineuse de nos politiciens selon laquelle on ferait bien de miser sur la recherche, c'était qu'il y avait forcément quelque chose à trouver qui soit plus pertinent que ce silicium cristallin, soi-disant si classique qu'il serait forcément bientôt un peu ringard, bon courage (à eux et à ceux qui les croiraient) !

Bon, ma démonstration était-elle brillante ? Convaincante ? Alors trop, car la réalité est un peu plus nuancée. Il y a eu, récemment, des recherches qui ont eu du sens, en particulier sur ce qu'on appelle des pérovskites, des matériaux qui ont à la fois des qualités impressionnantes (des progrès très rapides ; des perspectives de mise en œuvre très simples, comparables aux techniques du domaine de l'imprimerie) et des défauts qui ne le sont pas moins (le moindre contact avec de l'humidité les détruit).

Je ne sais pas si c'est scientifiquement rationnel ou si c'est seulement une prise en compte de la réalité des rapports de forces économique, cette nouvelle filière n'est plus annoncée comme pouvant remettre en cause le silicium cristallin. Mais plutôt comme complémentaire, grâce à ce que je qualifiais plus haut de changement de paradigme, les cellules « tandem ».

Il s'agit de faire en sorte qu'une partie du spectre de l'arc-en-ciel réagisse avec une première couche, celle-ci étant transparente pour l'autre partie de ce spectre, laquelle réagira avec la couche située en-dessous. Si ça se goupille bien, les énergies récoltées par ces deux couches peuvent s'additionner et la limite théorique de 33 % peut être un peu augmentée. (Ça pourrait même marcher en combinant de la même manière le silicium cristallin classique et sa variante amorphe évoquée, pour l'instant sans suite, dans le rapport Keshner-Arya).

Ceci marque-t-il un retour de l'intérêt de faire de la recherche autre qu'en productique, un peu de high tech intellectuellement stimulante ? Oui … et non.

Comme on l'a vu page 18, le coût de la partie noble du photovoltaïque, c'est-à-dire de la cellule de la taille d'une main, devient minoritaire, et il faut maintenant faire surtout attention à tous les autres facteurs de coût.

Et c'est pour ça qu'il est intéressant d'augmenter les rendements. Parce que produire plus de centaines de Watts par panneau, c'est diminuer le coût au Watt des supports en acier, des travaux d'installation, du m^2 de foncier, etc. Le high tech devient central pour sauver l'économie du low tech !

Mais de là à garantir que ces cellules tandem vont devenir dominantes dans l'industrie en temps voulu, c'est-à-dire moins de 15 ans ? Pour avoir la réponse à cette question, retour aux spécialistes en productique : les amateurs de high tech se sont fait plaisir en inventant et mettant au point le concept de tandem, mais maintenant, c'est le low tech qui redevient central pour sauver l'utilité du high tech !

Cette interdépendance me plait – encore qu'ici, appeler low tech de la productique, ça se discute. À un moment, je m'étais intéressé au concept d'usine d'usines. C'est-à-dire de fabrication à la chaîne de robots destinés à équiper des centaines de milliers de chaînes de montage fabriquant de manière automatisée les dizaines de milliards de panneaux à produire chaque année, dans dix ans, pour que le photovoltaïque tienne ses promesses (c'est-à-dire nous permette de sauver le climat sans écraser nos concitoyens sous les impôts). Il y a sans doute des amateurs de low tech « artisanale » qui risquent de ne pas s'y retrouver.

Quelles caractéristiques des start-ups retrouvons-nous dans cette vision ? La modernité ? Clairement oui. Mais le fait de commencer petit, de se faire incuber, de faire entrer des business angels à son capital, et de finir par se vendre à plus gros seulement quand on a trouvé son marché et pris une avance décisive sur des concurrents engagés dans un modèle d'affaires similaire ? Je ne vois pas de raison particulière pour laquelle ce serait plus adapté à cette nécessaire montée en puissance sur les 20 ans à venir, plutôt qu'un modèle centré sur la grande industrie…

Et peut-être cela ne concerne-t-il de toute manière pas la France en tant que pays aspirant à devenir une start-up nation, dans la mesure où mettre sur pied une industrie photovoltaïque française, sur la base de ce qui précède, serait un projet nécessitant une organisation très particulière. Start-up ou non, ce n'est pas la question. Que reste-t-il qui pourrait nous intéresser ? Peut-être d'autres idées au cœur de la génération start-up : la réactivité, la souplesse d'esprit. Nous y reviendrons plus loin.

*

En attendant, aurais-je oublié que je suis censé vous parler d'abord de ce qui devrait nous permettre, collectivement, en tant qu'Humanité, d'arriver à bon port, et aussi de ce qui peut être récompensant ? De mon expérience personnelle, je n'ai rien de plus pertinent en stock, s'agissant d'une « start-up nation », que ceci :

Commençons par rappeler – et les écolos qui aiment le vélo au point de regarder le Tour de France le savent – qu'il existe un autre pays qui revendique ce surnom : Israël.

Il y a pas mal de temps, lors d'un évènement en lien avec les énergies renouvelables, j'avais croisé une dame de l'ambassade d'Israël, et j'avais testé auprès d'elle l'hypothèse que son pays s'intéressait à l'énergie solaire pour trois raisons : pour être énergétiquement indépendant, pour aider ses alliés à être énergétiquement indépendants et à ne pas être soumis à un chantage au pétrole comme en 1973, et pour pouvoir coopérer avec ses voisins riches en soleil, une fois en paix avec eux. Elle m'avait confirmé que ces trois motivations étaient pertinentes.

Aujourd'hui, tout ça apparaît surréaliste, et pourtant … si, par miracle[1], une évolution très improbable et pourtant indispensable, à savoir la solution à deux États, pouvait advenir, il serait bien d'avoir quelques biscuits à mettre dans la corbeille de mariage, en guise de récompense à la paix (!).

[1] Au sens laïc du terme, bien sûr. Quoique … si par hasard Il existait un Dieu, s' Il avait un peu de prise sur les évènements, et s' Il s'en servait pour aider à la défaite de tous les mouvements théocratiques qui sont le poison de cette région, à commencer par le Hamas et les colons israéliens, ce ne serait pas de refus !

Et, à supposer qu'Israël ait encore quelque avance[1] en matière d'économie fondée sur l'énergie solaire au sens large (depuis lors, l'industrie des panneaux photovoltaïques a quitté le domaine des start-ups pour devenir une quasi-industrie lourde, et les autres filières de production d'énergie solaire sur lesquelles Israël était effectivement en pointe ont quasiment disparu), une coopération développée sur ces thématiques serait très utile. En particulier pour solder la période « fossile » de tous les pays de la région extracteurs[2] d'hydrocarbures, et éradiquer tous les maux qui l'ont accompagnée : corruption, non-développement d'activités économiques réellement utiles, guerres, autocraties, clientélisme …

Pourquoi le gouvernement français ne soutiendrait-il pas l'idée de passer à une ère fondée sur le respect des grands équilibres de la biosphère, et d'abord aux renouvelables, ceci en même temps et comme « récompense » du fait d'accepter la paix dès lors qu'elle serait équilibrée ?

*

Et ceci peut être vrai soit avec l'esprit start-up, soit en s'en éloignant. Cet esprit est pourtant intéressant : réactivité, souplesse d'esprit. Essayons d'y revenir. L'exemple qui suit va-t-il vous satisfaire ?

Pour réduire les surfaces agricoles qu'il faudra finalement convertir au solaire, l'imagination est au pouvoir.

Parfois pour le meilleur : faire des ombrières de parking en panneaux photovoltaïques, c'est génial (en plus, ça réduit le besoin de faire fonctionner la clim des voitures, et en analysant bien ce que j'ai écrit sur la clim en général, vous pourrez vérifier que ce cas précis me réjouit).

---

[1] J'ai entendu dire que dans certaines universités de pays tels que l'Arabie Saoudite, les diplômes de science ou d'ingénierie étaient en fait souvent, comme dans les anciens pays communistes avec l'enseignement obligatoire du marxisme, des diplômes de théologie avec juste un peu de science en option. Si c'était vrai, alors les chances qu'Israël ait encore de l'avance en seraient accrues.

[2] C'est à dessein que je n'utilise pas le terme « producteur ». C'est la nature qui, il y a des millions d'années, les avait produits.

Et parfois pour de l'intéressant, mais en même temps de l'intrigant. Je veux parler du photovoltaïque flottant (sur des étangs, des lacs de barrage, ou sur la mer). Dans certains cas, du fait de considérations particulières à cette idée, il est prévu de placer les panneaux solaires à l'horizontale : à cela, je n'ai rien à redire. Mais parfois, l'idée est de les incliner pour qu'ils fassent mieux face au soleil, comme dans une ferme photovoltaïque terrestre classique avec tous ses panneaux inclinés et orientés plein sud.

Plein sud aussi, pour du photovoltaïque flottant ? Eh bien oui, même si la recherche académique ne s'enferme pas dans cette seule option, certains projets le font. Et c'est là que je ne comprends plus. Quand on a un gros paquet de panneaux sur une structure flottante, qu'on a la liberté de donner à cet ensemble une forme circulaire, qu'il serait donc très peu coûteux de s'arranger pour qu'elle puisse pivoter sur elle-même tout au long de la journée, pourquoi ne pas l'orienter face à l'est le matin, face au sud à midi et face à l'ouest le soir ?

À cette question, je n'ai pas de réponse. Je ne sais pas pourquoi ils ne le font pas. J'ai posé la question, personne ne m'a répondu. J'en viens donc à rechercher une sorte de difficulté à traverser la rue pour aller chercher la solution qui se trouve juste en face …

Sur terre, l'équivalent est un peu plus cher : il faut, à la place de flotteurs, des fixations au sol, et entre celles-ci et les panneaux solaires, des moteurs avec des axes, des roulements à billes, … Mais l'objectif pourrait rester, en gros, le même : tourner de manière à passer d'une orientation plein est le matin à plein ouest le soir. Il en existe plusieurs variantes, on ne va pas rentrer ici dans tous leurs détails. Mais on voit que l'avantage à en attendre est double : nettement augmenter la production, et la répartir de manière à ne pas se limiter au seul créneau des quelques heures avant et après le milieu de la journée, qui sont déjà en train d'être saturées par les fermes solaires classiques orientées plein sud.

Peut-on faire encore mieux ? Oui, un peu. On peut doubler, pour chaque panneau, le nombre d'axes, de moteurs et de roulements à billes, pour que, à chaque heure de chaque jour de l'année, le panneau soit orienté de manière non plus à peu près, mais exactement perpendiculaire aux rayons du soleil.

Que devraient en penser les économistes ? D'abord surligner les mots « un peu » et « à peu près ». C'est-à-dire noter qu'il s'agit de dépenser deux fois plus d'argent pour faire du perfectionnisme et passer d'un dispositif déjà très fortement amélioré par rapport aux panneaux fixes, à une solution qui traduirait un dernier petit gain supplémentaire.

Il se pourrait que ce petit gain supplémentaire soit suffisant pour justifier la dépense du 2ème axe, du 2ème moteur et du 2ème roulement. Mais alors, ça voudrait dire que le fait de se payer le 1er axe, le 1er moteur et le 1er roulement était encore bien plus rentable, puisque l'amélioration était bien supérieure. Autrement dit, des fermes photovoltaïques avec des panneaux fixes, ça ne devrait pas exister.

Or, ça existe – c'est même la majorité. Donc, si on retourne le raisonnement, passer d'un système « 1 axe » à un système « 2 axes », ce n'est économiquement pas justifié.

Pour être encore plus précis : les systèmes fixes, ça existe ; les systèmes à 1 axe, ça n'existe quasiment pas[1], ni en flottant ni sur terre ; par contre, les systèmes à 2 axes, ça existe, à petite échelle pour ce qui est des réalisations concrètes, et de manière plus répandue dans les documents des communicants.

« Seulement pour les communicants » : voilà qui est rassurant. La com', c'est juste du pipeau, donc qu'elle dise n'importe quoi, ce n'est pas grave. Mais peut-être ce formatage inconscient des esprits, à ne voir, depuis 10 ou 20 ans, que des images où les panneaux solaires étaient soit fixes, soit montés sur des traqueurs à deux axes (comme sur la couverture de ce livre), cela a-t-il influencé ceux qui devaient développer des fermes flottantes, les empêchant d'imaginer que des systèmes

[1] Sauf pour l'agrivoltaïsme, mais pour d'autres raisons : pour gérer finement l'effet d'ombrage sur les cultures qui se trouvent sous les panneaux, et qui sont elles-mêmes organisées en structures linéaires.

à un axe, ça pouvait aussi exister, et même être nettement plus rationnels, pour leur projet, qu'à zéro ou deux axes ?

Bon, ce n'est pas seulement les spécialistes du photovoltaïque qui manquent de souplesse d'esprit : au chapitre suivant, nous rencontrerons d'autres professionnels qui, eux aussi, feraient bien de « traverser la rue », intellectuellement parlant.

En attendant, nous avons pu explorer quelques tendances de l'évolution d'industries fortement consommatrices ou productrices d'électricité. Qu'en retenir ? Nous n'avons pas vu d'avantages décisifs au fait de tout miser sur de véritables start-ups, ces entreprises d'abord petites, puis croissant rapidement et cherchant surtout à se vendre au plus offrant. Instiller de la souplesse d'esprit, de la créativité, dans des structures économiques plus traditionnelles, ça peut être tout aussi utile au climat.

Le réseau qui ne ressemblait pas à Internet

Pour arriver à bon port, accélérer sur les énergies décarbonées est urgent, et pour l'instant il n'y a que les renouvelables. Tout au long de ce livre, nous vérifions que c'est possible physiquement, économiquement, temporellement[1]. J'espère donc avoir apporté ma pierre à l'édifice, dans le sens d'une bonne intégration de l'électricité renouvelable, et notamment du photovoltaïque, dans le réseau.

Mais, pour déclarer cette question résolue et la transition récompensante, l'argument crucial, c'est celui, déjà souligné en page 14, de la capacité du réseau à fonctionner correctement, selon RTE qui s'y connaît, avec des batteries dont le

---

[1] Je viens de parler de panneaux photovoltaïques à orienter face au soleil le matin et le soir, plutôt que de produire seulement autour de midi. J'avais précédemment évoqué un moyen de ralentir encore plus les électrolyseurs d'aluminium afin de passer plus facilement les périodes pauvres en soleil et en vent. Et si j'ai défendu la clim, ce n'est pas seulement pour soulager, voire récompenser, les futures victimes des canicules, mais aussi en raison de sa quasi-parfaite concomitance avec le maximum de production solaire. J'ajouterai un 4ème exemple un peu plus bas : celui des briques réfractaires.

surcoût sur le prix de l'électricité serait à peu près acceptable, et dont le volume serait minime par rapport à l'électrification de nos voitures.

Ces batteries sont, elles aussi, en phase de devenir une industrie lourde. Et pourtant, sur cette question de l'équilibre du réseau, qui est vraiment un nœud essentiel de la transition énergétique, une certaine opposition entre « esprit start-up » et « esprit pré-start-up » semble à nouveau à l'œuvre. En tous cas en France.

*

Des start-ups classiques, du type applications sur Internet, on en imagine facilement, dans le domaine des smart grids, qui prennent le contrôle de nos lave-vaisselle et les « décalent » dans le temps, grâce à nos compteurs Linky, de manière à nous récompenser, par des tarifs globalement avantageux (« tarification dynamique »), pour notre bonne volonté à consommer au moment précis où ça arrangera un réseau abondamment alimenté en énergies photovoltaïque et éolienne.

Peut-être l'émergence de telles applications a-t-elle été favorisée par le livre de Jeremy Rifkin, « *La troisième révolution industrielle : Comment le pouvoir latéral va transformer l'énergie, l'économie et le monde* »[1]. Ce gourou, qui a eu l'oreille des grands de ce monde (notamment Angela Merkel et la région Nord-Pas-de-Calais), y théorisait de manière littéraire la combinaison de trois éléments à la mode : Internet, énergies renouvelables et hydrogène. Par prudence, ce dernier mot était quasi-systématiquement suivi de « ou autres systèmes de stockage de l'électricité » – ironiquement, c'est peut-être, indirectement, grâce à son intervention que notre région a su rapidement sauter dans le train de ce qui, aujourd'hui, se développe à la place de l'hydrogène : les gigafactories de batteries.

Mis à part ce stockage, la synthèse d'Internet et des énergies renouvelables incluait l'idée que s'il y a du soleil quelque

[1] 2012 pour la traduction en français, publiée aux Liens qui Libèrent.

part et des nuages ailleurs, tout un chacun pourrait, grâce au Net, vendre ou acheter de l'électricité solaire autoproduite.

Avec notamment un tour de force : un paragraphe y était rédigé de manière à ne rien dire de faux concernant le transport physique de l'énergie électrique en question, qui ne peut se faire que par des gros câbles de lignes à haute tension suspendues à de gros pylônes ; mais comme tout cela fait vraiment trop « brick and mortar », le même paragraphe faisait très attention à ne pas désillusionner, voire à conforter, ceux de ses lecteurs qui étaient tellement enthousiasmés par cette ode à Internet qu'ils pensaient que l'électricité passerait simplement par les fils du téléphone (Internet étant à l'époque assuré par l'ADSL)...

On imagine la fureur des ingénieurs électrotechniciens à la lecture d'un passage aussi désinvolte. Fureur qui aura redoublé lors de la sortie, deux ans plus tard, d'un autre livre du même auteur, « *La nouvelle société du coût marginal zéro* », un phénomène qu'il jugeait très positif.

L'exemple le plus connu, avant lui, de tarification au coût marginal, se trouvait déjà dans le secteur de l'électricité, et avait bénéficié de l'impulsion de Marcel Boiteux, PDG d'EdF. Plus récemment, les énergies renouvelables variables, éolien et photovoltaïque, ont été accusées de conduire trop souvent à un prix nul de l'électricité sur les marchés en temps réel (« spot »), justement parce que leur coût marginal est égal à zéro. L'inconvénient étant, évidemment, que des investissements ne peuvent pas être sainement financés si les prix de vente de leur production sont trop souvent nuls.

(Tout l'enjeu de concevoir une future économie rationnelle dans ce domaine, est de faire émerger des équipements ou des acteurs économiques (stockeurs ; industriels ou particuliers « vendant » leur souplesse temporelle ; et peut-être aussi producteurs préférant des contrats d'achat d'électricité de gré à gré) dont le positionnement ramène à des niveaux plus raisonnables des prix spot qui, sinon, seraient parfois nuls et parfois trop élevés.

À défaut, l'autre régulation serait que les fermes éoliennes et photovoltaïques, menacées de recettes nulles quand elles produisent beaucoup et ne produisant presque rien lorsque les prix sont élevés, ne voient tout simplement pas le jour à une échelle suffisante. Et tant pis pour le climat.)

Pour ces mêmes ingénieurs et gestionnaires de réseau, voir ainsi un essayiste[1] se réjouir de ce qu'ils considèrent comme un défaut et essaient d'éliminer, ne pouvait donc que les énerver au plus haut point. Internet, recherche de l'innovation de rupture à tout prix, effet de mode, déconnexion du monde physique, bref, un certain nombre de caractéristiques du monde des start-ups, voilà qui devait leur déplaire profondément.

Tout comme le fait de soutenir les énergies renouvelables en passant rapidement sur leur intermittence – je suis un peu d'accord avec cette critique, qui rejoint le fait de présenter l'autoconsommation d'électricité solaire comme seulement géniale, alors qu'elle aussi menace les fondements de l'économie de la distribution d'électricité 365 jours par an et 24 h sur 24.

*

Examinons maintenant ce que sont les écrits de ce camp d'en face, et s'ils constituent un discours plus équilibré, ou au contraire marqué, au-delà du raisonnable, par la même opposition « esprit-start-up / esprit-non-start-up » (en plus de : nucléaire / renouvelables).

De tels écrits, nous en avons d'assez récents (février 2024) sous la main : le n° 77 de la revue de la Société Française de Physique, « *Transition énergétique, Les défis de la défossilisation* ». Ce numéro, par ailleurs très riche (mais introduit par des préambules méthodologiques qui me rappellent la préface à « Astérix en Corse », préface justifiant sa propre nécessité par le fait que les Corses sont susceptibles) essaie de tenir une position plus ou moins équilibrée, mais plus par la juxtaposition de points de vue assez irréconciliables, que par un dépassement de leurs oppositions.

---

[1] J'espère que mes réflexions ne sont pas aussi critiquables. Sinon, n'hésitez pas à me le signaler.

Février 2024, c'était ni trop ni trop peu de temps après 2021 et le rapport de RTE, « Futurs énergétiques », que j'ai cité page 12, en soulignant le caractère à peu près acceptable d'un mix 100 % renouvelable dont l'équilibrage reposerait en grande partie sur des batteries. Or, ce rapport n'est jamais cité.

Et les articles les plus pronucléaires et antirenouvelables ne citent même pas les batteries comme élément possible de stockage (alors qu'il y a par ailleurs un article complet sur la physique des batteries, qui en dit aussi des choses intéressantes quant à leur possible rôle dans la France du futur).

Un seul article issu du « camp pronucléaire » cite cette option « batteries »[1]. Et cet article est très éclairant sur l'opposition entre start-ups et ingénierie à l'ancienne.

Lapsus freudien ou non, cet article commence par un éloge de Tesla – le vrai, Nikola Tesla, pas les Tesla d'Elon Musk, symboles de la consommation effrénée de lithium et de cobalt. Nikola Tesla, décrit comme l'inventeur du génial système (alternateurs, transformateurs, lignes haute tension, moteurs) des courants triphasés – l'ayant moi-même enseigné, je suis bien d'accord que c'est génial.

Puis cet article décrit, là encore avec raison, les multiples contraintes s'appliquant à la gestion d'un réseau électrique alternatif qui doit, en tout point, osciller à une fréquence très peu différente de 50 Hz. Ceci fonctionne comme un « stabilisateur automatique » dès lors qu'il y a beaucoup de puissants alternateurs un peu partout – c'est-à-dire beaucoup de centrales nucléaires ou à combustion, et d'hydroélectricité. Un effet « analogique », ne dépendant pas du numérique.

On sent alors une pointe de nostalgie, en partie justifiée (moi-même, il m'est arrivé de proposer un système riche en renouvelables mais qui comporterait pas mal de machines tournantes pour assurer les mêmes fonctions de stabilisation par inertie). Pourquoi abandonner un système aussi simple, aussi robuste, aussi peu « start-up » ? Pour mettre plus de

[1] Peut-être ceux qui ont fait le choix de ne pas en dire un mot ont compté sur lui pour traiter, à leur place, cette question.

renouvelables et de batteries dans le réseau ? Oui, peut-être, mais vraiment, ne pourrait-on pas en rester aux 70 % de nucléaire qui marchaient si bien ?

Et, pour finir, une description plutôt négative[1] de ce futur avec beaucoup de batteries. Elle soulève des questions importantes. Par exemple, pour que le réseau réagisse bien à un évènement imprévu, il faudra donner des ordres, calculés par ordinateur, à différents groupes de batteries localisés à différents points du réseau : n'est-ce pas un facteur de vulnérabilité à des attaques logicielles ? On sait que l' « Internet des objets » cher à Jeremy Rifkin et à la 5G mériterait, pour être sécurisé, que tous les objets connectés soient dotés de mots de passe créés avec sérieux, ce qui n'est pas toujours le cas.

Cette question, et d'autres du même genre, nécessiteront une réflexion poussée sur le fonctionnement de réseaux électriques d'un type nouveau – réflexion qui est sans doute plus avancée dans d'autres pays, moins nucléarisés que le nôtre, donc s'inspirer d'eux résoudra une partie du problème.

Ce risque, important si on s'en remet complètement à l'idéologie Rifkin - start-ups, ne doit pas être minimisé – mais pas non plus surestimé. Dans tous les « secteurs d'intérêt vital » (hôpitaux, etc.), les informaticiens conçoivent des logiciels robustes et conservés bien à l'abri des attaques, permettant un fonctionnement « en mode dégradé » ayant à assurer en priorité les fonctions essentielles. Je n'ai aucune raison de penser que ce serait impossible pour des réseaux électriques, y compris incluant beaucoup de renouvelables, de batteries et d'onduleurs, et ceci même si la physique de ces réseaux est effectivement quelque chose de complexe, dont le maintien en cohérence est plus fragile si on manque d'alternateurs.

---

[1] Un exemple qui me semble injustifié : toutes ces sources d'énergie en courant continu (photovoltaïque, éolien et batteries) doivent être converties en courant alternatif triphasé, par des onduleurs. Les onduleurs modernes reposent sur du hachage à assez haute fréquence. L'article le dénonce en relevant le besoin de filtrage des harmoniques correspondants. Or, plus la fréquence de hachage est élevée, plus le filtrage est facile (il y a moins besoin de condensateurs).

*

Deux nuances cependant, pour montrer que tout ce que je viens d'exposer ne traduit pas une opposition systématique entre l'électrotechnique traditionnelle et le développement massif des renouvelables que nous devons réussir à partir de cette décennie.

Tout d'abord, un argument parfois utilisé contre les renouvelables ne peut pas venir des ingénieurs électrotechniciens qui, au contraire, sont les mieux placés pour voir immédiatement combien il est faux.

Il s'agit du fait que, malgré un très fort développement de l'éolien et du solaire, en Allemagne, la « puissance » (le mot est important) totale des centrales à charbon ne baisse pas, ce qui montrerait que ce sont elles qui ont véritablement remplacé le nucléaire, et qu'en conséquence l'Allemagne resterait tout autant émettrice de CO_2.

En réalité, la puissance de ces centrales au charbon, ce sont des GW, qui doivent être multipliés par des heures pour donner des GWh, c'est-à-dire l'énergie produite, le seul chiffre à être lié aux émissions de CO_2. Sans éolien et sans solaire, ces centrales fonctionnent en permanence – ou alors, elles soufflent un peu la nuit, et on ne va pas utiliser cela pour critiquer le photovoltaïque ! Inversement, quand des énergies renouvelables variables se développent, on a moins besoin d'électricité au charbon produite en continu. Ces centrales continuent d'exister, donc les GW restent constants, mais elles sont moins utilisées, donc les GWh diminuent, et les tonnes de CO_2 aussi.

Certes, ces émissions diminuent moins que si l'Allemagne avait, au lendemain de Fukushima, décidé : « *voilà un évènement qui nous prouve que les partisans des renouvelables avaient raison, eh bien profitons-en pour ne pas sortir du nucléaire, et sortir deux fois plus vite du charbon* ». Ç'aurait effectivement été l'idéal pour le climat, mais je ne vois pas par quel processus ce raisonnement aurait pu devenir réalité, dans le champ politique tel qu'il est structuré.

Autour de 2050, il devra y avoir suffisamment de photovoltaïque, d'éoliennes à terre et en mer, de lignes à haute tension et de batteries pour qu'on ait besoin d'électricité au charbon uniquement lors des très rares (une fois tous les 10 ou 20 ans) longues périodes de manque de vent et de soleil par temps froid : ces centrales auront peut-être toujours autant de GW, mais très peu de GWh, et très peu de CO_2 – il se peut même qu'elles soient reconverties pour fonctionner au bois.

Dire que le développement des renouvelables serait mauvais pour le climat est donc une erreur qui ne peut pas venir de vrais électrotechniciens ; et il en est de même, à long terme, pour la transition énergétique allemande, même en prenant en compte la fermeture de ses centrales nucléaires.

Même confusion entre GW et GWh : à propos des stations de transfert d'énergie par pompage, les steps, ou couples de deux retenues d'eau, à des altitudes différentes, entre lesquelles on peut faire monter et descendre de l'eau. Elles sont une excellente solution de stockage de l'électricité, mais avec un potentiel limité car la plupart des bons sites sont déjà équipés (à part l'« éléphant dans la pièce » que constitue le couple des lacs Erie et Ontario à la frontière entre les États-Unis et le Canada, qui pourrait facilement réguler un approvisionnement 100 % renouvelable pour une centaine de millions d'habitants).

Ce potentiel limité, c'est le poids d'eau en jeu qui, multiplié par le dénivelé, donnera le nombre de GWh stockables, la capacité de la step. Or, on lit parfois que le nombre de GW serait lui aussi un problème. Mais celui-ci, on pourra facilement l'augmenter en rajoutant, si nécessaire, des conduites forcées, des pompes, des turbines et des machines électriques. Tout dépend en fait du ratio GWh/GW, et donc de la fonction qu'il est préférable d'assigner à ces steps : être utiles 5 ou 6 fois par an, ou 40 fois, ou 365 fois ? Pour l'instant, on a encore le choix, et c'est très bien.

La deuxième nuance à signaler[1] est que, par son attitude globalement négatrice des batteries comme possible solution au problème de la variabilité du photovoltaïque et de l'éolien,

---

[1] Toujours à la lecture du n° 77 de la revue de la Société Française de Physique, « *Transition énergétique, Les défis de la défossilisation* »

le camp pro- « nucléaire et électrotechnique traditionnelle » se tire un peu une balle dans le pied. Il inclut dans le cahier des charges, déjà bien rempli, d'un bon nucléaire pour l'avenir, le fait de pouvoir changer de puissance produite en quelques secondes. Dans un réseau où la régulation par batteries serait bien maîtrisée, une réponse moins coûteuse à l'ensemble des échelles de temps envisageables pourrait consister à laisser le nucléaire réagir à l'échelle, disons, du quart d'heure ou plus, et à compter sur les batteries pour couvrir les besoins à partir d'un temps de réaction de l'ordre du dixième de seconde.

Waouh ! Je me mets à faire de l'écologie récompensante au profit du nucléaire…

*

Bon, j'ai essayé d'exposer tout cela de manière pas trop technique, peut-être sans y parvenir suffisamment. Je le résume donc. Dans le débat franco-français entre plus de nucléaire (en supposant qu'on ait le temps d'attendre que beaucoup de nouvelles centrales sortent de terre) et plus de renouvelables, le camp pronucléaire met souvent en avant sa bonne connaissance technique des multiples problèmes qui peuvent se poser au réseau électrique, et son grand regret qu'on ne s'en tienne pas aux solutions actuelles où la présence de nombreux et puissants alternateurs permet de se passer de numérique. Un peu la même appréhension que face à la perspective qu'un jour le volant d'une voiture ne soit plus connecté mécaniquement aux roues mais génère un signal électrique qui sera ensuite traité par un ordinateur programmé par une start-up, avant d'être renvoyé à des actionneurs chargés de faire pivoter les mêmes roues.

Comment se situe Ensemble face à cette opposition de générations ? Il est à la fois pronucléaire et pro-start-ups, donc son positionnement n'est pas facile. Et d'ailleurs symétrique du mien : émotionnellement, j'aime bien l'électrotechnique à l'ancienne, tout en étant favorable aux énergies renouvelables. Ce qui fait que les quatre cases possibles du tableau ci-contre sont remplies :

	Plutôt pronucléaires	Plutôt pro-renouvelables
Plutôt start-ups	La « start-up nation »	Jeremy Rifkin
Plutôt brick and mortar	Une grande partie des ingénieurs électrotechniciens français à l'ancienne	Ce livre

Peut-on en déduire que ma participation à une sorte de débat à quatre sur ces questions serait utile ? Je suis loin d'en être un spécialiste. Mais peut-être ai-je l'avantage d'avoir su forcer ma nature : je considère le problème d'équilibrage électrotechnique d'un réseau pouvant beaucoup moins compter sur une alimentation dominée par des centrales thermiques et nucléaires, comme un problème intellectuel passionnant.

Espérons donc qu'Ensemble, qu'il exerce encore le pouvoir ou qu'il joue un rôle de bloc charnière pour permettre des majorités de projet, au cas par cas, en faveur du climat, se place finalement dans une logique similaire.

Par réalisme climatique, qu'il se convertisse, au moins pour la décennie à venir, à un développement massif de l'électricité renouvelable.

Et qu'il profite, mais en n'oubliant pas de penser contre lui-même, de son enthousiasme pour l'esprit start-up. Donc qu'il lui confie la mission exaltante, car difficile, d'essayer de faire aussi bien que la gestion robuste, voire quasi-low-tech, qui existait plus spontanément dans le cas d'un réseau riche en alternateurs.

Des briques pour contourner les hiérarchies ?

Revenons à une analyse plus globale du slogan « start-up nation ». Correspond-elle, au moins, à une vision pertinente de la notion d'innovation ? En gros, l'innovation, est-ce uniquement l'ordinateur quantique et l'intelligence artificielle ?

Sans doute oui si on pense à l'innovation nécessaire pour rester parmi les nations qui, technologiquement, compteront dans le monde de demain. Mais pour sauver le climat ? Et pour que l'écologie soit récompensante ?

Bon, vous l'avez remarqué, je mets à profit mon point de vue de physicien, et ça ne va pas s'arrêter tout de suite. Si c'est d'un intérêt limité pour vous, n'hésitez pas à aller directement à la page 120. Et, jusqu'à la fin de ce livre, promis, vous vous retrouverez en terrain bien mieux connu du plus grand nombre, dès lors qu'ils prennent leur rôle de citoyens à cœur.

*

Ayant enseigné à haut niveau, pendant quelques années, la physique du XIXème siècle, j'ai une vision différente des start-uppeurs et de la majorité des anciens élèves de sciences po qui constituent le cœur d'Ensemble. Et j'ai surtout l'habitude de m'intéresser, en toute chose, à la fois à ce qui est le plus pointu et le plus séduisant intellectuellement, et à ce qui est le plus terre-à-terre et le plus ringard.

Prenons l'exemple de la thermodynamique. Science fascinante[1] qui est toujours active. Et pourtant, ce qui m'est utile pour éclairer la transition énergétique qui est actuellement notre plus ardente obligation, c'est son exposé datant de 1824

---

[1] Science qui a à voir avec l'astrophysique (à la question : « un trou noir est-il noir au sens où on peut dire que du charbon est noir même quand il est à l'état de braise rougeoyante ? », la réponse de Stephen Hawking est : oui), avec l'économie, avec la sociologie... Einstein disait que c'était la branche de la physique qui aurait le plus de chances de survivre très longtemps sans être remise en question. Son exposé canonique est très élégant : on part de la question « qu'est-ce que la température ? », on en donne une définition provisoire qui a l'air idiote (« c'est ce qui se mesure avec un thermomètre ») mais, de fil en aiguilles et en faisant d'incroyables détours par la physique des gaz, l'industrie et la hiérarchisation entre chaleur et les autres énergies, on finit par une vraie définition physique, qui marche parfaitement bien sur une gamme de températures allant du millionième de degré au-dessus du zéro absolu, jusqu'à des millions de degrés et même bien au-delà – pour les plus curieux d'entre vous, cette définition est par exemple : la température est la dérivée de l'énergie interne par rapport à l'entropie, à volume constant.

(théorème de Carnot). Celui-ci permet en effet très simplement d'énoncer les affirmations suivantes :

- L'énergie se répartit, en gros, en trois catégories principales qui, par ordre croissant de potentiel économique, sont : la chaleur à basse température ; la chaleur à haute température ; toutes les autres formes d'énergie (électrique, mécanique, chimique, ...), qu'on appelle travail ;

- On a donc raison de critiquer le fait de se chauffer (chaleur à basse température, tout en bas de la hiérarchie) en convertissant de l'électricité (sommet de cette hiérarchie). Suis-je en train de critiquer, comme tout le monde, les radiateurs électriques « grille-pain » ? Oui. Et donc, je leur préfère, là encore comme tout le monde, les radiateurs qui sont, en plus, « à accumulation », et qui coûtent bien plus cher ? Plutôt non, car les uns comme les autres ont le même rendement : 100 %[1]. Quoi, je viens de dire que les grille-pains, c'était nul, et maintenant je dis que leur rendement est de 100 %, c'est n'importe quoi ! Non, car la véritable solution, c'est de les remplacer par des pompes à chaleur, qui ont une « sorte de rendement » (la chaleur distribuée dans les radiateurs, divisée par l'électricité consommée) de 300 ou 400 % ;

- À l'inverse, on peut utiliser, dans l'industrie, des variantes de radiateurs électriques grille-pain, et en plus c'est bon pour le climat, car très compatible avec les électricités renouvelables dépendant du temps qu'il fait : photovoltaïque, éolien... En effet, déjà, ce n'est pas une grosse hérésie de transformer du travail (l'électricité) en chaleur si celle-ci est sous haute température, et dans l'industrie c'est souvent le cas. En plus, le stockage de chaleur dans, par exemple, de la brique réfractaire, est à la fois bon marché (bien plus que dans des batteries) et (contrairement au stockage d'électricité sous forme d'hydrogène) avec un très bon rendement entre l'énergie initiale et

---

[1] Donc l'écologie récompensante, ici, consiste à ne pas mettre ses radiateurs grille-pain à la poubelle avant d'avoir demandé au vendeur de radiateurs à accumulation quels sont leurs véritables avantages. Il y en a sans doute, mais des vendeurs qui se contentent de l'argument commercial « *la concurrence, c'est les grille-pains, donc c'est nul* », ça m'énerve.

l'énergie (chaleur) finalement restituée à l'utilisateur. Enfin, dans mon dernier livre, j'avais souligné l'utilité qu'un tel stockage de chaleur pourrait avoir, de plusieurs manières, en cas de forte vague de froid accompagnée d'une longue pénurie d'électricité. Vivent les gaulois et la brique réfractaires, et désolé, les start-uppeurs, je persévère dans le « brick and mortar » : vous aurez même droit, plus loin, à du mortier !

- Enfin, toujours par application du théorème de Carnot, la production d'électricité à partir de charbon ou de gaz, aussi bien que la production de mouvement à partir d'un moteur diésel ou à essence, a forcément un mauvais rendement (« de Carnot »). On peut en déduire que ce sont les proies les plus faciles pour leur remplacement par les énergies de demain, éolien et photovoltaïque.

Les proies les plus faciles, ça veut dire qu'il y en a d'autres qui le sont moins ?

Oui, toutes celles où cette pénalisation des énergies fossiles ne joue pas – ou alors il faut être plus astucieux qu'elles.

Par exemple, le chauffage au gaz, à domicile ou dans l'industrie, qui est si pratique, et qui a un bon rendement ?

Effectivement, de base, il ne faut pas mettre en première priorité son remplacement par un chauffage électrique, même renouvelable. Sauf à être plus astucieux, c'est-à-dire, comme on vient de le voir, en rajoutant une pompe à chaleur pour les logements, ou un stockage de chaleur à haute température dans l'industrie.

Et il y a des cas où même ces astuces, ça ne marchera pas. Par exemple, le charbon dans la sidérurgie. Certes, une part de sa combustion sert à produire de la chaleur, qu'on peut espérer remplacer comme exposé ci-dessus. Mais l'énergie la plus importante est chimique : le minerai de fer, c'est de l'oxyde de fer, donc pour avoir du fer il faut lui enlever de l'oxygène ; c'est le charbon, ou carbone, qui va le faire, en se transformant lui-même en dioxyde de carbone, CO_2. Comme ce n'est pas de la production d'électricité à partir de chaleur, ceci a un rendement qui n'est pas affecté par le théorème de Carnot, et ce bon rendement va résister efficacement à la concurrence des énergies renouvelables.

Concurrence à laquelle le gouvernement croyait pourtant en encourageant la fabrication d'acier à l'hydrogène[1].

Vis-à-vis de l'opinion publique, le message implicite était que cet hydrogène ne pouvait qu'être d'origine décarbonée, donc fabriqué à partir d'électricité nucléaire ou renouvelable. À court terme, pourtant, la très grande majorité de l'hydrogène industriel, utilisé par exemple pour les engrais, est fabriquée à partir de gaz naturel. Pour l'appliquer à la sidérurgie, ce serait à peu près équivalent et plus simple d'utiliser directement ce gaz au lieu de l'hydrogène dans les hauts-fourneaux, sauf que pour en faire la communication, on ne pourrait pas appeler ça de la « sidérurgie à l'hydrogène » !

Rationnellement, mais aussi d'un point de vue récompensant puisque le résultat climatique serait aussi bon pour une dépense inférieure, le mieux serait donc de ne pas se précipiter à subventionner massivement l'acier à l'hydrogène en France. Deux autres utilisations des mêmes subventions seraient plus pertinentes :

- peut-être pour commencer par faire de la sidérurgie à l'hydrogène là où c'est le moins illogique, c'est-à-dire là où il y a à la fois le minerai, de bonnes ressources en soleil et en vent, et peu de contraintes s'opposant à une production massive de ces énergies renouvelables : par exemple dans le nord-ouest de l'Australie ;

- et surtout pour faire reculer le charbon là où c'est le plus important, dans les pays qui construisent encore de nouvelles centrales au charbon. Les plus connus sont la Chine et l'Inde. La Chine développe déjà massivement l'éolien en mer et le solaire, donc il faudrait surtout viser l'Inde. D'ailleurs, nous avons avec elle un programme de coopération dans le domaine du photovoltaïque, programme qu'il suffirait de renforcer.

---

[1] En soi, c'est une piste assez logique, puisqu'elle inverse juste le procédé par lequel Lavoisier avait produit de l'hydrogène à partir de fer, d'eau et de chaleur.

Mais évidemment, cette approche rationnelle conduirait à ce que nous continuions de consommer de l'acier fabriqué à partir de charbon et, aussi bien si cet acier était fabriqué chez nous ou importé, cela poserait un problème d'image. Le fait d'agir plus efficacement, plus stratégiquement et à moindre coût pour que le charbon recule, ailleurs qu'en France et sans lien avec notre consommation, malheureusement c'est moins visible.

Bon, c'est le problème du gouvernement : communication, véritable efficacité pour une écologie récompensante, ou bien, entre les deux, simple expérimentation de premiers pilotes à l'hydrogène, ce sera à lui de choisir. Moi, j'aurai fait mon job en montrant comment la thermodynamique, cette discipline fossilisée, hiérarchique, aux antipodes d'une start-up nation, nous éclaire pourtant de manière très précise.

*

Également aux antipodes des start-up, le « brick and mortar ». Nous venons de voir la grande utilité du stockage de la chaleur haute température en briques réfractaires pour l'industrie (sujet sur lequel j'avais travaillé pour l'Agence Internationale de l'Énergie). Il nous reste encore deux exemples comparables, l'un sur les briques monomur et l'autre sur le mortier.

Mais tout d'abord, pourquoi ne pas construire nos maisons en bois ? Sans doute à cause des trois petits cochons. En fait, même en paille, ça aurait du sens. La paille ne coûte pas cher, avant l'invention des round-ballers elle était conditionnée sous forme de parallélépipèdes rectangles permettant de monter rapidement des murs, et comme elle est pleine d'air elle est assez isolante de la chaleur, comme le polystyrène, la laine de verre ou de roche … Mais, bon, ça ne fait pas très sérieux, et comme il y a maintenant des laines d'origine végétale (chanvre) encore plus isolantes, il est sans doute trop tard pour explorer notre inconscient et savoir si c'est à cause des trois petits cochons que nous n'imaginons même pas construire une maison en paille.

Le bois brûle aussi, mais il a réussi à faire ses preuves en matière d'ignifugeage. Et il a de nombreux arguments pro-climat.

Quand une forêt devient très âgée, laisser les arbres mourir et pourrir sur place finirait par restituer à l'atmosphère le CO_2 capté par la photosynthèse. Il est donc bon pour le climat de l'exploiter. Surtout si le carbone peut ensuite être considéré comme stocké pour longtemps, ce qui est le cas pour toute pièce de structure ou de charpente.

Et surtout, si le bois est utilisé à la place de murs en dur incluant du ciment (sous forme de béton, de parpaings, de mortier ou d'enduit), le bénéfice climatique est double : le bois stocke du carbone retiré de l'atmosphère, et on évite que la fabrication du ciment émette du CO_2 – on y reviendra plus loin.

Mais le fait est qu'en France, toutes les maisons ne sont pas construites en bois, loin de là. Et les immeubles, encore moins.

Parlons donc des matériaux dont on ne se souvient plus très bien lequel avait la préférence du troisième petit cochon : pierres et mortier, briques ordinaires et mortier, parpaings, briques monomur ou alvéolaires à joint de colle, béton... À sa décharge, ce troisième petit cochon n'avait sans doute pas été sensibilisé dès son plus jeune âge aux questions de bilan carbone et d'isolation thermique (dont je parlerai également, mais sous un angle plus économique, au chapitre suivant, « Une nouvelle rue à traverser ») ...

*

Le logement pour lequel l'écologie est la plus récompensante, c'est l'habitat troglodyte. Sa température intérieure est quasi-constante, naturellement, tout au long de l'année, et il existe même un effet physique par lequel un petit peu de la chaleur estivale, de même que du froid hivernal, peuvent mettre six mois à atteindre l'intérieur. Mais ce type d'habitat n'est pas à la portée de tout le monde, donc voyons comment transposer le même principe à d'autres.

Ce principe, c'est à nouveau l'inertie thermique, notamment des briques. Elles peuvent stocker aussi bien la chaleur que la fraicheur. Un des moyens de lutter contre les canicules, c'est d'ouvrir grand les fenêtres (si nécessaire en rajoutant une moustiquaire), entre 2 h et 7 h du matin[1], pour faire rentrer le plus possible de froid, qui va se stoker dans les meubles, les planchers … et si possible les murs.

Mais ce n'est pas possible s'il y a de l'isolation thermique entre ces murs et l'intérieur du logement. Ainsi, dans le débat entre isolation par l'intérieur (on perd de la surface et on ne traite pas les ponts thermiques au niveau des planchers) et par l'extérieur (il faut que la modification de l'aspect de la maison soit souhaitée et autorisée), cette question du stockage de la fraîcheur nocturne fait que la seconde est plutôt recommandée dans les régions soumises à un fort risque de canicule (et où il y avait déjà une tradition de murs à forte inertie thermique).

Mais quid quand l'isolation est répartie sur toute l'épaisseur des murs ? C'est le cas avec les briques monomur ou alvéolaires, qui présentent de nombreuses lames d'air que la chaleur doit traverser les unes après les autres pour arriver à sortir de la maison, d'où l'effet d'isolation recherché. Or, on a ainsi autant de matière pour stocker la fraicheur nocturne du côté extérieur qu'intérieur, est-ce vraiment optimal ?

Dans mon livre « 21 énergies renouvelables insolites pour le 21ème siècle »[2], j'avais proposé une variante de ces briques, permettant d'avoir plus de masse concentrée du côté intérieur, afin de conserver plus de 50 % de l'effet d'inertie thermique, par rapport à une isolation intégralement par l'extérieur.

Et je le rappelle ici pour insister sur une caractéristique de l'écologie récompensante, a priori compatible avec le post-macronisme à condition qu'il reste fidèle à son origine : être à la fois d'une tendance et de la tendance opposée. Pour lutter contre les canicules, je vous ai proposé dès les premières lignes de ce livre une analyse qui montrait que choisir d'avoir la clim, ça pouvait être une idée gagnante-gagnante, mais ici,

---

[1] C'est pour cela qu'on caractérise les canicules par le fait que la température nocturne ne baisse pas assez.

[2] 2010, éditions Ellipses, en collaboration avec Renaud de Richter, pages 88 à 94.

si vous préférez la notion d'habitat passif, je peux encore être d'accord avec vous et avancer dans cette voie.

*

Dernier point très technique, il me reste à vous parler de mortier, donc de ciment, donc de clinker, donc de chaux, donc de calcination du calcaire dans les fours à chaux des cimenteries[1]. En effet, sous l'effet de la chaleur, le calcaire se dissocie en chaux et … en CO_2 : une vieille connaissance !

Avec plusieurs questions qui en découlent :

Peut-on avoir du mortier ou du béton plus pauvre en ciment, du ciment plus pauvre en clinker, du clinker plus pauvre en chaux ? Oui, mais ça ne résout pas entièrement le problème.

Peut-on empêcher que ce CO_2 s'échappe à l'atmosphère et contribue au changement climatique ? L'empêcher, c'est-à-dire, en fait, le capturer ? Et si oui, pour quoi en faire ensuite ?

En théorie oui, la réaction de calcination du calcaire peut se faire en étant isolée de l'air, donc on peut capturer ce CO_2 pur, j'ai évoqué cette question dans mon dernier livre[2]. J'en ai conclu que si les promoteurs de la capture et séquestration géologique du CO_2 étaient sincèrement préoccupés de la sauvegarde du climat, alors ils devraient avoir déjà examiné cette possibilité de capture immédiate qui semble exister dans les cimenteries, plutôt que de seulement l'envisager dans les cheminées des autres usines utilisant et brûlant des combustibles fossiles, où ce CO_2 serait nécessairement mélangé aux autres gaz de l'air, en particulier l'azote.

Allons plus loin, dans le futur. Un jour, toutes les cimenteries auront été converties à cette option, donc tout leur CO_2

---

[1] Une cimenterie, un bon point de chute pour un partisan de la start-up nation ? Je répondrai par une citation de « La ville qui n'existait pas », de P. Christin et E. Bilal, Dargaud, 1978, pages 24, 26 et 42 : « … *votre cousin Hugues … il pensait à gauche dans le temps, à ce que disait mon grand-père / Oh, ne vous inquiétez pas, depuis qu'il a fait Polytechnique et Harvard, il est devenu très bien / Hmm … votre cousin Hugues qui, comme vous le savez, a repris la cimenterie de Saint-Omer … il désire simplement … quitter cette cimenterie qui le dégoûte …* ».

[2] « *5 défis techniques XXL inédits pour le climat* », pages 102 à 107.

issu de la calcination du calcaire sera capté et enfoui dans le sous-sol. Ce sera un progrès incontestable puisque la seule autre option est de le laisser s'échapper à l'atmosphère, directement … ou indirectement.

En effet, du CO_2 capturé, on peut imaginer de le faire réagir avec de l'hydrogène issu d'énergies décarbonées, de manière à synthétiser différents hydrocarbures, et notamment du kérosène. Ça y est, tenons-nous le moyen de sauver nos voyages en avion ?

Plutôt non. Car ce CO_2 sera parti du sous-sol (du calcaire), aura été capturé, transformé en kérosène, et finalement libéré dans l'atmosphère : malgré sa sophistication, ce processus ne contribue donc pas à la neutralité carbone. Et, le temps que la fabrication d'un hydrogène vert, à partir d'énergies renouvelables, ait remplacé (première priorité) la fabrication à partir de gaz pour l'industrie des engrais, il se peut tout-à-fait que la condition que je viens de poser (que toutes les cimenteries soient converties à la capture et séquestration géologique du CO_2), soit remplie.

Donc pour vraiment nous déculpabiliser de prendre l'avion, il faudrait qu'à partir de cette date, on produise encore plus de chaux, et donc du CO_2, dans le but principal de fabriquer (à son juste prix), du kérosène de synthèse. Voler sans complexe, voilà qui serait récompensant, mais serait-ce écolo ?

Peut-être. En effet, dans mon avant-dernier livre, « Tant de décisions à prendre, si peu de temps », pages 142 à 145, j'ai montré que cela pourrait éventuellement se traduire par des émissions véritablement négatives de CO_2. Voici comment[1] :

Un bilan neutre en carbone, ce serait facile : on capture le CO_2 dans la cimenterie et on en fait du kérosène, on récupère aussi la chaux, et on s'en sert de telle sorte qu'elle finira par se retransformer en calcaire, en recapturant « naturellement » autant de CO_2, comme par exemple avec le procédé traditionnel de peinture des murs extérieurs des maisons, à la chaux.

[1] Dernier raisonnement scientifique un peu pointu – rappel, échappatoire = rendez-vous dans deux pages

Comment faire mieux ? En se souvenant que le calcaire lui-même a un potentiel de capture du CO_2. Ce dernier se laisse parfois dissoudre dans la pluie, qui devient alors un peu acide, et s'infiltre dans le sous-sol. Celui-ci, s'il est calcaire, peut lui aussi se laisser dissoudre, ce qui forme, au bout de dizaines de millions d'années, de belles grottes. Cette pluie finira par rejoindre la mer, ainsi enrichie en calcium, mais sous forme de « bicarbonate »[1], qui constitue d'ailleurs l'état dominant dans lequel le calcium est présent dans l'océan.

Faire mieux, en nous inspirant de ce processus naturel ? Nous n'avons pas des millions d'années devant nous. On peut faire plus vite en réduisant du calcaire en poudre et en le mélangeant à de l'eau riche en CO_2 mais c'est coûteux.

Il me semble que ce qui est lent, c'est de dissoudre le calcaire une fois qu'il est devenu solide. Mais, en chimie comme en physique, il arrive parfois qu'un corps qui devrait devenir solide puis redevenir liquide « saute » l'étape solide, si on arrive à agir assez vite pour que les premiers cristaux (ici, de calcaire) n'aient pas le temps de se former.

Donc peut-être y aurait-il une possibilité pour que de la chaux, dissoute dans de l'eau éventuellement douce, puisse ensuite être projetée dans la mer, renforçant ainsi son pouvoir d'absorption du CO_2[2], sachant que dans cette mer, le calcium est naturellement sous la forme de bicarbonate, ce qui garantit qu'il reste sous forme dissoute. Passant de zéro-carbonate à bicarbonate, cela capturerait deux fois plus de CO_2 qu'une réaction simple avec le CO_2 de l'air, du type peinture d'un mur à la chaux. Et permettrait donc un bilan global deux fois meilleur que s'il était juste neutre en carbone.

---

[1] Une première fois carbonatée quand on passe de la chaux au calcaire, et une deuxième fois carbonatée lors de cette réaction de dissolution du calcaire par l'eau riche en CO_2. À peu près la même formule chimique que le « bicarbonate de soude », mais en remplaçant le sodium par du calcium.

[2] À défaut, ce serait un moyen de lutter contre l'acidification des océans, reconnue comme un dommage collatéral de nos émissions de CO_2, même si c'est en fait grâce à cette acidification que les océans capturent une grande partie de ce CO_2, et qu'il en reste moins dans l'atmosphère, ce qui atténue le réchauffement global.

Bon, ceci est très hypothétique, et resterait à être confirmé par des expériences de chimie à l'ancienne. Mais les occasions de proposer quelque chose de vraiment récompensant (laisser entrevoir la possibilité qu'un jour, quand nous produirons de l'hydrogène vert à gogo, des avions puissent voler à une sorte de kérosène, filière qu'il est très difficile de remplacer par quoi que ce soit d'autre), tout en étant vraiment écolo (réduire la quantité de CO_2 de l'atmosphère) ne sont pas si nombreuses que je me dispense de vous signaler celle-ci.

*

Enfin, tout ceci est-il compatible avec l'esprit start-up et sa traduction politique, le macronisme ? Oui et non… Revenons, par exemple, au cas de l'aluminium et aux calculs très simples que j'avais faits : 1^2, 2^2, 3^2…, qui pouvaient rendre cette industrie encore plus flexible – une qualité très « start-up ».

Donc « oui », parce qu'en même temps agir concrètement en faveur du climat et aider des entreprises privées, les ex-« pigeons » pourraient apprécier[1].

Mais « non », parce que le macronisme n'a jamais vraiment encouragé la science citoyenne. La convention citoyenne pour le climat en est le symbole, elle dont les propositions devaient être reprises « sans filtre » – on a vu ce qu'il en est advenu.

Elle avait proposé de baisser la vitesse sur autoroute à 110 km/h, ça a été retoqué, commençons par couper la poire en deux, ce qui permet d'ailleurs de faire des calculs plus simples. Passer de 130 à 120 sur un trajet de 26 km, ça ne fait perdre qu'une minute (de 12 à 13 mn). Or, on regagnerait cette même minute en 2 km seulement, là où, de manière peut-être exagérée, on serait passé récemment de 50 à 30 km/h : remonter de 30 à 40 fait passer ces 2 km de 4 à 3 mn.

---

[1] Certes, il faut peut-être à certains pronucléaires, un petit effort pour mettre un signe « = » entre « favoriser les énergies renouvelables » et « agir pour le climat ». Mais, comme on l'a vu plus haut, l'administration s'est aperçue que pour arrêter de se faire condamner pour inaction climatique tous les deux ans par un tribunal, elle ne peut pas attendre dix ou douze ans que le nucléaire veuille bien sortir de terre, et donc que développer enfin sérieusement les énergies renouvelables est incontournable.

Faisons un petit échange : à trafic équivalent, convertissons, là où c'est raisonnable, 1000 km de zones 30 en zones 40. Et 10000 km d'autoroutes de 130 à 120 km/h. Les effets-temps pour 1 voiture seront un gain de 8 h 20 et une perte de 6 h 25. La consommation en ville sera à peu près inchangée, alors que, sur autoroute, elle sera réduite d'un bon 10 %. Au total ce sera à la fois récompensant (temps + argent), et écolo !

Me placer dans l'esprit de cette CCC, c'est donc, pour moi, très naturel. De même quand j'ai fait ma découverte sur l'aluminium : je n'étais pas un professionnel de la transition énergétique, je me suis juste donné les moyens, comparables à ceux qu'avaient eus les membres de la CCC, de bien prendre connaissance, pendant un petit quart de siècle, de toutes les données du problème, puis de les tourner dans tous les sens pour réfléchir sans contrainte à ce qu'on pourrait faire de différent de ce qui est communément admis.

Et j'ai pu vraiment dégager ce temps de brainstorming permanent … quand j'ai pris ma retraite. Si l'âge légal de départ était aujourd'hui à 65 ans, je serais toujours en train de gagner ma vie en exerçant de manière routinière mon métier antérieur, moins utile à l'intérêt général. Un argument évoqué contre la réforme des retraites était celui de pouvoir s'engager dans des associations ou autres activités militantes. Je prouve, exemple concret à l'appui, qu'il peut contribuer à développer l'écologie récompensante.

Dans quels domaines cela peut-il fonctionner ? Pour se limiter à ce qui a un lien avec le climat, jamais je ne prétendrais avoir un avis pertinent sur les recherches à mener en matière de nucléaire ou de batteries, de même que je n'en avais pas, il y a 20 ans, sur le photovoltaïque, quand de nombreuses options scientifiques étaient encore plus ou moins à égalité : tout cela ne peut se traiter que dans un cadre 100 % professionnel.

À l'inverse, comme ce livre, je l'espère, en atteste, des idées venant de l'extérieur peuvent, sur certaines questions, avoir quelques chances d'être utiles. Comment favoriser leur émergence, de préférence d'une manière telle que du brainstorming ne se produise pas dans un seul cerveau ? Mes calculs de temps à 120 ou 40 km/h sont faciles à vérifier par tout citoyen, mais en avoir l'intuition est plus du travail de scientifique. Je propose donc que des chercheurs volontaires puissent, même s'ils sont débutants, officiellement consacrer 5 à 10 % de leur temps à faire des propositions et à en débattre sans concessions, dans des domaines suffisamment ouverts pour que cela ait de l'intérêt ….

Dans une vision « start-up » de la recherche, une objection pourrait être la suivante : si, de ces débats collectifs, sortaient des idées brevetables, à qui appartiendraient-elles ? En effet, depuis Claude Allègre, ce qui est considéré comme moderne dans le monde de la recherche, c'est de la prolonger par de la « valorisation », c'est-à-dire une prise de brevet puis la création d'une start-up qui va être développée dans un incubateur, partir à la rencontre de business angels et de capital-risqueurs, devenir une licorne, etc.

Pourquoi pas, mais à condition de considérer que d'autres manières d'être utile à la société existent. Déjà en fonction de l'envie de chacun de devenir patron ou non, mais aussi de conditions objectives. Mon dernier livre traitait de « défis » (vocabulaire très managérial) mais « XXL », c'est-à-dire d'idées qui ne pouvaient matériellement pas démarrer à une petite échelle, sous forme de start-ups. Or, cela n'a pas été compris. La proposition que j'avais classée première par ordre de pertinence n'avait de sens que si elle était reprise (ou réfutée) par une très grande entreprise, à laquelle je me suis adressé, avec quelques soutiens lui donnant un peu de crédibilité. Mais la seule réponse qui m'a été faite a été de la considérer comme un projet de start-up. Elle est donc mort-née.

Et, comme par hasard, c'était uniquement dans cette catégorie des idées XXL que j'avais trouvé des propositions originales, et, à mon avis, potentiellement utiles, comme si tout ce qui était à taille start-upable avait déjà été trouvé, et valorisé de la manière allégro-pigeonnienne classique. Si un tel biais systématique existait à l'encontre de tout ce qui est trop gros pour rentrer dans ce cadre, alors cela signifierait qu'il y a là un gisement, négligé à tort, d'innovations utiles. Et pour lequel, dès lors que cela aurait vocation à être versé dans le domaine public (au nom par exemple d'une écologie récompensante à l'égard de la société), ma proposition de brainstorming, sur 5 ou 10 % de leur temps, par des groupes de chercheurs relativement peu spécialistes, ne se heurterait plus à l'obstacle de savoir qui aurait le droit de déposer un brevet.

*

Une dernière remarque pour prolonger cette revendication consistant à ce que, plutôt que de rentrer dans une logique entrepreneuriale, on fasse confiance aux individus et à leur désintéressement ? Dans le milieu de la recherche, il existe une autre proposition qui va dans ce sens.

L'exécution de la dépense publique est, aujourd'hui, perdante-perdante. Des contrôleurs financiers de tout poil voudraient prouver que certaines dépenses ne sont pas très justifiées, afin de les réduire. Ayant peur de cela, les fonctionnaires dépensent chaque année leur budget jusqu'au dernier sou, persuadés que, sinon, l'année suivante ce budget sera raboté à due concurrence. Ces dépenses réalisées en fin d'année sont évidemment d'une utilité relative, voire néfastes pour le climat (exemple classiquement cité à propos de l'armée : faire rouler les camions pour rien mais pour consommer le maximum de carburant).

Ne faudrait-il pas laisser, aux fonctionnaires que cela désole, la liberté de remplacer ces dépenses par des subventions à un fonds pour l'isolation thermique des bâtiments publics, et ceci d'une manière qui soit opaque aux yeux des contrôleurs, les privant de la possibilité de cibler ces crédits ?

Le seul obstacle est sans doute l'incapacité des hauts fonctionnaires qui peuplent Ensemble à accepter de faire ainsi confiance, hors hiérarchie et d'une façon volontairement aveugle, aux exécutants de base. Et d'accepter, comme principe de progrès, non pas des actions « financièrement récompensantes », mais, comme ici, « moralement et écologiquement moins absurdes ». Partisans de la « start-up nation », encore un effort pour devenir vraiment souples d'esprit !

*

Pour que tout ou partie de ce que je viens de proposer dans ce chapitre devienne réalité ou, pour ce qui existe déjà, se développe de manière accélérée, il faut que des scientifiques, en particulier des ingénieurs, s'en saisissent.

Ceux qui sont aujourd'hui en formation ont, en tout cas, une motivation à agir pour le climat plus nette que certains de leurs aînés. Les prises de position spectaculaires lors de remises de diplômes de grandes écoles étaient un avertissement à leurs futurs employeurs : modifiez vos politiques dans un sens plus soucieux des générations futures, ou vous allez finir par manquer de ressources humaines scientifiques de qualité.

Seul possible défaut des jeunes des filières les plus en vue, la tendance de certains d'entre eux à être tellement baignés dans le monde des applis sur Internet que cela pourrait leur apparaître comme le seul mode d'action.

Certes, on peut lui trouver de l'utilité : le numéro « printemps 2024 » du Journal de l'éolien évoque une blockchain (quintessence du monde des start-ups) aidant des riverains d'éoliennes à bénéficier de tarifs préférentiels pour l'achat d'électricité verte : écologie super-récompensante ! Encore que, dans une France qui serait rationnelle, il n'y aurait pas besoin de cette blockchain pour permettre un tel dispositif. Et celui-ci n'est que la couche logicielle s'ajoutant à un substrat matériel (les éoliennes elles-mêmes) indispensable.

Espérons donc que les jeunes talents conscients de leurs responsabilités envers une écologie si possible récompensante, feront preuve non seulement de souplesse d'esprit, mais aussi d'une curiosité intellectuelle tous azimuts à l'égard des champs de recherche très variés, y compris de type « brick and mortar », qui pourraient leur permettre de s'exprimer.

SANS DÉMÉNAGER, UNE NOUVELLE RUE À TRAVERSER

Ce chapitre concernera essentiellement la rénovation du logement ancien, dont une part majeure est l'isolation. « *Même confort avec moins de consommations d'énergie* », c'est ainsi que, page 5, j'avais défini l'efficacité énergétique.

La rénovation sera examinée ici sous l'angle de la mal-incitation. Les subventions sont des incitations que personne ne qualifierait de punitives. D'autres, au contraire, encourent ce risque. Et doivent y résister, ce qui se justifie plus clairement quand on se focalise sur l'action la plus complémentaire de l'efficacité énergétique : la substitution des énergies fossiles par des énergies décarbonées.

Effet rebond ou vraie substitution des énergies fossiles par des énergies décarbonées ?

Dans le monde idéal de l'économie libérale, il suffit, pour que la rénovation énergétique de l'habitat ancien avance bien, d'un petit mécanisme très simple : que, régulièrement, des locataires quittent leurs logements mal isolés, et déménagent de l'autre côté de la rue, d'où d'autres locataires seraient, eux aussi, partis quelque temps auparavant, juste le temps pour les propriétaires de faire les travaux d'isolation nécessaires.

Et dans la réalité ? Les économistes du climat pourraient-ils imaginer des mécanismes dépendant un peu moins de la fluidité des déménagements ? Leurs propositions auront de bonnes chances de tourner autour du concept de taxe carbone. Or, c'est déjà, en soi, problématique, car à la fois quasiment indispensable et quasiment impossible.

*

Pourquoi quasiment impossible ? Parce que la rue ne sert pas seulement à trouver du boulot de l'autre côté et à être bordée de logements. Elle sert aussi à rouler, donc à brûler des carburants ; et à manifester, parfois violemment.

Depuis 2018, nous savons que trouver une stratégie pour sauver le climat implique de prendre en compte une nouvelle contrainte : même si nous arrivions à imposer nos revendications anti-énergies fossiles, c'est-à-dire qu'elles soient adoptées, à contrecœur, par nos gouvernants, il faut encore que, devenues ainsi politique officielle, elles ne suscitent pas de blocages par un mouvement de type « Gilets Jaunes »[1].

Au bout de quelques semaines, ce mouvement a acquis des caractéristiques politiques relevées par les commentateurs et constituant sans doute l'essentiel de ce que les français en ont retenu[2]. Je n'ai rien à dire, pour ce livre[3], sur cette « deuxième phase » des gilets jaunes. Mais sa première phase, qui avait pour cible l'augmentation de la taxe carbone sur l'essence et le gazole, et faisait suite à l'instauration de la limite des

---

[1] Ou « vent de colère » contre les éoliennes, elles aussi victimes d'un paradoxe similaire : initialement une revendication des écolos, le fait de devenir un élément d'une transition énergétique endossée (y compris à reculons) par les puissants peut en faire une cible d'oppositions militantes à la mémoire courte.

[2] Manifestations émaillées de heurts avec la police ; revendications autour du référendum d'initiative populaire ; soutien important de la part de LFI, en plus de celui du RN qui était acquis dès le départ ; bilan humain compté en nombre de blessés et non plus en nombre de morts comme c'était le cas lors des premières semaines (une petite dizaine, gilets jaunes tués par des automobilistes tentant de forcer des barrages, ou automobilistes victimes d'accidents du fait de ces barrages) ; débouché politique introuvable pour les gilets jaunes eux-mêmes, en particulier lors des élections européennes qui ont suivi ; essoufflement qui a permis à Emmanuel Macron de trouver une porte de sortie par le lancement du « Grand Débat », même si son manque de majorité absolue à l'Assemblée Nationale en 2022 était peut-être une conséquence ultime de ce mouvement …

[3] Sur le coup, j'avais eu envie de détourner la chanson des Gilets Jaunes, « On est là », pour qu'elle parle du climat. Voilà ce que ça avait donné : « On a fait n'importe quoi / et le chang'ment du climat / il est lààà / il est lààà / et mêm' si on n'veut pas le voir / lui, il est là … ». Mais ça devenait en fait une chanson « anti-gilets-jaunes », dans la mesure où, au lieu de désigner Macron comme responsable du problème, elle nous désignait nous-mêmes, par le mot « on ».

80 km/h sur les routes sans séparateur central, est très significative des difficultés qu'il y a et qu'il y aura à « rentrer dans le dur » de l'action concrète pour le climat – surtout si, dans le même temps, le kérosène reste scandaleusement détaxé.

C'est à ce moment-là, au départ, que les gilets jaunes ont eu le soutien le plus spectaculaire de la part des français, autour de 80 %. Et c'est par un abandon de la hausse prévue de la taxe carbone que le gouvernement a commencé à céder à ce mouvement – même si ça n'a pas été suffisant pour y mettre immédiatement fin.

*

Pourtant, instaurer une taxe ou quelque chose d'aussi contraignant est quasiment indispensable.

Au chapitre précédent, j'ai évoqué des cas où le climat peut bénéficier d'un « double effet » nous autorisant à oublier un instant la nécessité d'une contrainte forte. On comprend les bénéficiaires d'une isolation renforcée qui remontent leur thermostat, a fortiori si, en même temps, ils ont opté pour une pompe à chaleur. Et on peut se permettre de créer une mezzanine cyclable express pour favoriser aussi bien les déplacements en vélo, en moto ou en voiture, s'il existe par ailleurs une politique très stricte contraignant les automobilistes à « rouler à l'électrique », au moins en agglomération.

Mais la situation la plus fréquente est, à l'inverse, celle où des améliorations entraînent un « mauvais » effet rebond.

Des autoroutes moins saturées, ça veut dire plus attirantes pour de nouveaux automobilistes, donc finalement presque aussi congestionnées, et nocives pour le climat, qu'avant.

L'invention des conteneurs qui permet une intermodalité maximale entre cargos, péniches, trains et camions, c'est sans doute une des causes de la croissance des émissions du secteur du transport de marchandises, alors même que tous ces moyens de transport émettent beaucoup moins de CO_2 par kg et par km que la camionnette du maraîcher d'à côté.

Ce redoutable effet rebond est doublé d'un autre effet qui le renforce : le Syndrome de la grenouille. Une grenouille qu'on projette dans de l'eau bouillante a le réflexe d'en ressortir immédiatement, alors que si on augmente progressivement la température d'un bocal où une grenouille se trouve déjà, elle supporte passivement ce réchauffement, et finit par mourir de chaleur. Face au climat, la même passivité nous menace[1], c'est même le plus grand danger du discours « nous adapter au changement climatique est plus urgent que de l'atténuer ».

Et ajoutons ce que dit Jean-Baptiste Fressoz dans son livre « Sans Transition »[2] : nous croyons que le passage dans une nouvelle époque se traduit par le remplacement d'une énergie par une autre mieux adaptée, mais c'est faux : le charbon n'a pas remplacé le bois, le pétrole n'a pas remplacé le charbon, et jusqu'à maintenant, les énergies décarbonées (nucléaire, hydraulique, éolien, solaire) ne font pas reculer le pétrole. Or, comme nous l'avons déjà vu en citant Christian de Perthuis, le faire dans des délais accélérés nécessitera de résoudre un très fort problème, non seulement d'investissement, mais surtout de désinvestissement.

Comment donc promouvoir l'écologie récompensante sans risquer que le climat pâtisse lourdement de cet effet rebond ?

Des forces de changement nettement plus vigoureuses seront nécessaires. Et ceci pour tous les aspects de la transition – il faut bien conserver ce mot, puisque la sobriété ne divisera pas par dix nos émissions et que multiplier par dix l'isolation thermique des bâtiments existants serait très coûteux, ce qui fait que nous n'avons, pour le climat, pas vraiment d'autre choix que de remplacer, à près de 100 %, les énergies fossiles par des énergies décarbonées.

Nous devons donc focaliser notre stratégie sur l'électricité décarbonée, sans que cela élimine tous ses surcoûts : ceux vus page 112 dans les cas où les énergies fossiles ne sont pas handicapées par le théorème de Carnot ; et, pour le stockage de l'électricité issue de sources renouvelables non pilotables, il serait hasardeux de parier sur une baisse des coûts des

---

[1] Ivar Ekeland, « Le syndrome de la grenouille », Odile Jacob, 2015.
[2] Éditions du seuil

batteries aussi rapide que celle qui s'est produite, en une quinzaine d'années, pour le photovoltaïque, au moment décisif de sa montée en puissance.

Comme nous l'avons vu précédemment, trop compter sur l'esprit « start-up nation » n'est pas forcément la panacée, et ceci même dans son fief le plus absolu, la Californie. Dans les technologies de l'information, une entreprise peut y balayer ses rivales sur le fondement d'un concept innovant. Par analogie, le projet californien ReThinkX imagine, sans trop s'embarrasser de vraisemblance, qu'une telle substitution pourrait se produire, au profit du climat, grâce à des baisses de coûts exponentielles ininterrompues des énergies renouvelables, des batteries et de la viande de laboratoire, qui enverraient avec une facilité déconcertante les combustibles fossiles et l'élevage dans les poubelles de l'histoire. Or, rien n'est moins sûr.

Le pétrole (c'est-à-dire l'essence, le kérosène, le fioul...) et le gaz sont des énergies si pratiques qu'il se peut que nous ne cessions de les utiliser que dans deux hypothèses :

1 - soit parce que leurs réserves que l'on peut extraire à un coût raisonnable seront épuisées – mais alors (et vu que, dans le même temps et dans un état d'esprit similaire, j'imagine mal un coup d'arrêt très net à l'utilisation du charbon) on aura émis tant de CO_2 qu'en fait, on aura sacrifié le climat à notre confort à court terme ;

2 - soit parce qu'on aura fermement décidé de s'en passer.

« Fermement », c'est-à-dire sans prétendre que ce sera facile. Applications concrètes : quasiment toutes les bonnes nouvelles qui pourraient se produire au sujet des grandes questions du monde, portent en elles le germe de mauvaises nouvelles pour le climat :

- Quel serait l'effet d'une répartition beaucoup plus égalitaire des revenus (que ce soit en France ou dans le monde) ? Peut-être plus d'émissions de CO_2, d'après Keynes lui-même, qui soulignait que la propension marginale à consommer des pauvres est supérieure à celle des riches, tandis que la propension à se reporter sur des solutions décarbonées varie, elle, sans doute en sens inverse.

- De même, ce sont les inégalités qui justifient qu'un grand nombre d'humains aient une forte envie de croissance. Si tout le monde avait le niveau de vie d'un(e) parisien(ne), il serait facile de plaider pour une sobriété généralisée et donc une légère décroissance, mais ce n'est pas le cas. Or, croissance et sauvegarde du climat ne sont pas spontanément compatibles, même pour un technosolutionniste comme moi, grand partisan d'une substitution massive des énergies renouvelables à la place des énergies fossiles.

- Une paix durable au Proche-Orient ou en Ukraine ? Il en résulterait une « baisse des tensions sur le cours du pétrole », et donc, comme lors du contre-choc pétrolier du milieu des années 1980, un oubli des inconvénients, y compris climatiques, de notre addiction aux énergies fossiles.

- L'Amérique du Nord qui, à peu près lorsque Trump a succédé à Obama, s'est libérée, grâce aux hydrocarbures non conventionnels (pétrole et gaz de schiste, ...), de sa dépendance à un Moyen-Orient instable ? Ce fut une des causes (certes moins spectaculaire que sa négation de la science) de la politique pro- consommation d'énergies fossiles de Trump.

- Une envie sincère de tous les peuples du monde de mieux se connaître et se comprendre, par l'invention d'un Erasmus mondial, par la multiplication des jumelages entre villes lointaines, par la préférence des rencontres « en vrai » par rapport aux visioconférences ? Ça faciliterait les prises de décision dans les futures CoPs, mais en attendant, plus de voyages en avion, ce serait, imparablement, mauvais pour le climat.

Je pourrais multiplier les exemples, mais il est plus important d'en citer un dernier, qui nous assénera le coup de grâce : nous engager, la fleur au fusil, dans des efforts, ou de bonnes politiques, en faveur du climat, ça peut avoir le même genre d'effets que tout ce que je viens d'énumérer !

Et ceci quelle que soit la voie suivie : être sobres, améliorer notre efficacité énergétique, ou développer les énergies décarbonées, tout cela, si c'est efficace, ça aura comme effet de « réduire les tensions sur les énergies fossiles », c'est-à-dire, en bon français, de les rendre moins chères, d'abord sur les marchés mondiaux, puis, dans les pays qui en dépendent, à la pompe. Bonne nouvelle pour tous ceux que les bénéfices indécents des compagnies pétrolières scandalisent. Mais beaucoup de ces personnes scandalisées le sont pour une raison bien terre à terre : parce que c'est un transfert de richesse de leur poche vers ces compagnies et que ce transfert les contraint à moins rouler. Donc quand les prix redeviendront bas, eux-mêmes reviendront à une consommation élevée : effet rebond ! Qu'y aura gagné le climat ? Pas grand-chose.

*

Ceci signifie-t-il qu'il n'y a aucune solution ? Non.

Car, dans l'hypothèse que j'ai énoncée plus haut (que nous « *nous engag(ions), la fleur au fusil, dans des efforts, ou de bonnes politiques, en faveur du climat* »), chaque mot compte.

Il y a tout d'abord l'expression « la fleur au fusil », c'est-à-dire « en croyant que les choses se feront facilement ».

Si nous nous engageons dans les mêmes efforts ou dans les mêmes politiques en nous inspirant d'Ulysse s'approchant du territoire des sirènes, donc de manière moins naïve, et, par exemple, en ayant prévu une taxe carbone pour nous y obliger, cette taxe dissuadera aussi ceux qui, sinon, auraient été tentés de profiter à fond des prix moins élevés des énergies fossiles : l'effet rebond sera réduit.

De même, si de nombreuses entreprises s'engagent juste « pour » des alternatives aux énergies fossiles, cela laisse le champ libre à des opportunistes, par exemple des investisseurs peu scrupuleux (mafiosi ou non) qui seraient très heureux d'avoir moins de concurrents pour rester, avec leurs clients, dans le domaine le plus carboné.

Donc ce qui est nécessaire pour échapper à cet effet rebond, c'est de décider que ces alternatives doivent apparaître seulement comme *conséquence* d'une exigence de protection du climat qui sera à poser en premier (« fermement décider de se passer » des énergies fossiles, comme je l'écrivais plus haut), avec des objectifs quantifiés et contraignants de réductions d'émissions de CO_2.

(Taxe carbone ou fixation directe d'une limite intangible et décroissante à nos émissions, ce sont deux variantes d'un même principe qui sera esquissé ici, puis examiné en détail au chapitre relatif aux « nouveaux premiers de cordée », de même que leurs différences).

Des objectifs « contraignants » ? Donc relevant de l'écologie punitive ? Les faits démontrent, comme la référence à Ulysse, que contraintes, oui, écologie punitive, non.

À la fois prouver la faisabilité d'une transition vers des bâtiments mieux isolés, des énergies vertes, etc., et mettre une taxe ou des quotas, c'est juste s'assurer que ces politiques ne soient pas détournées de leur objectif.

Si tout va bien, quand ce sera fait, nous vivrons mieux qu'aujourd'hui. La seule contrainte, c'est que nous nous priverons de vivre encore mieux que mieux, c'est-à-dire de bénéficier à la fois d'énergies décarbonées bon marché et de la poursuite de la consommation d'énergies fossiles, incontestablement plus pratiques et qui, du fait de cette concurrence, deviendraient, elles aussi, très bon marché. Eh bien non : si, depuis des décennies, des chercheurs et des ingénieurs ont travaillé dur pour que les énergies non polluantes deviennent compétitives, ce n'est pas pour que les énergies fossiles continuent à nous empoisonner l'atmosphère.

Espérons qu'une telle présentation des choses permette de nous faufiler dans le petit trou de souris que je suggérais par les adverbes « quasiment » précisant mes deux adjectifs opposés : « indispensable », et « impossible ». Après tout, chercher à répondre à marche forcée à l'aggravation ininterrompue du changement climatique, et ceci d'une manière acceptable par nos sociétés où tout le monde est à cran, ce n'est ni plus ni moins difficile que ce à quoi ce livre s'attelle : décrire ce que pourrait être une écologie récompensante.

Et si vous n'y croyez pas, admettons que nous n'ayons pas d'autre choix que l'écologie punitive. OK, mais en application du principe « qui ne châtie pas assez n'aime pas vraiment ». Page 64, j'ai expliqué qu'à cause des climatosceptiques, nous devons maintenant effectuer la transition sur 2025-2050 au lieu de 2015-2060 ou 1995-2080, d'où un gros risque d'« actifs échoués ». S'il venait à M. Pouyanné l'idée saugrenue d'investir des milliards dans un projet pétrolier controversé en Ouganda, comment justifierait-il, en 2050, la décision de l'arrêter alors qu'il aura à peine commencé de se rentabiliser ?

Peut-être en nous en faisant porter le chapeau, genre : « *Comment aurais-je pu savoir que le changement climatique était quelque chose de sérieux*[1] *? Alors que la CGT n'a aucune difficulté à bloquer mes raffineries, ces couilles molles d'écolos ne l'ont jamais fait. Jamais non plus inondé de purin les préfectures ni bloqué tous les ronds-points de France. Mon gaspillage de milliards et de milliards, en 2025, c'est de leur faute, de leur légalisme à la con qui les rendait inaudibles dans notre pays où seuls comptaient les rapports de force* ».

Étant à la fois respectueux des lois[2] et soucieux de prouver mon amour pour les actionnaires de Total, je renvoie au chapitre sur les « nouveaux premiers de cordée » l'exposé détaillé mais global des contraintes financières strictes qu'il faudra mettre en place pour protéger les grands patrons contre eux-mêmes – et par ailleurs pour instituer une obligation de résultat climatique d'une manière aussi acceptable que possible pour l'ensemble de nos concitoyens.

*

Reprenons. Espérer résoudre la question du climat juste à partir d'actions « positives », c'est-à-dire sans agir pour *défavoriser* toutes les utilisations possibles des énergies fossiles, cela laissera ces dernières, par effet rebond ou par effet « sans transition », continuer à détériorer toujours plus le climat.

Objection : « favoriser les énergies décarbonées », si c'était systématique, cela ne pourrait-il pas avoir un résultat équivalent au fait de « défavoriser les énergies fossiles » ?

---

[1] Le magazine « Total Information » l'avait annoncé en 1971.

[2] Et trop vieux pour être un « petit génie de la tech ». Catégorie que l'on retrouve parmi les start-uppeurs mais aussi parmi les héros du roman de l'apparemment très respectable Martin Hirsch, « Les solastalgiques », Ed. Stock, qui est en réalité une ode à l'éco-hackisme, variante soft (pour « software ») de l'écoterrorisme.

Ce qui a été fait de mieux dans ce domaine, en dépit des diverses critiques justifiées concernant la mise en œuvre concrète de cette politique, c'est la réaction allemande après Fukushima, consistant à passer des commandes massives de panneaux solaires et d'éoliennes. Concernant en particulier le photovoltaïque, cela l'a fait passer d'un cercle vicieux de coûts trop élevés et de volumes trop faibles pour permettre des économies d'échelle, au cercle vertueux symétrique où il se trouve aujourd'hui.

Ainsi, un soutien bien ciblé à telle ou telle énergie décarbonée peut avoir un impact important et contribuer à réduire le recours aux énergies fossiles.

Mais « bien ciblé » est le contraire de « systématique ». Si le but est d'éliminer les combustibles fossiles en subventionnant, pour l'éternité, chaque MWh décarboné, cela sera budgétairement très peu soutenable.

Or, je ne défendrai que certaines politiques coûteuses :

- rétrospectivement, le soutien efficace du photovoltaïque au moment précis où il en avait besoin. C'est en fait l'exception qui confirme la règle, à supposer même qu'elle y échappe. Arriver, aujourd'hui, à concurrencer les énergies fossiles, c'est génial mais ça ne garantit même pas qu'on les empêchera de continuer à être utilisées, dès lors qu'elles accepteraient de se vendre à un prix plus bas.

- celles qui sont justifiées par le fait de ne pas réserver la transition énergétique aux plus fortunés, aux riches au sens de l'expression « on ne prête qu'aux riches » (alors que la théorie économique standard suppose que tout le monde a le même accès au crédit). Pour le logement, le présent chapitre abordera ce financement des investissements. Même logique pour le gouvernement en place début 2024, qui a essayé d'encourager l'accès de tous à la voiture électrique en suscitant une offre de « location à 100 €/mois ». Nous y reviendrons globalement à la fin du chapitre suivant, page 230.

Mais ce chapitre suivant consistera surtout à approfondir ce que je vais, ici, esquisser, à savoir la nécessité, à laquelle nous n'échapperons pas, de prendre des mesures vraiment défavorables à l'encontre des énergies émettrices de CO_2.

De telles mesures peuvent, tout d'abord, être réglementaires et sectorielles : typiquement, l'interdiction européenne de vendre, à compter de 2035, des véhicules à moteur thermique, ou encore le classement en catégories A à G des logements en fonction de la qualité de leur isolation, et l'interdiction de mettre en location des classés G (« passoires thermiques »).

Nous venions d'éliminer la solution du subventionnement généralisé en la qualifiant de « budgétairement très peu soutenable ». Allons-nous rencontrer, au sujet de ces mesures, une opposition similaire ? Pas à un degré aussi élevé, mais si la question est : « y aura-t-il des critiques de la part des économistes ? », la réponse est, à nouveau, oui.

Il y a deux choses que les économistes n'aiment pas, ce sont les effets de seuil et les distorsions d'un secteur à un autre.

Bon exemple d'effet de seuil, ces étiquettes A à G. Avec un facteur de déperditions thermiques inférieur d'1 %, ou même d'1 ‰, à la limite entre F et G, un logement pourra être loué, tandis qu'1 ‰ au-dessus, ce sera interdit : ne serait-il pas préférable d'introduire une pénalisation plus progressive ? Par exemple, une pénalisation proportionnelle à un facteur d'émissions ?

Les distorsions : si, par exemple en matière de transports, la réglementation imposait d'éviter l'émission d' 1 tonne de CO_2 en dépensant 200 €, alors qu'éviter la même tonne de CO_2 ne serait pas obligatoire dans le secteur du logement où ça ne coûterait pourtant que 50 €, tout cela serait absurde. À la place, ne pourrait-on pas faire un échange : obtenir le même résultat en ne dépensant que les 50 € du logement ?

Ce que disent les économistes, c'est que ce serait possible si, au lieu d'édicter des obligations secteur par secteur, on pénalisait de 100 € chaque tonne émise, quelle que soit son origine : dans ces conditions, il serait pertinent d'accepter cette pénalisation dans les transports en ne dépensant pas les 200 €, et de dépenser les 50 € du logement pour éviter ces 100 € de pénalisation. L'économie dans son ensemble y gagnerait puisque 1 tonne d'émissions serait évitée là où une dépense 4 fois plus faible le permet – ou bien, ce qui revient au même, on pourrait, avec autant d'argent, c'est-à-dire autant de travail humain, éviter 4 fois plus d'émissions.

C'est donc ce que préconisent les économistes : avoir un « signal-prix », en € par tonne de CO_2 évitée, qui soit identique d'un secteur à l'autre[1] et, idéalement, d'un pays à l'autre – par contre, pas d'une année à l'autre, car il est préférable que ce signal-prix croisse progressivement dans le temps, plutôt que de générer un choc économique brutal.

*

Bon, me direz-vous, « signal-prix », je tourne autour du pot, pourquoi je ne dis pas franchement que je suis pour la taxe carbone ? Même Emmanuel Macron était, pour une fois, plus franc que moi, en écrivant dans son livre-programme de 2016, Révolution, que « l'Europe aurait tout à gagner à se doter d'une *fiscalité* environnementale qui valorise les comportements vertueux … ».

En fait, des « signaux-prix », il y en a de différentes catégories, qui ne sont pas tous des taxes. Nous en examinerons quatre ou cinq au chapitre sur « Les nouveaux premiers de cordée ». Mais pour l'instant, d'accord, faisons comme si « signal-prix » était synonyme de « taxe carbone ».

---

[1] Et aussi, dans le même secteur, d'un cas particulier à un autre, ce qui semble évident, mais est parfois le plus difficile à faire. En effet, ceux qui bénéficient d'un régime de faveur (pour le gazole : les marins pêcheurs, les agriculteurs, les américains, …) sont ceux pour qui une hausse égalitaire représente le plus fort pourcentage, et ce sont donc ceux qui se mobilisent le plus violemment pour conserver un prix de l'énergie anormalement bas. D'autant plus que ce prix bas les a empêchés d'être motivés par d'éventuels progrès d'efficacité énergétique, et qu'ils sont donc, à l'instant t, effectivement assez impactés par des hausses pourtant pas plus importantes que celles qui, pour nous, les gens ordinaires, s'ajoutent à des prix déjà très hauts qui nous ont déjà conduits à de bonnes économies.

Pour l'aviation, la question est celle de la possibilité même de taxer le kérosène, dans le contexte de la convention de Chicago, très défavorable à cette éventualité.

Deuxième objection qui pourrait vous venir à l'esprit : puisque je suis quasiment en train de défendre une taxe alors que nous nous trouvons dans un livre qui prétend promouvoir l'écologie récompensante, pourquoi ne pas essayer de marier cette eau et ce feu ?

Ce qui consisterait à répartir les différents secteurs en deux catégories : d'un côté, ceux où des solutions décarbonées peuvent devenir compétitives dès lors qu'elles seraient un peu (certains secteurs industriels), ou moyennement (la voiture électrique) subventionnées ; et, de l'autre, les secteurs (l'aviation[1]) où passer au vert serait intrinsèquement si coûteux que, au moins pendant des décennies, la seule solution raisonnable serait de fortement freiner leur croissance grâce à une taxation qui soit à la hauteur.

Le CO_2 étant une pollution universelle, l'application du principe pollueur-payeur pourrait assez naturellement consister à se servir des taxes à créer sur l'aviation pour financer le soutien à la décarbonation de l'industrie et au passage à la voiture électrique ou hybride.

En théorie, ça se tient. C'est même plus efficace et plus juste qu'un système où, toutes choses égales par ailleurs, ce serait l'ensemble de l'économie, donc y compris les secteurs déjà très peu émetteurs de CO_2, qui devrait financer le subventionnement des secteurs à faire transiter. Mais il reste quelques questions.

Tout d'abord, ceci ne répond pas, pour les secteurs à subventionner, à la difficulté majeure de l'effet rebond décrite plus haut, et qui, à cause du risque de baisse des cours des énergies fossiles, affectait le fait de « *nous engager, la fleur au fusil, dans des efforts, ou de bonnes politiques, en faveur du climat* ». Subventionner de « bonnes » innovations, c'est privilégier ce qui est « de bonne volonté » par rapport à plus de contrainte. Donc ne pas se protéger contre cet effet rebond.

---

[1] Et non pas « l'aviation et la marine » comme on le lit parfois. Si on n'a pas peur de « traverser la rue », la marine est en réalité nettement moins difficile à décarboner que l'aviation, comme je l'ai développé dans mon dernier livre. Cf. aussi la note de bas de page de la page 51.

Ensuite, cette proposition implique-t-elle que dans un avenir où presque toute l'économie serait alimentée par des énergies décarbonées, on subventionnerait les secteurs qui, auparavant, étaient soumis à la concurrence des énergies fossiles, et eux seuls ? Ce serait inefficace et injuste. Pour l'éviter, il faudrait n'aider que le démarrage, pas la suite.

Mais l'administration est-elle capable de piloter avec doigté un tel désengagement ? Vers 2010, époque d'une très forte chute des coûts du photovoltaïque, la France s'était montrée incapable de faire baisser ses subventions en temps réel, et cela avait causé une sorte de bulle qu'il avait fallu « dégonfler » brutalement.

Cette même administration est-elle capable de déterminer les secteurs qui méritent vraiment d'être subventionnés ? Nous savons aujourd'hui que les agricarburants n'auraient jamais dû l'être mais, il y a quelques décennies, ils apparaissaient comme une filière renouvelable méritant d'être explorée, et il était difficile de deviner que les coûts du photovoltaïque et de l'éolien allaient baisser si spectaculairement que ces agricarburants finiraient dans les poubelles de l'Histoire.

Savons-nous aujourd'hui si l'avenir du photovoltaïque sera majoritairement au silicium cristallin comme aujourd'hui, ou aux « cellules tandem » faites du même silicium en série avec des pérovskites ? Savons-nous si l'hydrogène jouera un rôle régulateur des variations de la production électrique sur des durées de plusieurs mois ? Savons-nous si, pour la régulation du même réseau à plus court terme, il sera pertinent de développer une forte filière de batteries statiques sans lithium ou si, au contraire, récupérer les batteries des voitures quand elles commencent à baisser en performance sera suffisant ? Savons-nous si ces batteries statiques devraient plutôt être placées près des sources d'électricité, près des consommateurs, ou à certains nœuds stratégiques du réseau ?

Peut-être certains spécialistes ont-ils, contrairement à moi, des réponses à ces questions. Mais s'ils se trompaient ?

Impossible ? Je n'en suis pas si sûr, car même sur des questions bien plus basiques, ils peuvent passer à côté de quelque chose de pourtant très simple. Je vais le montrer à partir d'un exemple dont, pourtant, on pouvait penser qu'il commençait bien : à partir de l'idée, ci-dessus, de recycler des taxes pour faire du subventionnement, pourquoi ne pas applaudir la taxe carbone sur le chauffage, qui, d'une certaine manière, finance le dispositif « Ma Prime Rénov' » ? Carotte et bâton dans le même domaine, ça répond aux objections que nous venons de voir, donc que pourrions-nous avoir à y redire ?

Que l'état actuel du dispositif est, en fait, punitif. Et appelle une relecture urgente de l'expression « juste la rue à traverser » : faire un peu de brainstorming, réduire le problème à ses composants élémentaires et le retourner dans tous les sens, plutôt que de se lancer, tête baissée, dans la solution qui vient en premier à l'esprit. Revisitons donc l'histoire de locataires, de déménagements et de travaux de rénovations énergétiques par laquelle j'avais introduit ce chapitre.

Être incité et bloqué à la fois : très punitif !

Avant même les qualités que nous avons soulignées plus haut (éviter les effets de seuil, rechercher une allocation optimale des ressources rares), la première caractéristique d'un bon signal-prix est d'être un mécanisme vraiment incitatif.

C'est le cas si la personne qui est soumise à ce mécanisme et qui souhaite en tenir compte a la capacité de prendre les décisions qui vont entraîner une baisse des émissions.

Or, dans le cas de logements loués et à chauffage individuel au gaz ou au fioul, une discordance apparaît entre incitation et capacité à agir, dès lors que la taxe carbone figure sur la facture, à payer par le locataire, du combustible générant l'émission de CO_2.

Déjà, dans un livre publié en 2006[1], je signalais une interrogation exprimée publiquement par une élue du Conseil Économique et Social : « *Les propriétaires-bailleurs peuvent-ils reporter le coût de leurs investissements sur les loyers, à*

---

[1] « À fond ! contre le CO_2 », note de bas de page, p. 26.

partir du moment où ils induisent un allègement des charges des locataires ? », la qualifiant de question importante. Deux ans plus tard, j'utilisais l'adjectif « essentielle », et j'élargissais le spectre des possibilités : que ce soit non seulement le propriétaire, mais aussi le locataire qui puisse faire des travaux et faire rembourser par l'autre partie ce qui est juste pour éviter qu'elle en tire un bénéfice gratuit.

On peut enfin dénoncer le fait que les propriétaires ne soient pas soumis aux mécanismes incitatifs qui, pour l'instant, ne font pression que sur les locataires.

Ces différentes variantes peuvent être considérées comme « de droite » ou comme « de gauche ». Et pourtant, elles sont fondées sur la même et unique exigence : que les incitations visent les personnes qui sont effectivement en mesure d'agir.

Le cœur des mécanismes incitatifs actuels, c'est de se rattacher à l'achat, par le locataire, de l'énergie nécessaire au chauffage – concrètement, de rajouter aux factures une ligne « taxe carbone »[1]. Ce mécanisme pourra-t-il, comme c'est nécessaire pour le climat, être rendu de plus en plus contraignant jusqu'à permettre une réduction de 80 % des émissions, tout en faisant porter sur le seul locataire les efforts nécessaires ?

Évidemment non ! La sobriété – puisque c'est la seule chose que peut faire un locataire : moins se chauffer, faire plus attention quand il ouvre ses fenêtres, … – a des limites, et ne peut sans doute viser, en fonction des efforts déjà faits, que des économies de quelques dizaines de %. Seule une politique capable de déclencher les investissements qui sont à la disposition du propriétaire (nettement mieux isoler le logement et/ou passer à un mode de chauffage émettant beaucoup moins de CO_2, par exemple une pompe à chaleur), permettra

[1] Telle que la taxe intérieure sur la consommation de gaz naturel (TICGN). Elle deviendra prochainement un signal-prix résultant d'une enveloppe globale à respecter, conformément au dispositif européen SEQE 2 (Système Européen de Quotas d'Émissions, deuxième partie, instituée par une directive européenne de 2023). Ceci a été qualifié, avec de bonnes raisons, de « taxe carbone déguisée ». Nous examinerons, au chapitre suivant, divers prolongements de ce concept.

d'atteindre un objectif aussi ambitieux qu'une division par 5 (ces - 80 %). Il y a donc clairement une discordance entre la personne sur laquelle pèse l'incitation (le locataire), et celle qui aurait la possibilité concrète d'agir (le propriétaire).

Les deux ne sont pas totalement indépendants. Une passoire thermique se loue moins cher qu'un logement très bien isolé. Mais si le coût de l'énergie se renchérit, soit brusquement (2022, guerre en Ukraine), soit par application d'une politique climatique résolue, rares sont les locataires qui décident de déménager de l'autre côté de la rue (ou ailleurs) juste parce que leur propriétaire refuse de faire les travaux nécessaires.

*

La loi n'ignore pas la responsabilité du propriétaire. Elle a prévu des subventionnements pour la rénovation thermique, et a imposé le classement des logements en « étiquettes » A à G. Mais j'ai souligné plus haut le fort effet de seuil qui caractérise ce type de dispositif, une interdiction de location pouvant dépendre d'un écart d' 1 % ou même d' 1 ‰.

Il y a d'ailleurs un deuxième effet de seuil, ou plutôt une loterie : pour un locataire, avoir un propriétaire qui profite des aides pour rénover son logement, c'est une chance indue par rapport à celui dont le propriétaire ne fait rien[1].

Cependant, cette chance risque d'être rare. Quand on entend « <u>Ma</u> Prime Rénov' », on a l'impression qu'elle est surtout prévue pour quelqu'un qui pense : « Je vais rénover <u>Mon</u> logement ». Autrement dit, pour les propriétaires-occupants. Au

---

[1] Dans ce livre, je ne parle pratiquement pas, de manière explicite, du logement social, ce qui ne veut pas dire que ce que je propose plus loin pour les copropriétés ne serait pas transposable aux HLM : pourquoi pas ?

Ce que je savais du logement social il y a quelques années, c'était que, de temps en temps, les organismes HLM décidaient d'une opération de rénovation thermique et faisaient beaucoup de communication sur le fait que c'était bien, à la fois pour la planète et pour les occupants qui voyaient leur facture d'énergie fortement réduite, mais sans jamais aborder cette question : pourquoi ces locataires-là avaient-ils cette chance, pourquoi eux et pas d'autres ? On peut juste supposer que ces organismes traitent en priorité les logements les plus mal isolés, pour agir avec la plus grande efficacité technico-économique.

point que, quand on trouve une info qui traite de la manière d'aider les pauvres à bénéficier de cette prime pour sortir de la précarité énergétique, il s'agit toujours de gens pauvres mais propriétaires. Comme si des gens pauvres et locataires (aussi bien dans le parc social que privé), ça n'existait pas !

Et c'est bien ce que confirme l'analyse des incitations : un propriétaire-occupant qui fera des travaux y gagnera à la fois du fait de cette prime, de la diminution de ses factures d'énergie, et de la réduction de sa taxe carbone.

Il y a une seule autre catégorie de propriétaires qui se trouvent dans le même cas : ceux dont les locataires sont partis. En effet, en plus de la même prime, le fait de refaire l'isolation thermique (ce qui est évidemment plus facile entre deux locataires) leur permettra de relouer plus cher au suivant, puisque ce dernier aura une facture de chauffage, taxe carbone comprise, nettement plus faible.

Ces incitations sont sans doute ajustées de manière à ce qu'à elles trois, elles déclenchent une décision de faire les travaux nécessaires, mais sans que ça coûte trop cher à l'État. Donc « Ma Prime Rénov' » toute seule a peu de chances d'en être capable, et les locataires qui restent dans leurs logements n'ont rien à en attendre de positif. Les impôts dont ils s'acquittent ne font ainsi qu'améliorer la situation des autres.

Et, parmi ces impôts qu'ils paient en pure perte, il y a même la taxe carbone, soi-disant incitative mais qui, en ce qui concerne les améliorations à apporter à leur logement, n'incite à rien qui soit à la hauteur de l'enjeu climatique.

Autant de raisons de se plaindre de la taxe carbone, voilà qui évoque le mouvement des gilets jaunes. On a ici une problématique à la fois inversée, et similaire.

Inversée, car la plupart des locataires sont plutôt jeunes et habitent en ville ou en proche banlieue, c'est-à-dire avec une sociologie assez opposée à celle des gilets jaunes, a fortiori ceux de la « première phase ».

Et similaire parce que ces derniers utilisaient l'argument selon lequel ils n'étaient pas responsables de l'endroit où ils habitaient, ni de celui où ils travaillaient, donc pas non plus des km séparant l'un de l'autre, et pour lesquels ils n'avaient bien souvent pas d'autre moyen de déplacement que leur voiture. L'analogie est qu'un locataire n'est pas responsable non plus du fait qu'il ne peut pas déménager et donc que son propriétaire bailleur ne se trouve pas souvent dans la situation « entre deux locataires », la seule où il bénéficie, au moins indirectement, des trois incitations possibles pour faire des travaux de rénovation thermique.

À la suite du mouvement des gilets jaunes, les économistes du climat ont expliqué qu'ils avaient alerté le pouvoir sur le danger d'une taxe carbone (notamment sa part concernant l'essence et le gazole) qui ne servirait qu'à renflouer les caisses de l'État.

Pourquoi ces mêmes économistes n'auraient-ils pas également informé le gouvernement de l'injustice entre locataires et propriétaires-occupants qui apparaissait dès lors que cette taxe s'ajoutait purement et simplement au prix des factures de gaz ou de fioul des locataires ?

Je les ai interrogés sur ce point, sans réponse. Ceci est particulièrement étonnant, pour deux raisons.

La première est que, face à cette mise en cause de ma part, il existe une réponse possible, qui, en théorie, peut me clouer le bec. Un locataire qui veut faire faire des travaux peut aller voir son propriétaire et lui suggérer qu'il les finance grâce à Ma Prim Rénov' et un emprunt bancaire, ce dernier étant gagé sur une augmentation de loyer que ce locataire proposerait, en contrepartie des économies d'énergie et de taxe découlant de ces travaux. Il serait alors rationnel que le propriétaire accepte. Symétriquement, le propriétaire pourrait proposer un tel montage au locataire qui, lui aussi, aurait intérêt à l'accepter.

Ainsi, en théorie, la science économique pourrait ne pas être prise en défaut. Pourtant, personne ne relève cette ânerie de ma part. Il faut dire qu'aucune politique officielle ne se fonde sur cette possibilité théorique. Il doit donc y avoir quelques obstacles pratiques. Nous y reviendrons.

Mon second motif d'étonnement est que, comme on le verra page 147, un outil conceptuel pertinent existe au sein de leur champ disciplinaire : les « tenant / landlord split incentives »[1]. Là encore, pourquoi ne pas me renvoyer cet argument ?

Bref, juste une rue à traverser pour bien poser le problème. Des mécanismes véritablement efficaces et justes, relevant de l'écologie récompensante, doivent être créés à la place des dispositifs actuels, clairement affectés d'un vice de conception assez considérable. À défaut, les inégalités entre propriétaires-occupants et les locataires pourraient aller croissant, face aux risques de hausse des prix de l'énergie et face au durcissement nécessaire des mesures pro-climat.

S'agit-il d'une question seulement théorique, ou qui se traduit dans la réalité avec des effets très concrets (retard de rénovation des logements loués par rapport à ceux qui sont occupés par leurs propriétaires) et mesurables ? Des réponses assez claires se trouvent, pages 79 à 85, dans une étude de l'Ipsos et de RTE, réalisée au printemps 2023 et intitulée « *Étude sur les mécanismes de décision des Français en matière de consommation énergétique* ».

On y apprend que près de trois fois plus de locataires que de propriétaires-occupants déclarent souffrir régulièrement du froid pendant l'hiver et de la chaleur pendant l'été[2]. Le lien entre cet écart et le différentiel d'incitation et de possibilité de faire des travaux est encore renforcé par le fait que 43 % des locataires qui souffrent du froid donnent comme raison « une mauvaise isolation », contre 24 % seulement des propriétaires.

Enfin, il est indiqué que 16 % des propriétaires-occupants ont une pompe à chaleur, alors que ce n'est le cas que de 3 % des logements loués[3]. À un moment où l'État met en avant les

---

[1] Incitations discordantes entre locataires et propriétaires.

[2] Respectivement 23 %, contre 8 %, et 27 % contre 10 %.

[3] Difficile de savoir dans quelle mesure ceci est lié à la répartition entre maisons et logements collectifs, les premières étant sans doute plus souvent équipées de pompes à chaleur et occupées par leurs propriétaires ; mais un écart de 14 à 3 semble quand même, malgré cet élément d'explication, très significatif.

pompes à chaleur comme moyen important de décarbonation, une évolution du droit permettant plus facilement aux locataires d'en être à l'initiative serait, là aussi, à envisager.

*

Nuançons ce qui précède. La question des émissions du secteur du logement n'a jamais progressé de manière homogène. Pendant de nombreuses années, l'état de l'art et le niveau de compétence des professionnels (entreprises de travaux et artisans, mais aussi maîtres d'œuvre et assistants à maîtrise d'ouvrage) ont été tirés vers le haut au fil de l'édiction de réglementations techniques (les RT 1974, 1982, 1988, 2000, 2005 et 2012) de plus en plus exigeantes, mais pour le seul secteur du neuf. C'était assez logique : si on avait juste le nombre de professionnels formés pour bien travailler dans le neuf, ça faisait déjà autant de logements sur lesquels il n'y aurait pas à revenir par la suite.

Cependant, à force d'être perfectionniste (pour un surcoût non négligeable) pour le neuf, et de ne rien faire dans la rénovation, on risquait d'avoir un hiatus assez net entre des logements quasi-parfaits et d'autres si mauvais qu'un peu d'isolation pouvait notablement réduire leurs fuites thermiques, pour un coût très raisonnable.

À ce moment-là (vers 2010), s'est ouvert un débat sur cette idée de commencer, dans l'ancien, par des petites rénovations, risquant de nécessiter, plus tard, des chantiers complémentaires. L'alternative était de viser directement une division par 4 des émissions : le « facteur 4 ». Ceci impliquait, avec une certaine pertinence, de continuer à accepter que des logements deviennent très bien isolés tandis que, dans le but de « ne pas tuer le gisement », d'autres resteraient provisoirement dans un état peu satisfaisant. Les politiques publiques ont donc essayé de ne pas encourager des travaux susceptibles de faire passer un logement de « très mauvais » à « médiocre », anticipant le fait qu'une fois devenu médiocre, il serait difficile de motiver le propriétaire afin qu'il réouvre un chantier pour atteindre une catégorie de l'ordre du « bon ».

Ainsi, à l'issue des deux premières phases de cette évolution, la coexistence de logements très bien isolés et d'autres n'ayant encore bénéficié d'aucune amélioration n'était pas considérée comme une anomalie. On comprend donc que le législateur se soit à nouveau penché sur les cas les plus faciles à traiter (les propriétaires-occupants ou entre deux locataires), et n'ait pas beaucoup investi intellectuellement dans les deux autres catégories : les copropriétés, et les logements loués.

L'introduction de la taxe carbone a vraisemblablement été pensée en réfléchissant surtout à la voiture, et en pensant que le logement suivrait une logique similaire.

Pour la voiture, deux cibles : influer d'une part sur le comportement du conducteur (privilégier le vélo, les transports en commun, le covoiturage, et l'usage de la voiture la plus petite pour les ménages ayant ce choix ; rouler moins vite et moins sportivement), et d'autre part sur l'offre (politique de plus en plus en faveur de l'hybride rechargeable et de l'électrique).

Avec une répartition des rôles : agir sur les comportements passait par la taxation des émissions de CO_2, tandis qu'agir sur les véhicules neufs relevait d'une logique sectorielle (aides à l'achat de véhicules plus propres, et réglementation culminant avec l'arrêt de la mise en vente de véhicules neufs à moteurs thermiques en 2035).

Pour le logement, une répartition des rôles assez similaire : à la taxe d'agir sur les comportements (température de consigne, ouverture des fenêtres), à des politiques sectorielles ce qui relève de l'investissement (Ma Prime Rénov', et réglementation passant par les « étiquettes énergie »).

Toutes ces circonstances expliquent peut-être que le regard ne se soit pas focalisé sur le constat suivant : les occupants-propriétaires ont les moyens, s'ils le souhaitent, de regrouper leurs diverses incitations, dont la taxe carbone, pour prendre une décision de rénovation thermique qui leur sera finalement favorable, tandis que les locataires, soumis à la même taxe, n'ont aucun moyen d'y réagir de manière sérieuse, c'est-à-dire par l'investissement.

En théorie, une telle situation est critiquable à la fois par l'inégalité qu'elle génère, et par son inefficacité du fait de l'incitation dirigée vers la personne qui ne peut pas agir en réponse. Cependant, en la replaçant dans une chronologie par étapes successives, on peut admettre que cette inefficacité consiste juste à affecter une ressource limitée en main d'œuvre bien formée, à des travaux concernant une catégorie de logements où agir est le plus facile et pas forcément le plus absurde. Comme précédemment.

Ne soyons donc pas trop sévères pour le présent. Mais nous voulons « arriver à bon port », c'est-à-dire avoir résolu toutes les situations et avoir décarboné près de 100 % des consommations énergétiques. L'avenir devient urgent.

*

La recherche d'un paradigme global aurait même pu être anticipée. Les questions discutées ci-dessus sont très proches d'une théorie économique existante, connue sous le nom de « tenant / landlord split incentives », c'est-à-dire incitations discordantes entre locataires et propriétaires.

Ainsi, en 2017, le « Joint Research Center », ou « service de la science et de la connaissance » de la commission européenne, a publié une étude intitulée « Overcoming the split incentive barrier in the building sector »[1]. Le fait que, dans une location avec chauffage payé par le locataire, le propriétaire ne soit pas incité, par le prix de l'énergie, à faire des travaux sur le bâti ou l'équipement de chauffage, y est qualifié de « most typical example » d'un dysfonctionnement du type « Efficiency-related split incentives ».

Le fait que la même Europe se soit maintenant engagée dans une politique consistant à augmenter ce même prix, par l'ajout d'une quasi-taxe-carbone[2], en espérant que cela joue comme un mécanisme incitatif, est donc assez étrange…

Sur ce point de cette étude comme dans son ensemble, le problème n'avait pas été posé dans toute sa généralité. Une

---

[1] « Surmontons la barrière des incitations discordantes dans le secteur du logement ».

[2] Cf., infra, le sous-chapitre sur les quotas amont.

seule remise en concordance, entre personnes concernées l'une par l'incitation et l'autre par la capacité à faire les travaux, semble imaginable aux yeux de ses auteurs : permettre au propriétaire de se faire attribuer une bonne partie des gains du locataire. Autrement dit : la première référence que j'avais reprise, en 2006, dans un de mes livres, et que j'ai qualifiée, page 139, comme étant « de droite ».

L'étude n'ignore pourtant pas l'intérêt qu'il y a à regarder ce que ça donne d'intervertir les rôles. Ainsi, elle accorde une grande importance au cas où le contrat de location porte sur la fourniture d'un logement « chauffage compris »[1], et où c'est maintenant le locataire qui n'est pas incité à agir alors qu'il est en situation de pouvoir le faire. Il ne s'agit plus ici d'investissements, mais de pratiques quotidiennes : régler le chauffage plus ou moins fort, ne pas trop ouvrir les fenêtres... Elle propose donc de mettre des compteurs individuels sur les radiateurs, de manière à mieux responsabiliser les locataires – une réforme qui est connue pour avoir donné de bons résultats après la fin du communisme en Europe de l'Est.

Tout cela est techniquement correct, et favorable au climat. Cependant, malgré cette recherche d'une réflexion par symétrie, dans les deux cas, la « réforme » peut être qualifiée de droite : politique pouvant générer un profit supplémentaire pour le propriétaire ; ou contraintes nouvelles sur le locataire.

Si, effectivement, seules des réformes de droite pouvaient être efficaces, soit. Mais à vérifier. Qui de mieux placé que les économistes du climat, ou les hauts-fonctionnaires européens, pour faire un peu de brainstorming ? Une lecture sans a priori de la définition des « tenant / landlord split incentives » figurant dans cette étude aurait dû les mettre sur la piste d'une dépossession du locataire de la possibilité, qu'il devrait avoir, d'agir sur ce qui le concerne au premier chef[2].

---

[1] En anglais, « warm rents », c'est-à-dire « locations chaudes ».

[2] "*... the end user is in charge of the energy bills but cannot choose the technology needed to improve the energy efficiency of (the) property and thereby has limited power in reducing their energy bills or negotiating an energy efficiency upgrade*".

*

Dans ce qui suit, j'approfondirai surtout la question des incitations. Autrement dit, j'oublierai assez vite la question de la simple inégalité de charge financière qui consiste en ce que les locataires doivent payer 100 % de la taxe carbone et les propriétaires-bailleurs 0 %.

Ça a été décidé sans débat parce que la taxe carbone a été conçue comme une taxe additionnelle au prix de l'énergie fossile – concrètement, une ligne supplémentaire sur la facture, et, pas de chance pour le locataire d'un logement avec chauffage individuel au gaz, cette facture est pour lui. Mais pourquoi ne pas avoir, justement, décidé l'inverse, la facture d'énergie pour le locataire, la taxe carbone pour le propriétaire[1] ? Ce qui aurait été le début d'une évolution vers une analyse selon laquelle le chauffage est à la fois : un confort dont bénéficie le locataire ; et, puisque ça émet du CO_2, une responsabilité qui, en matière de travaux de rénovation, relève du propriétaire.

De tout ceci, je me préoccuperai juste en me limitant aux questions d'incitations, donc sans insister sur une inégalité principalement financière à redresser, au profit du locataire. Mais si vous êtes un(e) responsable politique et que vous voulez vous saisir de la proposition purement académique qui sera faite ici, pour la modifier, en la « gauchissant » un peu, très bien, libre à vous.

N'hésitez pas non plus à constater que la situation actuelle, qui relève clairement de l' « écologie punitive » au détriment des locataires, n'est en rien imputable aux écolos, puisqu'elle trouve son origine dans le fait que des personnes ayant, au minimum, des réflexes de droite, n'ont envisagé que des réformes de droite pour résoudre le « tenant / landlord split incentives ». Mais, pour ce qui suit, j'en reviens aux symétries en matière d'incitations.

*

[1] Au moins pour la part de la consommation de gaz qui sert au chauffage (hors chauffe-eau et gazinière), donc pour laquelle la question de l'isolation thermique du logement est cruciale.

Pour commencer, partons du dernier exemple détaillé plus haut, concernant les logements « chauffage compris », avec possibilité d'agir sur le comportement des locataires par l'installation de compteurs individuels et l'instauration de pénalités. Si ça marche si bien, pourquoi ne pas faire migrer d'office les contrats plus courants « chauffage non compris » vers cette catégorie prometteuse ? (En plus, le comptage individuel de l'énergie est, dans ce cas, déjà en place, il y aurait juste les contrats à modifier, avec un surloyer forfaitaire à instituer, correspondant à l'estimation de l'économie de chauffage pour le locataire au moment de la transformation contractuelle).

Le locataire serait soumis à l'incitation à laquelle pensaient sans doute les auteurs pour le cas où la location est, d'origine, « chauffage compris » : à un bonus-malus, calculé en fonction des variations du nombre de MWh consommés. Mais à rien d'autre. Ni l'évolution du prix du MWh, ni celle d'une éventuelle taxe carbone, ne seraient imputées au locataire.

Ainsi, les baisses massives d'émissions de CO_2 que nous attendons, qui dépassent très largement ce qui dépend de la sobriété du locataire, et qui ne peuvent être atteintes que par des investissements normalement à la charge du propriétaire, pourraient enfin recevoir les incitations qu'elles méritent. Dès lors que le prix du MWh pèserait sur le propriétaire, les économies résultant des travaux lui reviendraient naturellement. A fortiori si les prix de l'énergie augmentent, en particulier du fait de l'introduction d'un « signal-prix » sur le CO_2.

Chacune des deux parties étant ainsi soumise à une incitation visant ce sur quoi elle peut agir, cette réforme serait à la fois rationnelle et « et de droite et de gauche ».

Est-ce la raison pour laquelle une telle solution n'est pas proposée ? Les propriétaires ne sont peut-être pas très chauds pour revendiquer une évolution leur attribuant le risque d'augmentation du prix de l'énergie. Pourtant, ce serait pertinent, puisque les différentes incitations en cause pour lancer des travaux (factures courantes et « Ma Prime Rénov') seraient alors regroupées sur leur personne, qui est en mesure de les lancer. Bon, ils ne veulent pas, on ne peut pas faire boire un âne qui n'a pas soif. Mais qu'ils ne s'étonnent pas si, ensuite, je suggère une réforme qui, d'une certaine manière, prend appui sur ce refus de leur part de prendre leurs responsabilités.

Autre idée ? Soit, comme évoqué plus haut, attribuer la facture d'énergie au locataire et la taxe carbone au propriétaire ? Ou panacher un contrat « chauffage compris » et un contrat « chauffage non compris » – bien entendu, avec toujours la hausse de loyer correspondant à l'économie initiale sur la facture de chauffage du locataire ? Les incitations seraient alors réparties entre les deux parties, ce qui est à la fois plus juste mais moins efficace pour déclencher une action[1].

*

Tout ce qui précède me paraissant assez insatisfaisant, j'en suis finalement arrivé à préconiser une solution plus radicale, mais, à mon avis, tout à fait respectueuse de la partie qui, initialement, pourrait la considérer comme difficile à accepter.

Plus radicale, c'est-à-dire consistant à ne pas s'arrêter au milieu de la rue qu'il s'agit de traverser. N'en restons pas à l'idée de donner au locataire 50 % de l'incitation, 50 % de la prise de décision, et 50 % de la responsabilité du financement.

Donc un dispositif où le locataire aurait 100 % de l'incitation, 100 % de la prise de décision, et 100 % de la responsabilité du financement ? L'incitation, il l'a déjà pour ce qui est de la facture d'énergie et de la taxe carbone[2] (et il faut qu'il la garde, afin de mettre le propriétaire à l'abri d'un locataire qui, dans un logement devenu très performant, pousserait son thermostat très haut et jetterait l'énergie par les fenêtres).

Pour atteindre les 100 % de l'incitation, il ne reste plus qu'à confier au locataire le bénéfice de « Ma Prime Rénov' », ce

---

[1] Sauf, à nouveau, éventuel accord volontaire entre les parties, question toujours en suspens ici, quant à son impact nul dans la pratique

[2] Ce qui suit va-t-il concerner uniquement les chauffages individuels au gaz ou au fioul, et non pas, par exemple, les passoires thermiques chauffées par des convecteurs électriques ? Non, car le prix de l'énergie lui-même joue un rôle incitatif au moins aussi important que la taxe carbone. Quant au fait que le mix électrique français ne soit pas soumis à cette taxe car il serait quasi-décarboné, nous y reviendrons en détail page 163.

qui est juste logique si on lui confie aussi la décision et le financement de l'opération, comme on va le voir maintenant.

100 % de la prise de décision (et donc du choix du projet de rénovation et des entreprises de travaux) qui seraient confiés au locataire, cela pourrait poser problème, non pas économique, mais symbolique : le propriétaire ne serait-il plus maître chez lui ? Ceci étant, un locataire a déjà le droit d'améliorer un logement. Il y a près de trente ans, j'ai fait poser des doubles vitrages (surtout pour me protéger du bruit) dans un logement dont j'étais locataire, personne ne me l'a reproché. Mais, au moment de partir, on ne m'en a pas remboursé le coût, ni même sa seule part non amortie. Cette question rejoint donc celle du financement.

Pour des travaux qui vont générer des économies années après années, il est logique de prévoir un financement par emprunt bancaire : les annuités seront couvertes par les économies réalisées. Tant que l'on reste dans ce schéma, le locataire pourrait être dans une situation comparable à celle des propriétaires-occupants qui, aujourd'hui, font jouer à leur profit les trois incitations[1]. Mais au moment de quitter le logement ?

Un propriétaire qui s'en va peut, grâce à ses travaux, vendre à un prix plus élevé, ce qui lui permet de rembourser par anticipation l'emprunt les ayant financés. La banque pourrait même non pas annuler ce prêt, mais le transférer au nouveau

---

[1] Économies sur le prix de l'énergie, économies sur la taxe carbone, et subventionnement par « Ma Prime Rénov' », dont on vient de voir qu'elle pourrait être mise à la disposition du locataire.

On pourrait même imaginer donner à ce locataire un coup de pouce supplémentaire, sous la forme, par exemple, d'un prêt à taux zéro (PTZ) qui lui serait accordé par l'État en contrepartie du fait de lui avoir fait payer de la taxe carbone pendant des années au cours desquelles, en tant que locataire, il n'avait pas la moindre chance de bénéficier de cette triple incitation pouvant déclencher des travaux au profit de son logement.

(En théorie, l'État pourrait reconnaître qu'il a imposé aux locataires une taxe carbone injustifiée à hauteur d'au moins 80 % de son montant puisque 80 % de l'incitation pesait à tort sur ces locataires ; mais il est très rare que l'État reconnaisse explicitement ses torts, donc accorder un PTZ pour le même montant, voire le double, serait un moyen de ne pas perdre la face, l'État renonçant aux seuls intérêts mais pas au capital concerné).

propriétaire, qui en poursuivrait le remboursement sur la même base : par les économies réalisées. Mais, pour un locataire, peut-on avoir quelque chose d'équivalent ?

Pourquoi pas ? Le plus simple serait que la loi prévoie une obligation, pour le propriétaire, soit de racheter le montant non amorti des travaux, soit de reprendre cet emprunt et de financer son remboursement par le supplément de loyer dont il bénéficiera dans le cadre de la relocation, puisque qu'il louera plus cher un logement moins coûteux en énergie qu'avant les travaux. On peut même imaginer que cet emprunt puisse être, de plein droit, transféré de locataire en locataire, un peu de la même manière qu'en droit commercial, un nouveau commerçant rachète le « fonds de commerce » de son prédécesseur, même si l'un et l'autre sont locataires des murs.

Dans cette solution, le propriétaire est très peu concerné par les améliorations réalisées par son locataire, sinon de manière positive : il ne débourse rien à aucun moment ; son revenu locatif reste déterminé par celui auquel il a initialement loué le logement à son premier locataire ; et, une fois l'emprunt remboursé, au bout de 20 ou 25 ans, il se retrouve propriétaire d'un logement amélioré sans que cela lui ait rien coûté.

Dernière variante : le locataire décide des travaux et négocie avec la banque un prêt que celle-ci conclura d'office avec le propriétaire, le loyer étant majoré du montant nécessaire au paiement des mensualités de cet emprunt.

Ces montages impliquent tous une légère entorse au droit de propriété, mais aussi, de la part des locataires, une capacité d'initiative sur leur logement, qui n'est pas forcément à la portée de tous, notamment d'un point de vue technique. Nouveaux tiers-investisseurs et nouvelles assemblées générales de copropriétés pourraient être la solution.

Coproduire la rénovation des copropriétés

Ce qui précède a été exposé en parlant d'un propriétaire bailleur et d'un locataire, mais une fois que les principes juridiques correspondants auront été adoptés par le législateur, il n'y a aucune raison qu'ils ne s'appliquent pas aux copropriétés. Et heureusement, car les maisons « passoires thermiques » sont le plus souvent occupées par leurs propriétaires, alors que la plupart des locations concernent des appartements.

Ainsi, de par la loi, un projet de rénovation de copropriété bénéficierait des incitations (factures d'énergie, taxes carbone et primes de rénovation) de tous les propriétaires occupants et de tous les locataires, des votes des mêmes occupants, propriétaires comme locataires[1], et enfin, par exemple, de la possibilité, pour les locataires, de souscrire des emprunts avec la garantie de pouvoir les transférer soit au propriétaire bailleur, soit au locataire suivant.

Des majorités devraient bien plus facilement se dégager que dans la situation traditionnelle où les votes se font entre les propriétaires occupants et les propriétaires bailleurs, ces derniers n'ayant que de faibles incitations. Se sentiraient-ils dépossédés de leurs droits ? Pas plus que dans le cas « 1 propriétaire / 1 locataire » qu'on vient d'examiner, et avec l'assurance de récupérer en fin d'emprunt un logement parfaitement rénové, sans avoir déboursé un centime.

Il est également possible de reprendre la variante exposée plus haut, consistant à ce que « *le locataire décide des travaux et négocie avec la banque un prêt que celle-ci conclura d'office avec le propriétaire, le loyer étant majoré du montant nécessaire au paiement des mensualités de cet emprunt* ».

Avec un tel surloyer, déterminé en fonction du coût des travaux et d'une durée de remboursement encadrée par la loi (25 à 30 ans), l'opération serait, pour le propriétaire bailleur,

---

[1] Par dérogation au droit commun qui ne reconnait que les propriétaires, et qui resterait évidemment en vigueur pour toutes les questions autres que la rénovation thermique (isolation et amélioration des chaudières si elles sont collectives). Seule autre exception pro-climat, pour les immeubles avec garages collectifs, souterrains ou non : leur électrification avec une puissance suffisante pour le passage à la conduite à l'électrique pour tous les trajets du quotidien. Là aussi, même s'il existe déjà quelques dispositions facilitatrices notamment en matière de relations avec les syndics, donner le droit de vote aux locataires serait une excellente chose.

totalement neutre[1] jusqu'au moment, à la fin de l'emprunt, où il se retrouvera avec son appartement bien isolé sans que ça lui ait rien coûté.

Si les travaux sont inadéquats, seul le locataire (tant qu'il restera dans les lieux) en subira les conséquences, ses économies étant inférieures à son surloyer. Du coup, on a autant de raisons de s'inquiéter pour lui que pour le propriétaire, ce qui exclut que la perte de pouvoir de ce dernier sur son bien se traduise par un déséquilibre à son détriment.

C'est donc sans souci particulier d'équilibre entre ces deux parties que l'on peut se demander si un tel montage avec emprunt imposé au propriétaire mais surloyer imposé au locataire en application d'une décision d'assemblée générale à laquelle il aura eu le droit de vote, est vraiment pertinent.

Je pense que oui, pour au moins quatre raisons :

Tout d'abord, parce que ce surloyer serait déterminé en fonction des marchés de travaux passés par la copropriété dans son ensemble, avec droit de vote au locataire et non plus au propriétaire. L'aléa moral (risque que des décisions aventureuses soient prises[2] parce que le décideur n'est pas le payeur) sera donc fortement réduit.

Parce que le fait, pour un propriétaire, de devoir participer au financement de travaux d'investissement dans une copropriété, et ceci même s'il a voté contre, et même s'il n'a pas l'argent et qu'il doit donc emprunter, ça existe déjà. Alors que ce n'est pas le cas pour les locataires, et que ça ne le sera pas (à part la création du surloyer).

---

[1] À condition, aussi, que l'État exonère d'impôt sur le revenu ce surloyer perçu par le propriétaire, partant du principe que, répondant exactement à la même logique économique, les économies d'énergie « encaissées » par un locataire qui aurait fait les travaux n'auraient pas été imposées.

[2] Ce qui peut arriver pour différentes raisons, y compris le fait qu'en toute bonne foi (par exemple par excès de zèle climatique), ces travaux soient conçus de manière très perfectionniste, n'apportant qu'un faible gain supplémentaire, mais coûtant nettement plus cher, par rapport à une isolation optimale, déjà de bonne qualité.

Parce que les banques accordent plus facilement des prêts à des propriétaires qu'à des locataires. Surtout s'il s'agit de financer des travaux qui accroissent la valeur du patrimoine en cause.

Et enfin parce que la notion de risque, en économie, est différente de ce qu'elle est dans la vie courante : celui qui prend un risque peut y perdre, mais aussi y gagner. Ici, l'idée est juste de mettre les locataires à égalité avec les propriétaires-occupants. Ces derniers, quand ils décident de prendre Ma Prime Rénov' et de faire des travaux, peuvent y perdre, mais, le plus souvent, ils y gagnent, année après année. Et je propose simplement qu'il en soit de même pour les locataires.

*

Changer, par la loi, les droits de vote en assemblées de copropriété, cela restera-t-il, en dépit de ce que je viens de décrire, un épouvantail ?

En fait, sur plusieurs points, agir dans le cadre de copropriétés me semble plus rassurant que dans le cas d'un face-à-face entre un seul propriétaire-bailleur et un seul locataire.

En préalable, on a déjà noté que, pour un propriétaire, être contraint, contre son gré, de financer des travaux, au besoin en s'endettant, ça existe déjà en copropriété, contrairement au cas d'une maison simple.

Une copropriété bénéficie aussi d'économies d'échelle résultant d'un chantier unique visant à rénover de nombreux logements, donc l'économie de ces travaux a de bonnes chances d'être favorable.

Une différence plus fondamentale résulte du fait qu'une copropriété, avec son syndic, son collège de votants dont une partie resteront des propriétaires, sa possibilité de faire appel à un maître d'œuvre (bureau d'études techniques, …), a moins de raisons de craindre des difficultés particulières juste parce qu'une partie des décisionnaires seraient des locataires.

Ainsi, une difficulté qui pourrait s'aplanir par rapport au cas d'une maison en location, tient, dans ce dernier cas, au raisonnement suivant, qui pourrait inquiéter un propriétaire un peu parano : le locataire ne pourrait-il pas, en complicité avec certaines entreprises, passer avec elles des marchés de travaux très surestimés, empocher des rétrocommissions, puis quitter rapidement la maison, l'emprunt se révélant alors d'un montant si élevé que le propriétaire aura du mal à la relouer sans y perdre ?[1]

Dans le cas d'une copropriété, un tel risque disparaît : il y aura suffisamment de propriétaires occupants, de locataires ayant l'intention de rester un certain temps dans les lieux, et de techniciens divers (syndic, bureau d'études…) pour qu'une telle escroquerie soit impossible à monter.

Autre difficulté qui peut se résoudre de manière spécifique aux copropriétés : pourquoi, dans le cas d'une maison, ne peut-on pas trancher la question de l'incitation en autorisant le propriétaire à faire les travaux puis à en répercuter le coût (en principe comparable aux économies faites par le locataire) sur le loyer ?

Parce qu'un locataire peut toujours prétendre qu'il n'a pas besoin qu'on dépense des cents et des milles pour isoler sa maison dès lors que, de lui-même, il fait déjà preuve d'une grande sobriété en se chauffant assez peu, et que de l'isolation supplémentaire ne ferait finalement pas beaucoup baisser sa facture.

Certes, en immeuble, il peut également tenir le même discours, mais il peut plus difficilement faire passer sa sobriété pour de la vertu. En effet, s'il règle son thermostat moins haut que ses voisins d'à côté, du dessus et du dessous, ça veut dire qu'il laisse de la chaleur venir de chez eux (les cloisons intérieures et les plafonds n'ont pas de raison d'être aussi bien isolés que les murs extérieurs) pour assurer son propre chauffage. Expliquer cela pour s'opposer à une décision à prendre, en assemblée de copropriété, par tous les occupants, risque de ne pas être très efficace !

[1] Dans ce cas d'une maison, des garde-fous pourront être mis en place, par exemple un droit, pour le propriétaire, de passer ses propres contrats de travaux et, s'ils sont plus avantageux, de les substituer à ceux conclus par le locataire.

(Et d'ailleurs, une fois les travaux réalisés, il pourra toujours continuer à se comporter de la même manière, et à y gagner toujours à peu près autant – ce qui est une façon de dire qu'il y aura toujours des incitations économiques pesant de manière assez efficace sur les décisions des locataires et réduisant le risque que ceux-ci s'adonnent sans limites aux joies de l'effet rebond. Que les propriétaires aient à financer des investissements ne fait pas des locataires des assistés).

*

Dans ce qui précède, je suis parti du principe que, dès lors qu'un logement serait rénové et que le locataire serait légalement redevable d'un surloyer en contrepartie d'économies de chauffage bien réelles, la mise en place d'un emprunt au nom du propriétaire serait une simple formalité.

Mais pourquoi ne pas y regarder de plus près, et ne pas faire intervenir un financier atypique, non pas un simple banquier, mais ce qu'on appelle un « tiers investisseur » ?

Ceci rejoindrait par ailleurs ce que j'avais annoncé plus haut : qu'à la question de la compétence technique nécessaire pour prendre de bonnes décisions d'investissements, j'apporterais deux réponses. La première, c'était la collégialité des décideurs et des professionnels dans le cas d'une copropriété.

La deuxième, nous y voici, c'est ce « tiers investisseur », dont l'intervention apporterait à la fois des qualifications techniques, un financement, et des garanties juridiques.

J'ai entendu parler de tiers investisseur il y a une dizaine d'années, avec un projet incluant la caisse des dépôts et consignations (CDC). Ce projet m'est revenu en mémoire alors que je réfléchissais à ce qui précède, et, naturellement, j'ai interprété le mot « tiers » comme désignant un troisième intervenant[1] extérieur à deux personnes concernées par une relation juridique. Donc un tiers facilitant la répartition des rôles entre propriétaires et locataires.

---

[1] De même que dans les expressions « tiers-état », « tiers-monde », « tiers de confiance », « tiers-payant », véhicule « assuré aux tiers » …

Or, ayant retrouvé des documents de cette époque, je me suis aperçu que, là encore, il ne s'agissait que de faciliter la mise en action d'un propriétaire-occupant. Mais ce dernier devait s'engager à rémunérer l'investissement du tiers, sous forme de « loyers » gagés sur ses économies d'énergie. La transposition de ce même concept de tiers-investisseur à une situation impliquant un locataire est donc très naturelle : là encore, juste la rue à traverser.

Un tel triangle serait déjà bien utile pour crédibiliser l'idée « *Sans avoir besoin de changer la loi, pourquoi un locataire ne proposerait-il pas spontanément de payer un surloyer en échange du financement, par le propriétaire, des travaux correspondants ?* ». Cette option, présentée page 143 comme étant la seule à pouvoir me donner tort quand j'affirmais que la situation actuelle est absurde et que les locataires payent de la taxe carbone pour rien, apparaît un peu utopique, énoncée comme ça. Mais dès lors qu'un tiers, ayant des capacités fortes à la fois en thermique, en ingénierie, en économie et en finance, pourrait épauler ces locataires volontaires, ce schéma deviendrait déjà un peu plus crédible.

De même dans le cas où la loi conférerait, aussi bien pour une maison que dans une copropriété, le pouvoir d'agir et la triple incitation (énergie, taxe et prime[1]) au locataire. Un tiers-investisseur pourrait, là encore, se substituer à lui, grâce notamment à son professionnalisme.

« Se substituer à lui », cela peut s'appliquer au système décrit plus haut pour une copropriété, avec droits de vote à tous les occupants, emprunt imposé d'office aux propriétaires-bailleurs et surloyer pour les locataires. Le tiers-investisseur pourrait apporter des garanties à la fois techniques (calcul de l'opportunité de se lancer dans l'opération, passation des marchés de travaux), financières (emprunts groupés, …) et

---

[1] De manière générale, la prime pourrait être attachée à l'opération de rénovation plutôt qu'à une personne particulière. Il n'y aura donc rien d'étonnant à ce qu'elle revienne au locataire si c'est lui qui décide et finance les travaux.

juridiques (perception en son nom propre des surloyers et affectation directe au remboursement des emprunts).

Mais on peut aussi introduire un tiers investisseur dans un schéma avec emprunt souscrit par le locataire tant qu'il est dans les lieux, puis transféré à son départ. Ici, le tiers investisseur jouerait, en plus de son accompagnement technique, le rôle de banquier du locataire. Les mensualités d'emprunt correspondraient à un surloyer défini contractuellement par référence aux économies à réaliser par le locataire. Ce tiers, surtout s'il était dans l'orbite de la CDC, bénéficierait, en son nom propre et de par la loi, de la garantie, au départ du locataire, de pouvoir transférer cet emprunt au propriétaire, ou, encore mieux, de pouvoir continuer à percevoir le surloyer sur l'occupant suivant, jusqu'à extinction de l'emprunt.

Outre l'avantage de faire intervenir un professionnel, et éventuellement de pouvoir définir par la loi un calcul des « surloyers - économies » (comme l'est le calcul à appliquer pour les diagnostics de performance énergétique, DPE, et leur classement en catégories A à G, avec des conséquences juridiques déjà très importantes), un tel mécanisme verrait son acceptabilité politique par les propriétaires-bailleurs encore renforcée par un constat : il ne conférerait au locataire, en pratique, aucun droit patrimonial sur le logement.

En particulier, ce ne serait pas le locataire lui-même qui détiendrait le droit de poursuivre la perception de surloyers-économies sur le locataire suivant, ou le droit de transférer d'office, par exemple au propriétaire, la part non encore amortie de l'emprunt.

Ceci est d'autant plus remarquable que les mécanismes présentés ci-dessus répondent à un objectif très significatif : que, d'un point de vue économique, le locataire soit celui qui cumule 100 % des trois incitations (énergie, taxe, prime) et le pouvoir de décision sur l'acte de rénovation énergétique.

Qu'une telle concentration, sur le locataire, de la totalité du mécanisme économique, s'accompagne d'une absence totale de transfert à son profit de droits patrimoniaux sur le logement en question, montre bien toute la puissance juridique de la notion de tiers-investisseur, et tout son potentiel pour rassurer les propriétaires-bailleurs face à l'adoption d'une telle réforme – à laquelle, par ailleurs, ils ne perdront rien, bien au contraire.

*

Cette dernière remarque suggère d'examiner un « risque » particulier : que les prix de l'énergie baissent fortement. On connaît le cas historique du « contre-choc pétrolier », aux alentours de 1985, qui avait conduit à relâcher toutes les politiques de maîtrise de l'énergie, et en particulier à freiner les programmes de recherches sur les énergies renouvelables, ce qui avait été une grave erreur stratégique.

Au niveau microéconomique, un propriétaire-occupant, ou un locataire, qu'il agisse en son nom propre ou en étant lié par contrat avec un tiers-investisseur, pourrait craindre que faire faire des travaux de rénovation ne soit pas rentable, s'il anticipait une baisse des prix de l'énergie : dans ce cas, ne rien faire n'impliquerait qu'une pénalisation modeste au niveau de la facture d'énergie, compensée par une économie plus importante du fait de la non-réalisation des investissements.

Cette anticipation pourrait être contrecarrée si on supposait qu'en cas de baisse des prix de l'énergie, le gouvernement augmenterait la taxe carbone afin de maintenir le même niveau d'incitation globale à la réalisation de nos objectifs de protection du climat et d'indépendance énergétique. « Maintenir ce total constant », c'est un principe bien connu (on se souvient de l'expression « TIPP flottante »), mais surtout pour compenser une hausse des prix de l'énergie par une baisse des taxes. La compensation inverse sera difficilement une revendication très populaire, l'État étant facilement accusé de n'instituer des taxes que pour s'enrichir – Cf. les gilets jaunes. Cependant, ce problème du meilleur outil incitatif, résistant même à une hypothèse de baisse des prix de l'énergie, n'est pas sans solution. Il sera l'objet du chapitre qui suit.

En attendant, un rappel : « outil incitatif » signifiait « mécanisme se traduisant par une pénalisation financière sans effet de seuil », donc par exemple proportionnelle aux émissions de

CO_2. Mais le monde réel est également fait de mécanismes *avec* effet de seuil, tels que les étiquettes A à G, qui ont de plus en plus d'importance sur le marché de l'immobilier. Et, là encore, il y a peut-être à redire … ou pas. Voyons cela.

Des passoires thermiques à vérifier et, elles aussi, à hybrider

Dans un DPE (diagnostic de performance énergétique), l'étiquette énergie principale, celle qui va du vert au rouge, traduit en code couleur l'estimation d'un nombre de kWh annuels, divisée par la surface, en m^2, du logement. La question posée est : « est-ce une passoire thermique ? ». On pourrait donc s'attendre à ce que ce nombre mesure les kWh qui vont s'échapper du logement. Or, ce n'est pas le cas.

Cette chaleur qui s'échappe, c'est de l' « énergie finale ». Alors que celle qui est codée par l'étiquette, c'est « l'énergie primaire ».

La différence joue principalement pour l'électricité, produite majoritairement, en France, à partir de nucléaire – pour ce qui suit, je néglige donc, pour simplifier, d'autres sources telles que l'hydroélectricité, l'éolien, le photovoltaïque et la cogénération, pour lesquelles ce serait faux.

L'énergie primaire, c'est la chaleur dégagée par les réactions nucléaires. En application des principes de la thermodynamique, seulement un tiers environ de cette chaleur est converti en électricité, et le reste doit nécessairement être éliminé, souvent sous forme de vapeur dans les tours de refroidissement (valoriser ces 2/3 de chaleur à basse température est très difficile d'un point de vue économique).

Ensuite, cette électricité est transportée sans trop de pertes jusqu'à chez vous ou elle sera convertie en chaleur, soit par une pompe à chaleur, soit, pour tous les autres dispositifs (« grille-pain » ou convecteur électrique soi-disant plus sophistiqué), avec un rendement qui n'est que de 100 %.

Dans ce dernier cas, votre étiquette énergie sera très fortement pénalisée, car votre logement est jugé comme s'il consommait plus de deux fois plus d'énergie (ce serait trois fois si la France n'avait que de l'électricité nucléaire ou fossile, Cf. le facteur 1/3 ci-dessus). En fait, on vous impute la chaleur qui s'échappe des tours de refroidissement des centrales, comme si elle s'échappait de vos fenêtres et combles mal isolés.

Donc vous êtes pénalisés et vous n'y pouvez rien ?

Vous n'y pouvez rien *personnellement* mais, collectivement, nous pouvons encourager les énergies renouvelables. Et plus elles vont se développer, plus le ratio d'énergie finale sur énergie primaire va s'améliorer. Donc moins la France comptera de passoires thermiques, avant même d'avoir fait quoi que ce soit pour empêcher la chaleur de s'échapper à travers les murs ! Incroyable, non ? ☺

Mais, pour le gaz ou le fioul, l'écart entre énergie finale et énergie primaire est beaucoup plus faible, donc le même logement, avec la même isolation, aura une bien meilleure étiquette s'il est chauffé aux énergies fossiles. Alors que c'est bien plus nocif pour le climat ! Incroyable, non ? ☹

Plus ou moins. D'abord, à côté de l'étiquette du vert au rouge, vous en avez une autre qui code les émissions de CO_2, et là, pas de souci, la hiérarchie est rétablie, un chauffage électrique est bien mieux noté qu'au gaz ou au fioul. Sauf que ce graphique, en dégradés de bleu, attire beaucoup moins l'œil. On imagine les arbitrages politiques, au sein des ministères, qui ont conduit à la juxtaposition de ces deux visuels.

Mais surtout, c'est un peu vrai que le chauffage électrique est mauvais pour le climat. En effet, c'est pendant les vagues de froid que la demande est la plus forte. La France est alors obligée d'importer de l'électricité de ses voisins (ou bien elle leur en exporte moins, ce qui revient au même). Et nos voisins, en particulier l'Allemagne, ont un mix électrique beaucoup plus carboné, a fortiori si ces vagues de froid coïncident avec une météo sans beaucoup de vent ni de soleil. Les centrales au charbon ont, elles aussi, des pertes de l'ordre des 2/3 dans leurs tours de refroidissement, donc se chauffer à l'électricité en période de pointe, c'est trois fois pire que de se chauffer directement au charbon.

C'est bien déprimant, tout ça. Quand on pense que la question de départ était : « Vous êtes pénalisés et vous n'y pouvez rien ? » …

Pas tout à fait. La conception un peu baroque de ce graphique du vert au rouge a quand même une certaine logique. Calculer l'énergie primaire appelée par un logement, ça permet par exemple de récompenser l'effort consistant à passer d'une chaudière au gaz standard à une chaudière à condensation, qui améliore effectivement un tout petit peu le ratio d'énergie finale sur énergie primaire.

Mais pour l'électricité, peut-on en faire autant ?

Oui. On peut remplacer ses grille-pains[1] (ou tout autre système ayant lui aussi un rendement de seulement 100 %) par des pompes à chaleur, qui ajoutent aux MWh électriques des MWh thermiques pompés dans l'environnement (air, eau, sol ou sous-sol). Elles ont donc une sorte de « rendement supérieur à 100 % ». Et même facilement supérieur à 300 %, donc elles peuvent plus que contrebalancer le facteur 1/3 (ou plus proche de 1/2 pour le mix électrique français pris dans sa globalité) qui pénalise les étiquettes énergie des logements chauffés à l'électricité.

La ligne politique sous-jacente est donc de considérer qu'à terme, les seuls chauffages électriques légitimes seront ceux par pompe à chaleur (soit personnelle, soit éventuellement collective, par l'intermédiaire d'un réseau de chaleur).

---

[1] Les cas les plus délicats à faire évoluer sont ceux des tout petits logements (« chambres de bonne » à destination des étudiants), qui sont parfois techniquement difficiles à chauffer autrement que par des grille-pains ; de plus, le fait d'être de petite taille est défavorable pour l'évaluation de l'isolation, dont la performance est mesurée par un ratio avec la surface en m² au dénominateur. Enfin, le marché de la location étudiante étant très tendu, et le risque étant qu'un propriétaire menacé de ne plus avoir le droit de louer un bien le retire purement et simplement du marché locatif, il était préférable d'adoucir la formule de calcul du DPE pour ces petites surfaces. C'est ce qu'a fait le gouvernement, début 2024.

À partir des mêmes lois thermodynamiques, il y avait eu une même évolution réglementaire pour les incinérateurs d'ordures ménagères, qui ne pouvaient conserver leur droit à être considérés comme installation de valorisation des déchets, qu'à la condition, en pratique, de fonctionner en cogénération, produisant à la fois de la chaleur (en particulier à distribuer par l'intermédiaire de réseaux de chaleur) et de l'électricité.

Ce qui est une très bonne chose … lors des vagues de froid, où les besoins de chaleur et d'électricité sont concomitants. Tiens, à propos, cette poussée réglementaire en faveur des pompes à chaleur, est-ce qu'elle convient bien à ces vagues de froid ? Euh … non, là, pas de chance, c'est plutôt le contraire : si elles pompent leur chaleur dans l'air ou dans le sol, plus il fait froid, plus leur efficacité (leur « rendement supérieur à 100 % », ou coefficient de performance) baisse.

En conclusion, la conception du DPE est pertinente sur certains points (par exemple, le fait que sa logique s'explique quand on prend en considération le mix électrique des pays voisins, qui joue un rôle important pour le véritable bilan carbone marginal du secteur français du logement lors des vagues de froid), mais elle est moins rationnelle sur deux autres questions :

- parce que les DPE recommandent aux logements chauffés à l'électricité et ayant, de ce fait, une mauvaise étiquette énergie, de faire des travaux d'isolation, alors qu'en réalité ils peuvent être déjà assez bien isolés. Or, faire encore mieux est difficile et donc d'un mauvais ratio coût-efficacité ;

- et parce que sa logique profonde est de promouvoir les pompes à chaleur, qui sont une bonne solution en général mais un peu moins bonne en cas de vagues de froid, lesquelles peuvent par ailleurs coïncider avec les cas de mauvaise performance d'un réseau électrique à forte intensité d'éolien et de photovoltaïque.

Nous retombons une fois de plus sur le besoin de stockage de l'énergie qui les caractérise. Pour répondre au besoin de chauffage sans être confrontés à ce problème, on connaît le gaz et le fioul, mais ils sont une cause majeure du dérèglement climatique. Comment en sortir ?

*

Deux pistes :

- Avoir un double système de chauffage ? Pompe à chaleur en temps normal, et gaz ou fioul lors des périodes pendant lesquelles le réseau électrique est en grande difficulté ?
- Trouver une énergie à la fois stockable et non nocive pour le climat ? Le biogaz ? Le bois ?

Bon, pour lancer le débat, un peu de provoc : pourquoi pas une taxe carbone sur le chauffage au bois, au prorata des émissions de CO_2 qui en résultent et qui sont légèrement supérieures à celles du chauffage au charbon, lui-même la pire des énergies fossiles ?

Mais le bois est une énergie renouvelable ! Et économiquement très pertinente puisque, depuis la nuit des temps, elle s'est toujours maintenue à un niveau non négligeable, même lors des révolutions industrielles successives, fondées sur des énergies soi-disant de plus en plus modernes !

Oui, mais, pour le climat, ne pas couper ni brûler des arbres relativement jeunes, c'est, au moins à court et moyen terme, comparable au fait de ne pas extraire ni brûler des énergies fossiles. De plus, ça veut dire laisser pousser des arbres en pleine croissance – alors qu'après des coupes rases, pendant plusieurs années, l'énergie solaire ne génère de la croissance de troncs d'arbres qu'avec un mauvais rendement, les rayons du soleil tombant plutôt sur un sol nu ou sur des ronces que sur des feuilles d'arbres. (C'est seulement avec de la replantation d'arbres dans une logique quasi-industrielle qu'on peut retrouver assez vite un rendement de photosynthèse utile pas trop mauvais).

Bref, ne pas se chauffer au bois, c'est laisser la forêt traditionnelle bien exercer ses différents rôles écosystémiques, et en particulier, pour le climat, celui de « puits de carbone ».

Mais ceci, comme je l'ai indiqué plus haut, à court et moyen terme. À très long terme, c'est l'inverse. Une forêt dont on ne sortirait jamais de bois resterait (à condition de ne pas brûler) dans un état à peu près stationnaire, donc, là encore, ce serait le contraire d'un puits de carbone. Ceci à cause des arbres morts : ils pourrissent, c'est-à-dire qu'ils se font manger par des champignons ou des invertébrés, qui respirent ou sont mangés par d'autres animaux … c'est très bien pour la biodiversité, mais tout le carbone concerné finit par être rejeté, sous forme de CO_2, dans l'atmosphère. Et, pour le climat, ce n'est pas génial.

Notre question était : faut-il mettre une taxe carbone sur le chauffage au bois ? Un début de réponse est donc : si on se préoccupe surtout du long terme, alors, il faudrait une taxe carbone qui sanctionne autant le chauffage au bois que le fait de laisser du bois mort pourrir sur place. Les difficultés d'application concrètes, déjà non négligeables, de la première hypothèse, en seraient multipliées …

Essayons donc de trouver d'autres types de réponses qu'une taxe. Et distinguons : ce qui est le plus embêtant, c'est de brûler du bois qui, autrement, aurait pu soit rester un arbre encore assez jeune pour grossir rapidement grâce à une photosynthèse efficace, soit devenir une maison en bois qui, comme on l'a vu au chapitre précédent, permet de longtemps stocker du carbone non-CO_2.

Une maison donc des planches, des poutres… ce qui ne représente pas la totalité de l'arbre initial. Le complément, ce sont des branches, des écorces, de la sciure, des déchets de menuiserie… : pour tout cela, peu d'objections au fait de les brûler sous forme de pellets, de plaquette forestière, etc.

Le gisement de bois qu'il est pertinent de brûler est donc réel, mais pas extensible à l'infini. De même pour le biogaz, qui serait très contestable si on le produisait à partir d'une biomasse dédiée : le mode de production le plus durable est de partir de déchets animaux (déjections) ou végétaux.

Le bois et le biogaz doivent donc être considérés comme une ressource énergétique utile car stockable, mais limitée … exactement comme l'hydroélectricité.

Et cette dernière, qu'en fait-on ? On valorise au maximum son caractère pilotable, en vidant les barrages surtout quand la demande d'électricité est plus forte que l'offre : pendant les vagues de froid hivernales. À l'avenir, il en sera toujours de même, avec la précision supplémentaire : pendant les mêmes vagues de froid au cours desquelles il y aura, en plus, peu de vent.

Faut-il donner des consignes équivalentes pour le biogaz et pour le bois-énergie ? Avec cette question des vagues de froid, nous sommes revenus à notre point de départ, notre analyse des caractéristiques étranges du DPE[1]. Donc la réponse est « oui, pourquoi pas », et ceci de plusieurs manières possibles.

*

Tout d'abord, ce besoin d'une énergie calorifique à ces moments précis était la dernière justification de l'utilisation de centrales électriques au gaz ou même au charbon. Plutôt que de les fermer complètement et prématurément (« actif échoué »), les convertir en centrales à biomasse, c'est-à-dire respectivement au biogaz ou aux déchets de la filière bois, c'est une bonne solution. Leur fonction restant la même au sein du réseau électrique, cette biomasse sera brûlée seulement en cas de tension sur l'équilibre entre demande et offre d'électricité, ce qui résout le problème de son gisement limité. C'est d'ailleurs très largement le modèle économique actuel des centrales au gaz.

« Équilibre entre demande et offre » : théorie économique libérale ? Oui (éventuellement en association avec des mesures réglementaires plus classiques). Plus on laissera (après autant de pédagogie que nécessaire, et ces lignes ont déjà pour ambition d'y concourir) le marché de l'électricité jouer normalement, donc atteindre parfois des prix très élevés quand il y a un fort déséquilibre entre offre et demande, plus ça

[1] À propos, puisque l'idée est d'encourager le fait d'avoir un double système de chauffage, électrique en temps normal et biogaz ou bois quand le réseau électrique est très tendu, il faudra récompenser cela en calculant le DPE selon la plus favorable des méthodes, celle de l'énergie finale.

rentabilisera des ex-centrales au gaz ou au charbon reconverties à la biomasse pour quelques centaines d'heures par an, donc plus ça leur permettra de s'approprier le gisement de déchets organiques pour cette utilisation ultra-prioritaire, et ultra-utile pour ne pas craindre de black-out électrique même avec une faible proportion de nucléaire. Et cela permettra aussi que ces centrales ne fassent pas faillite, donc évitera que, par peur du risque d'une crise économique provoquée par le désinvestissement de ces « actifs échoués », nous reculions dans nos efforts de transition climatique.

Les mêmes préconisations s'appliqueront au fait, là où c'est possible, de travailler en cogénération d'électricité et de chaleur, ces deux formes d'énergie ayant leurs plus grandes demandes à peu près en même temps[1].

Plus haut, nous parlions de maisons. La cogénération domestique est peu développée, mais elle existe de manière significative pour de grands bâtiments ayant besoin d'être bien chauffés lors des vagues de froid et situés dans la sphère publique donc pouvant servir de démonstrateurs pour des politiques innovantes : hôpitaux, lycées, (éco)quartiers desservis par des réseaux de chaleur. Ces derniers sont parfois alimentés par des incinérateurs d'ordures ménagères mais, dans tous les autres cas, le remplacement d'une énergie fossile par du bois ou du biogaz est pertinent.

Résumons-nous : comme chaufferies en tête de réseaux de chaleur, de grosses pompes à chaleur à utiliser quand l'électricité est surabondante ; et des centrales de cogénération au bois, pour les périodes de rareté de l'électricité, qu'elles pourraient même contribuer à atténuer ? Au total, nous aurions défini un système prenant de l'électricité au réseau quand il en a beaucoup et lui en donnant quand il en manque. Pour un dispositif qui n'est pas spécifiquement conçu pour le stockage de l'électricité, c'est une belle performance.

---

[1] Une fois qu'on a éliminé les endroits où le maximum de demande correspond à la clim : nous avons réglé leur sort en tout début de livre, en relevant sa quasi-parfaite coïncidence avec la production photovoltaïque.

Au regard de son intérêt comme facilitateur de la transition vers un monde riche en électricité renouvelable, l'économie de ce double équipement de chauffage pourrait ne pas être trop défavorable. En effet, le coût d'investissement total n'est pas entièrement constitué de cette chaufferie. Le réseau de distribution de la chaleur en constitue lui-même une part importante qui, elle, n'aurait pas à être dupliquée.

*

Une logique relativement comparable pourrait s'appliquer au biogaz. Sa fabrication n'est pas très économique, mais il est quand même encouragé pour deux raisons : parce que le gaz est très pratique, que ce soit pour le chauffage des logements ou pour faire la cuisine ; et parce que ce côté très pratique tient largement à l'existence d'un réseau de distribution qui, en zone urbaine, irrigue chaque logement.

Si les parties les plus denses de ces zones urbaines ne sont pas équipées en réseaux de chaleur, la solution « pompe à chaleur » peut ne pas être très facile à mettre en œuvre. Parfois, on n'aura donc que le choix entre le gaz et le chauffage électrique par grille-pains ou convecteurs au rendement équivalent (100 %). La seule façon d'améliorer ce constat peu enthousiasmant sera alors de respecter scrupuleusement les consignes temporelles : les grille-pains, quand il y a de l'électricité en excès sur le réseau, finalement ce n'est pas très gênant ; et brûler un peu de biogaz, en profitant d'un réseau et de chaudières existants, pour alléger la charge de ce réseau quand son équilibre est le plus problématique, c'est bien aussi.

« Scrupuleusement » : à traduire par des mécanismes contractuels tels que les occupants de ces logements y soient fortement incités ou, mieux, que le passage de l'une à l'autre de ces énergies soit délégué à un opérateur qui en fera son modèle économique. Mais avec une contrepartie : les réseaux de gaz étant conservés tout en étant, comptablement, déjà amortis, cela devra donner lieu, si les coûts d'entretien ne sont pas trop élevés, à une baisse sensible de l'abonnement, c'est-à-dire de la somme fixe que l'usager paye à son fournisseur de gaz.

La meilleure solution pourrait être que, d'abord, une grande part de cet abonnement soit transformée, à montant identique, en paiement proportionnel à la consommation ; puis l'abonné passe à l'électrique sur, disons, 80 % de son chauffage ; son abonnement au gaz va alors baisser de 80 % – en fait, il aura cessé d'être un abonnement et sera devenu une consommation. Et le signal-prix sur le MWh gaz deviendra plus élevé[1], ce qui correspond au fait que le biogaz est plus coûteux à produire. Ça incitera le consommateur à passer au chauffage électrique la plus grande partie du temps – sauf lorsqu'il y aura de fortes tensions sur le prix de l'électricité. Autrement dit, pour que le système fonctionne bien, il faudra aussi que l'occupant du logement soit facturé, en électricité, au plus près des prix de marché, ceux qui sont les plus variables en fonction de l'équilibre ou du déséquilibre entre offre et demande de courant.

*

Nous venons de décrire deux cas pour lesquels une synergie aussi astucieuse que possible entre chauffage électrique la plus grande partie de l'hiver et à la biomasse le reste du temps pouvait profiter d'une économie assez favorable en ce qui concerne des réseaux : celui de la distribution du gaz, déjà amorti, et les réseaux de chaleur, qui seront un équipement commun aussi bien pour le chauffage par pompe à chaleur collective que par cogénération au bois.

Mais ces circonstances favorables pourraient disparaître s'il s'agit d'utiliser les mêmes énergies, bois et pompe à chaleur, pour chauffer individuellement des maisons. Leur complémentarité va-t-elle devenir hors de prix ?

Peut-être, mais avec deux échappatoires.

Tout d'abord, une pompe à chaleur, c'est très efficace, ça pourra fonctionner, en hiver, 80 % à 90 % du temps, mais, si on ne veut pas dépenser autant et ne pas avoir acheté un poêle à bois pour seulement 10 à 20 % du temps, il y a une autre

---

[1] Sans que le consommateur y perde, bien au contraire. Nous reviendrons en détail au chapitre suivant sur cette différence entre un prix et un signal-prix.

solution : le chauffage solaire direct (avec des tubes sous vide et une surface bien noire pour bien absorber la chaleur des rayons du soleil). C'est moins cher ; en contrepartie, ça risque de ne fonctionner qu'un jour sur deux ou sur trois en hiver (et pas la nuit, mais la chaleur se stocke facilement quelques heures) ; mais, dans le cadre d'une alternance avec un chauffage au bois qu'on a juste envie de ne pas utiliser 100 % du temps, ça peut le faire.

Deuxième solution, en conservant la pompe à chaleur : dans le cadre d'une politique climatique enfin à la hauteur des lois de la physique, le prix du bois-énergie pourrait augmenter assez pour refléter l'intérêt pour le climat de laisser les arbres pousser plus longtemps, tandis que l'électricité se mettrait à être vendue, sur les marchés de gros, très peu cher une bonne partie du temps et très cher quand elle devient très rare. Alors, un tel double investissement pourrait devenir pertinent – tout en restant coûteux.

Un schéma récompensant pourrait-il être mis en place ? Un économiste dira qu'il faut qu'il y ait des incitations, quelles qu'elles soient. Un non-économiste simplifiera en disant qu'il suffit de créer une aide : une subvention ciblée sur nos bi-équipements pour logements.

Si l'argent public se faisait rare, ce subventionnement pourrait avoir une contrepartie : le bénéficiaire devrait accepter une modification de son contrat d'achat d'électricité, permettant que les prix suivent mieux dans le temps ceux qui existent sur le marché de gros, dont on vient de voir qu'ils dépendraient des éventuels déséquilibres entre offre et demande.

Comme pour le reste de ce chapitre, on retrouverait ici une triple incitation : par ce subventionnement ; par les bas prix de l'électricité, incitant à faire fonctionner la pompe à chaleur quand il y a beaucoup de vent ; et, aux moments inverses, par ses prix élevés permettant d'être content de brûler du bois et ainsi de ne pas consommer d'électricité. Triplement incité, et triplement récompensé. Ceci profitant tout autant au climat, avec d'une part des énergies renouvelables électriques dont la variabilité serait rendue moins problématique, et d'autre part du bois-énergie qui ne serait utilisé ni trop, ni trop peu.

*

Le recours systématique à une biénergie, tel que je viens d'en donner de nombreux exemples, avec un but climatique très poussé (se limiter à des énergies renouvelables, et faciliter le fonctionnement d'un réseau électrique alimenté par un maximum de photovoltaïque et d'éolien), n'est-il pas trop perfectionniste sur ce point, avec en contrepartie un coût d'investissement très élevé ? Bref, est-ce vraiment récompensant pour notre économie nationale ?

Autrement dit, vous voulez que je vous propose un plan B ? Bon, souvenons-nous de ce que nous avons imaginé en supposant que la France pourrait ne pas être si riche que ça, et avoir besoin de solutions de bouts de ficelle. L'idée était de passer à la voiture électrique mais seulement avec une autonomie (70 km) adaptée aux déplacements du quotidien et, pour le reste, de conserver nos dernières voitures thermiques – ou bien de passer à l'hybride au lieu du 100 % électrique. Là, pas d'intégrisme pro-renouvelables : il s'agissait de continuer à se servir un peu de carburants d'origine fossile.

Même philosophie ici, pour ma dernière proposition en ce qui concerne le logement. J'ai indiqué plus haut que le principe de cogénération, aux nombreuses qualités, avait un défaut : il n'arrive pas à être rentable à l'échelle individuelle. Sauf si…

Sauf si on se rend compte qu'une voiture thermique (ou hybride), c'est une petite centrale de cogénération : il y a un moteur, il y a un alternateur (qu'on peut éventuellement rendre un peu plus puissant), et il y a deux sorties de chaleur : le pot d'échappement, et le circuit de refroidissement du moteur.

Que penser d'une maison de banlieue chauffée par une pompe à chaleur pendant 90 % ou 95 % de l'hiver et qui, les jours de plus grand écart entre la demande et l'offre d'électricité, ferait tourner le moteur thermique de la voiture du garage (celle qu'on garde pour les vacances puisque, le reste du temps, on utiliserait la voiture électrique à 70 km d'autonomie), avec échangeurs de chaleur vers l'intérieur de la maison, évacuation, vers l'extérieur, des gaz d'échappement refroidis, et connexion de l'alternateur sur le circuit électrique de la maison ou sur le réseau ? Persister ainsi dans l'usage des énergies fossiles (ou des agricarburants), serait-ce une trahison ?

On en conserverait un peu pour ces quelques jours les plus difficiles, mais, pour pas cher, on aurait un moyen assez efficace de faciliter une évolution vers un réseau très fortement alimenté par de l'éolien et du solaire. L'effet essentiel serait donc que ces énergies vertes se substitueraient très largement au fioul et au gazole utilisés aujourd'hui, 100 % du temps, pour chauffer la maison et propulser la voiture de cette même famille.

*

Cela fait cinq fois que je cherche à résoudre la difficulté qui pourrait exister, dans une économie 100 % renouvelable, pendant de longues périodes avec peu de vent, peu de soleil, et du froid[1] : par ma note du bas de la page 23 sur l'incinération des déchets ; par mes propositions pour pouvoir faire ralentir encore plus les électrolyseurs d'aluminium que ce qui a été proposé par ailleurs ; par le stockage de chaleur à haute température pour l'industrie, dans de la brique réfractaire ; et ici, en renforçant l'utilisation du biogaz et du bois-énergie qui pourrait se spécialiser sur ce créneau des moments où l'électricité sera rare, puis en proposant de reconvertir nos vieilles voitures thermiques ou nos hybrides (dont, par ailleurs, on encouragerait l'utilisation en thermique sur les routes à ces moments précis) en centrales de cogénération individuelle.

Tout cela est utile pour montrer qu'un bon port existe et qu'il est réaliste de coordonner nos efforts pour l'atteindre.

Mais n'est-ce pas un peu exagéré, alors que nous ne manquons pas de nucléaire et qu'il est bien pratique en de tels cas ?

---

[1] Sachant que pour les périodes comparables mais moins longues, ce que j'ai rappelé par ailleurs de l'étude RTE et de son faible pessimisme quant au stockage par batteries, et mes commentaires sur les batteries statiques pouvant être à autre chose qu'au lithium-ion, sont largement suffisants pour répondre à la question.

Non, car tout d'abord, pour agir très vite sur le climat sans imposer à nos concitoyens trop d'une sobriété qu'ils pourraient juger punitive, il n'y a que le levier des renouvelables que nous pouvons actionner, et le plus fort sera le mieux.

Ensuite, l'étude RTE est parfois l'objet de sous-entendus suggérant qu'elle compterait un peu trop, lors de ces passages difficiles, sur des importations, alors que nos voisins auraient de forts risques d'avoir les mêmes problèmes que nous aux mêmes moments. Et justement, à supposer que nous ayons finalement, grâce aux moyens que je viens de lister et grâce au nucléaire, des capacités excédentaires dans de telles circonstances, ce serait génial, avec deux bénéfices possibles.

Tout d'abord, moins vider les barrages en hiver. Car avec moins de glaciers au sommet des montagnes, des pluies plus irrégulières, et des sécheresses plus prononcées en été, les vider aussi un peu en été pour que les rivières ne soient pas complètement à sec et que les pénuries d'eau soient moins sévères, ce serait sympa.

Et nous pourrions aussi exporter notre surplus d'électricité hivernale vers nos voisins moins nucléarisés, qui pourraient ainsi moins utiliser les centrales au charbon qu'ils conservent pour ces cas rares mais cruciaux. Nous contribuerions donc à une baisse des émissions de l'ensemble du système électrique européen – comme le CO_2 est mondial, que nous provoquions ces baisses chez nous ou ailleurs, c'est équivalent. Et nous y gagnerions financièrement, car nous serions vendeurs pendant ces périodes tendues qui resteront caractérisées par des prix très élevés de l'électricité sur les marchés spot.

À nouveau « écologie » (par la baisse globale des émissions, et par la confiance renforcée du public dans un très haut niveau de pénétration des énergies renouvelables sans risque de black-out électrique), et « récompense » (par ces recettes supplémentaires) !

*

Nous avons donc, deux fois au cours de ce chapitre, apprécié les cas dans lesquels une triple incitation donne le sourire.

Et cela dans deux circonstances qui conduisent à nuancer la théorie économique classique des incitations :

- en veillant à ce que ces trois incitations soient réunies sur une seule personne, qui, de plus, soit bien en capacité de prendre les mesures adéquates en réponse à ces incitations ; c'était la question du locataire et de son propriétaire, du tiers-investisseur, et des droits de vote dans les copropriétés.

- ou bien en traitant de manière spécifique les cas où il est trop difficile de mesurer des « équivalents-émissions » pour se couler dans le moule du signal-prix (notamment une taxe carbone) rationnel et identique d'un secteur à l'autre : pour le bois-énergie, ne créons pas de taxe carbone, et reconnaissons que quand la mesure de l'impact sur le climat est délicate, des subventions sectorielles à la place d'un signal-prix, ce n'est pas si mal.

Sous cette réserve, nous pouvons passer au prochain chapitre qui, lui, restera longtemps fondé sur la pertinence de principe d'un tel signal-prix uniforme.

SIRÈNES ET SIREN, ULYSSE ET NOUVEAUX PREMIERS DE CORDÉE

Nous l'avons vu au début du chapitre précédent, seul un dispositif vraiment contraignant, et non pas juste fondé sur la bonne volonté de quelques acteurs plus éclairés, pourra venir à bout de l'urgence climatique et en particulier du redoutable effet rebond qui fait que, dès lors que l'on s'améliore, on est soumis à une forte tentation d'en profiter en relâchant l'effort.

Nous avons également pris connaissance de l'opinion des économistes du climat, selon laquelle une bonne mesure se caractérise par l'apparition d'un « signal-prix » en € par tonne d'équivalents-CO_2 non émise. Ce signal-prix devrait nous mener à l'optimum car il génère une incitation identique d'un secteur à un autre, et car aucun effet de seuil ne se manifeste.

La taxe carbone est l'exemple le plus classique de ces qualités, mais aussi de ce que les gilets jaunes lui reprochaient : être une ponction de plus de leur poche vers celle de l'État. Une taxe qui, selon Emmanuel Macron dans son livre Révolution, vise à « *valorise(r) les comportements vertueux* »[1]. Or, dans la vraie vie, elle représente une dépense supérieure : le vertueux paiera moins que le non-vertueux, mais quand même plus que si la taxe n'avait pas été instituée.

Pour répondre à cette objection, la taxe peut être intégralement et égalitairement redistribuée aux habitants du pays, ce que les mêmes économistes avaient recommandé pour éviter cet « effet gilets jaunes ».

La taxe carbone non redistribuée est désormais si inapplicable que les cinq dispositifs que je vais maintenant examiner

---

[1] Et à affecter à son objectif idéologique n° 1 : « alléger la fiscalité du travail ». Si la prise en compte des réalités objectives du changement climatique l'avait emporté sur cette obsession dogmatique de la relance de l'économie par une politique de l'offre, peut-être l'augmentation de la taxe carbone qui a provoqué le mouvement des gilets jaunes aurait-elle été conçue de manière à favoriser son acceptation populaire, par la justice sociale.

ont tous en commun de remplacer la ponction actuelle au profit de l'État par soit rien, soit presque rien. Les investissements de décarbonation devront se financer autrement : par d'autres impôts ; ou, dans la vision keynésienne que j'ai développée au chapitre sur le « nouveau quoi qu'il en coûte », par du déficit budgétaire, au motif que ça peut être le meilleur moyen que le total de la dette financière et de la dette climatique augmente le moins possible ; ou encore, dans une vision libérale, par un financement privé (répercuté sur le consommateur), dans la mesure où un signal-prix défavorable aux émissions de CO_2 suffirait à donner un avantage comparatif aux investissements bas carbone.

Il n'est pas nécessaire d'avoir tranché cette question pour poursuivre l'examen des cinq dispositifs annoncés.

Quoi qu'il en soit, une personne qui se trouverait pile poil dans la moyenne y gagnera, sa taxe carbone actuelle étant supprimée. Dans le schéma ci-dessous, sa situation joue un rôle de pivot. Pour les autres, nous cherchons à créer un « signal-prix » incitatif, une récompense au fait de diminuer leurs émissions d'1 t de CO_2. Leurs gains ou leurs pertes se lisent sur des droites dont différentes pentes sont possibles en fonction de la valeur de ce signal-prix en € par tonne de CO_2 :

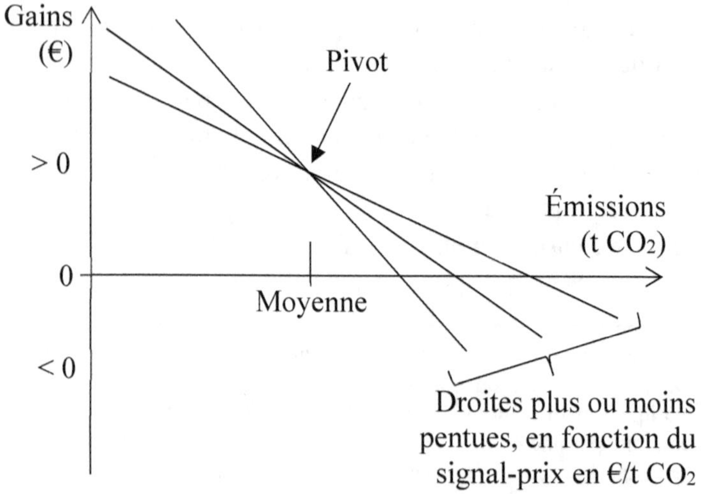

Le fait que le consommateur pile dans la moyenne obtienne un gain positif illustre le fait que nous parlons ici d'un signal-prix mais pas d'un « prix » qui, à l'inverse, maintiendrait, pour tout le monde, un prélèvement sur revenu disponible après paiement des dépenses d'énergie.

Ceci (et le fait qu'il faudra corriger la « mal-incitation » mise en évidence au chapitre précédent en ce qui concerne les locataires et les propriétaires) sera vrai pour les cinq dispositifs examinés ci-dessous.

Ces cinq dispositifs sont de bons exemples d'écologie récompensante : toutes les personnes qui émettront peu de CO_2 parce qu'elles sont sobres dans leurs consommations énergétiques (y compris celles qui sont sobres par nécessité, c'est-à-dire les pauvres), ou qu'elles auront fait le choix et l'effort de passer à des solutions décarbonées (achat d'énergies vertes, rénovation du logement, voiture électrique, ...) bénéficieront, d'une manière ou d'une autre, d'un solde positif de par le fonctionnement du système. Elles seront donc récompensées.

Les perdants, quant à eux, auront peu de raisons de se plaindre : pour en arriver là, il aura fallu qu'ils ne fassent aucun effort, et qu'en plus ils aient de grands logements, des voitures puissantes, les moyens de prendre l'avion. Bref, qu'ils soient riches et peu civiques. Il est donc normal que le bilan de l'application de ces dispositifs leur soit défavorable.

Deux bémols cependant :

Tout d'abord, les choses sont moins nettes en ce qui concerne la distance entre le domicile et le travail. À long terme, il est important d'inciter à ne pas trop disperser l'habitat. La difficulté des américains à être climato-responsables a beaucoup à voir avec leur choix de construire des banlieues pavillonnaires très étendues : arrêtons, s'il en est encore temps, de les imiter dans cette impasse. Mais, à court terme, certaines personnes peuvent être vraiment dans l'impossibilité de se loger ailleurs qu'à l'endroit où elles habitent et de travailler ailleurs que là où elles ont trouvé un emploi.

C'est une difficulté, mais qui concerne toute politique de responsabilité climatique, donc que cela ne nous empêche pas de progresser dans l'analyse. En attendant, on peut souligner que les handicaps ne sont pas aussi univoques qu'on le dit parfois : certes, les ruraux ou rurbains ne peuvent pas se passer d'une voiture, mais ce sont eux qui peuvent le plus facilement passer à la pompe à chaleur, et la compléter par un chauffage au bois. Et inversement pour les urbains : favorisés en ce qui concerne l'accès aux transports en commun ou la possibilité de se déplacer en vélo et à pieds, mais avec moins d'accès à une source froide, nécessaire à toute pompe à chaleur.

Autre difficulté, les dispositifs que nous allons examiner peuvent facilement s'appliquer aux énergies fossiles brûlées aussi bien par les consommateurs que par les professionnels européens … mais les choses se corsent quand on fait attention à notre empreinte carbone totale, en y incluant les importations. Il est nécessaire de prévoir un mécanisme d'ajustement carbone aux frontières (MACF) qui, pour être précis donc à la fois juste et efficace (et par ailleurs protéger correctement nos industriels face à la concurrence extérieure) devra être extraordinairement détaillé, et mobiliser de très nombreux douaniers et experts en carbone. C'est ambitieux, mais tellement inévitable que l'Union européenne y travaille déjà.

Les points communs de ces cinq dispositifs sont donc nombreux. Raison de plus pour examiner en détail ce qui les différencie, et notamment leur capacité, ou non, à induire en nous, en tant que collectif, le bon comportement dans une situation à la Ulysse.

Taxe carbone, bonus-malus : plus saut à l'élastique que cordages contraignants

Commençons par les spécificités de la taxe carbone intégralement redistribuée.

En économie, il est classique de considérer que tout est affaire de courbe faisant se correspondre des prix et des quantités. Le taux de la taxe carbone se mesure en € par tonne d'équivalents-CO_2, c'est un « signal-prix ». Un petit signal-prix générera une légère baisse des émissions. Un signal-prix élevé induira une forte baisse. De manière très simplifiée, si on appelle S le signal-prix et B la baisse des émissions, on aura une relation assez proche de B = K x S, où K est une constante, appelée élasticité des émissions par rapport au signal-prix.

Ceci nous dit comment atteindre nos objectifs climatiques (la neutralité carbone en 2050, la baisse de 55 % d'ici à 2035) : divisons B par K, et on trouve S, le taux de la taxe …

… sauf que K, même si c'est bien une constante au sens de l'idée « *un petit signal-prix générera une légère baisse des émissions, un signal-prix élevé induira une forte baisse* », n'a pas forcément une valeur qui nous est connue avec précision.

Il s'agit d'ailleurs plus d'un ensemble de relations : à court terme, une taxe carbone va nous rendre plus sobres (moins prendre l'avion, rouler moins vite, covoiturer, moins chauffer notre logement), mais la perspective d'une taxation du carbone sur longue période va aussi nous inciter à nous abonner à un vendeur d'électricité verte, à avoir un logement mieux isolé, à passer à la voiture électrique …, et peut convaincre des industriels de se positionner sur ces créneaux et d'abandonner les technologies carbonées. C'est tout ça, en fait, la « constante K ».

Par opposition aux concepts concurrents que l'on verra ensuite, la taxe carbone se caractérise donc par un signal-prix bien connu à l'avance (puisque c'est nous, par l'intermédiaire de nos élus, qui le choisirons), et un « signal-quantité » plus flou. Par rapport à la configuration inverse, est-ce un avantage ou un inconvénient ?

Tout d'abord, pour les entreprises ? La réponse n'est pas évidente : dans certains cas, pour aller voir son banquier, il est utile d'avoir un tableur avec des chiffres bien précis de taxe carbone ; mais savoir quel devra être, année par année, le total des émissions de tous les consommateurs, voilà également une information, concernant les marchés qui s'ouvrent ou se ferment à telle ou telle entreprise, qui pourrait aider un investisseur et son banquier à prendre des décisions avisées.

*

De plus, l'apparente symétrie entre signal-prix et signal-quantité n'existe que pour une seule catégorie d'incertitudes : celle qui concerne la réactivité des agents à ce signal-prix (soit ils seront, très vite, très motivés pour moins émettre du CO_2 en étant plus sobres et en ciblant mieux leurs achats et leurs investissements ; soit, au contraire, ils seront peu réactifs et ne se soucieront du climat qu'à partir d'un signal-prix élevé).

Or, il existe une autre cause d'incertitude : les variations du prix de l'énergie sur les marchés mondiaux.

Examinons les deux cas possibles. Il y a bien entendu les « chocs pétroliers » ou gaziers (1973, 1979, 2008 et dans une certaine mesure 2022). Mais le plus intéressant concerne les « contre-chocs pétroliers » tels celui du milieu des années 1980, et que j'ai évoqués à la fin du chapitre précédent. Ne refaisons pas, à cette occasion, l'erreur stratégique qui avait consisté à beaucoup moins soutenir la recherche et le développement des énergies renouvelables. Et faisons attention au risque qu'un couple locataire - tiers investisseur calcule qu'une anticipation de baisse du prix de l'énergie rendrait non rentables des travaux de rénovation thermique du logement. De manière générale, ce qu'il y a à craindre d'un contre-choc pétrolier, c'est un relâchement : que tout le monde se dise que le problème de l'énergie est réglé et qu'on en oublie la nécessité de la transition climatique.

Or, une telle situation correspond à ce que j'ai présenté comme étant le pire aspect de « l'effet rebond ». Quand la transition énergétique et la décarbonation commenceront à être couronnées de succès, c'est-à-dire quand la demande d'énergies fossiles aura vraiment commencé à baisser, disons de - 50 %, les cours du pétrole ou du gaz vont, logiquement, eux aussi baisser très nettement. Cela constituera une gigantesque tentation : profiter de cette « bénédiction », ou, plus hypocritement, céder au dilemme du prisonnier[1], c'est-à-dire

[1] Rappelons que l'existence de ce dilemme, bien connu de la théorie économique, est le fondement de l'existence des CoPs et de leur caractère indispensable : on ne demande à personne d'être héroïque tout seul ; si nous arrivons à l'être tous ensemble, ce sera déjà bien.

au discours : « si nous n'en profitons pas nous-mêmes, quelqu'un d'autre en profitera à notre place ».

Cette terrible tentation, c'est celle que j'ai évoquée, dès la première page de ce livre, dans ma comparaison avec Ulysse face aux sirènes. J'avais rappelé son attitude, la seule possible : ordonner à son équipage de l'attacher au mât de son navire, et de resserrer les cordages à chaque fois qu'il demanderait qu'on les desserre.

Céder à la tentation d'en revenir, à ce moment, aux énergies fossiles, à ce pétrole redevenu bon marché, renoncer à franchir cette dernière étape, ce serait l'équivalent, pour Ulysse, de renoncer à arriver à bon port. Nous n'avons donc pas d'autre choix que de faire comme lui : anticiper cette tentation et décider, à froid, des mesures rationnelles qui nous permettront, le moment venu, de ne pas y céder.

En fait, pour nos choix énergétiques, nous sommes sensibles au prix toutes taxes comprises, donc, ici, au total du prix de l'énergie, des autres taxes et de la taxe carbone. Pour résister efficacement à la tentation, il faudrait que le total de ces composantes ne puisse pas baisser. Comme indiqué page 161, cela nous rappelle la « TIPP[1] flottante » qui avait pour but d'empêcher que ce total puisse augmenter.

A priori, pourquoi ne pas l'adapter à la situation opposée, par simple symétrie ? Mais on voit mal, parmi les femmes et hommes politiques de notre pays, lesquels seraient assez courageux pour décider, à chaud, d'instituer une telle « TIPP flottante à l'envers » dans le but de priver les consommateurs de 100 % du bénéfice de la baisse des cours mondiaux.

Certes, s'agissant d'une taxe carbone intégralement redistribuée, les français s'y retrouveraient, et ce serait même une sorte de revenu universel qui serait ainsi augmenté. Mais la méfiance de certains de nos concitoyens envers, d'une part, les autorités et, d'autre part, toute proposition risquant d'être qualifiée d' « usine à gaz », est telle que cette idée d'association

---

[1] Même si aujourd'hui elle est devenue la TICPE (taxe intérieure de consommation sur les produits énergétiques).

entre une taxe carbone redistribuée et une TIPP flottante à l'envers me semble difficile à défendre. C'est vexant, mais c'est comme ça.

Bon, nous pouvons toujours espérer que la proposition que j'ai faite au premier chapitre d'une sorte de post-FMI à qui serait confiée la gestion des derniers prélèvements sur les réserves mondiales de combustibles fossiles afin de maintenir leurs cours tout en renonçant à toutes les extraire, soit adoptée.

À défaut, nous serions dans la situation d'Ulysse commençant à approcher des sirènes sans rien avoir prévu pour ne pas céder à leur chant. C'est évidemment inimaginable. Il faut donc trouver une alternative. À partir de quelle piste ?

En fait, le défaut congénital de la taxe carbone, même redistribuée, c'est sa constante K, « l'élasticité des émissions par rapport au signal-prix ». Une élasticité, donc un analogue de l'élastique utilisé pour le saut du même nom. Par ailleurs, K, je l'avais indiqué, n'est pas connue avec précision. Si, en plus, nous devions affronter un contre-choc pétrolier alors même que le climat serait au bord de la rupture, ce serait comme se lancer en saut à l'élastique sans connaître ni la « raideur » de l'élastique, ni la différence d'altitude qui nous sépare du fond du ravin !

Ce dont, comme Ulysse, nous avons besoin pour nous contraindre, par anticipation de la traversée du chant des sirènes, c'est, au contraire, de cordages totalement inélastiques. La TIPP flottante à l'envers, ce serait une martingale ayant pour but de transformer artificiellement un élastique en cordage sans aucune élasticité. Autrement dit, transformer un signal-prix en signal-quantité.

Mais des systèmes où les quantités (c'est-à-dire les émissions de CO_2) sont choisies ex-ante et constituent l'objectif à atteindre, avec des mécanismes qui nous imposent de nous y tenir, ça existe. Alors, autant préférer l'original à la copie, ce sera plus simple.

*

C'est implicite depuis le début de ce livre et dans toute politique climatique digne ce nom, notamment le « Fit for 55 » de l'Union Européenne et l'objectif de neutralité carbone en 2050 : quand on parle d'émissions de CO_2 qui constituent une cible à atteindre, on parle en fait d'un objectif de décroissance forte de nos émissions[1].

Et donc, nos quantités à respecter avec la rigueur d'un cordage sans aucune élasticité, ce sont des émissions à inscrire sur une trajectoire fortement décroissante. Disons - 6 % par an pendant une trentaine d'années.

Voilà donc une enveloppe, qui au départ rassemble le total de ce que nous émettons tous, et à laquelle nous allons opérer des coups de rabot de plus en plus sévères … et puis quoi ? Le plus logique est alors de nous la répartir. Et, forcément, de manière égalitaire. Surtout si nous cherchons une variante assez proche de la taxe carbone, intégralement et égalitairement redistribuée, que nous venons d'abandonner, un peu la mort dans l'âme.

Mais aujourd'hui, nos consommations et nos émissions ne sont pas du tout égalitaires. Nous avons des structures familiales différentes (ça, ça peut s'arranger, en substituant aux individus des « unités de consommation » au sens de l'INSEE), des modes de chauffage et des isolations thermiques différentes... Et surtout des tailles de logements, des nombres et puissances de voitures, des manières de partir en vacances, des consommations de viande, qui sont très différentes d'une classe sociale à une autre.

Pas d'écologie punitive, cela signifie : pas de « revanche sociale » dogmatique et absolue. Les économistes le recommanderont toujours : des incitations financières, c'est à la fois plus souple, et finalement mieux pour tout le monde. Car s'il y a aujourd'hui des pauvres qui sont sobres par nécessité, nous n'allons quand même pas les obliger à augmenter leurs émissions pour le plaisir de se retrouver pile poil dans la nouvelle moyenne. Ni les féliciter pour cela mais de manière purement

---

[1] Mais sans forcément une décroissance économique, en tout cas pas aussi forte – l'efficacité énergétique et la substitution des énergies fossiles par des énergies décarbonées sont donc les outils essentiels de la transformation attendue.

platonique. Pourquoi ne pas les récompenser, en espèces sonnantes et trébuchantes ?

Deux options pour cela.

1 - Soit organiser un marché où ils pourront vendre leur excès de sobriété à ceux qui sont dans la situation symétrique, c'est-à-dire dont les émissions sont au-dessus de la moyenne qu'ils devraient rejoindre, ce qui ne serait pas facile sans cette possibilité d'acheter des quotas supplémentaires : ce sera le sujet du sous-chapitre suivant.

*

2 - Soit ne pas organiser ces mouvements symétriques sous la forme d'un marché, mais d'un système de bonus-malus.

Ainsi, l'État (c'est-à-dire nous) fixerait d'une part les quantités (la trajectoire à - 6 % par an à respecter) et d'autre part le signal-prix (le barème, en € par tonne d'équivalents-CO_2, qui permettra le calcul des bonus et des malus) ?

La théorie économique dit qu'on ne peut pas fixer ainsi à la fois les quantités et les prix. Et, de fait, seuls les prix seront fixés. En effet, dans un tel mécanisme, rien ne garantit que les sous-émissions produites par ceux qui auront droit au bonus, équilibreront exactement les sur-émissions des autres.

Avec comme traduction financière : les sommes récoltées au titre des malus n'équilibreront pas forcément celles distribuées en tant que bonus.

Est-ce pour autant un mécanisme totalement laxiste, des cordages totalement élastiques qui n'auraient empêché en rien Ulysse de tomber dans le piège des sirènes ? Réponse provisoire : non, heureusement.

En effet, s'il y a trop d'émissions, donc trop de citoyens passibles d'un malus, cela crée un surplus de richesses pour l'État[1], et celui-ci pourra le dépenser de manière pertinente, en

[1] Et inversement ? Si nous sommes trop vertueux, et donc méritant trop de bonus, on peut se demander si l'État accepterait un système où il risque d'y perdre financièrement. Mais, dans ce cas, il y gagnerait en termes de sur-atteinte de ses objectifs climatiques, ce qui peut d'ailleurs être converti en cash dans le cadre des dispositifs incitatifs « cap and trade » qui permettent des échanges rémunérés entre différentes nations.

surcroît de subventions dans le cadre de politiques de décarbonation : aides à l'achat de voitures électriques ou hybrides, à la rénovation thermique des bâtiments, au nucléaire ou aux énergies renouvelables, etc.

En accélérant ainsi la substitution des énergies fossiles par des décarbonées, notre trajectoire déviante sera remise dans le droit chemin. Et cela de manière automatique. Pas de difficulté politique à instituer une « TIPP flottante à l'envers » au pire moment, comme c'était le cas avec la taxe carbone, même intégralement redistribuée.

Mais c'est trop beau ! Ce mécanisme, c'est ce qui se passera avec un barème suffisant, en €/t, pour les bonus et surtout les malus. Or, supposons que la cause de l'excès d'émissions, ce soit un barème insuffisant. Dans ce cas, la correction de la déviation ne sera pas automatique.

Dans un premier temps, nous constaterons des efforts insuffisants, donc beaucoup de gens subissant un malus (mais un pas trop méchant, le barème étant trop faible).

2ème temps : l'État affecte ces recettes (insuffisantes) à des aides à la décarbonation ;

3ème temps : la déviation par rapport à la trajectoire idéale n'est toujours pas corrigée ;

4ème temps : nous étant rendu compte de cet échec, il nous faut explicitement (c'est-à-dire le contraire d' « automatiquement ») nous décider à relever ce barème ...

Tout cela ressemble dangereusement à ce qui a généré le mouvement des gilets jaunes ... et le retrait de l'augmentation de la taxe carbone pourtant officiellement décidée.

Certes, il s'agissait d'une taxe non redistribuée. Mais, ici aussi, il risque d'y avoir des difficultés comparables. Nous nous trouverions dans une situation où la majorité de nos concitoyens seraient passibles d'un malus, donc en position de force pour se mobiliser contre son augmentation.

Et celle-ci se ferait au profit de l'État ; certes, son utilisation consisterait à plus subventionner les solutions de décarbonation, mais sommes-nous sûrs que les électeurs auront été convaincus par ce qui se sera passé lors de la 2ème phase ci-dessus ? Quand on crée des aides à l'investissement, il y a toujours un retard à l'allumage, il faut que les entreprises, souvent artisanales, soient prêtes à répondre à la demande, avec assez de personnel bien formé. Bref, il arrive souvent que les conditions ne soient pas réunies pour une application parfaitement satisfaisante des politiques prévues.

Et qui dit subventions qui prennent du retard à être versées, dit État accusé de garder pour lui l'argent des malus qu'il devait dépenser au profit de la transition, donc opposition de nombreux citoyens à un projet visant à aggraver ces malus…

J'étais parti de l'hypothèse que le barème des bonus et des malus serait insuffisant. Dans quelles circonstances cela pourrait-il se produire ?

À nouveau si, au niveau mondial, nous étions en train de gagner la partie en faveur du climat, si nous étions sur le point de nettement réduire la demande d'énergies fossiles, et donc si leurs cours commençaient à baisser, générant chez nous une tentation à la Ulysse.

Y résister serait la chose la plus importante au monde ; dans un système de bonus-malus, cela signifierait augmenter un barème en €/t à un moment où il serait insuffisant ; et nous avons constaté que c'est ce qui serait le plus difficile.

Une fois de plus, pas de chance, une idée qui avait l'air assez astucieuse et rationnelle, mais qui, comme la taxe carbone redistribuée, risque de rencontrer des difficultés croissantes d'acceptabilité politique.

Difficultés qui tiendraient notamment au délai de correction des écarts, puisque cela devrait passer par des investissements, qui ne sont pas immédiats. Pourquoi ne pas garder l'idée d'une rétroaction du même genre, mais immédiate donc agissant plutôt sur notre niveau global de sobriété[1] ?

---

[1] Sachant que celle-ci entrainera le bon niveau des incitations de long terme en €/t qui généreront le flux correct d'investissements, ceux-ci restant tout-à-fait nécessaires. Je ne suis donc pas en train d'opposer sobriété et investissements de décarbonation.

En fait, il nous faut juste revenir au point où nous avons laissé de côté ce que j'avais présenté comme « l'autre option » : « *Soit organiser un marché où (les pauvres) pourront vendre leur excès de sobriété à ceux qui sont dans la situation symétrique, c'est-à-dire dont les émissions sont au-dessus de la moyenne qu'ils devraient rejoindre, ce qui ne serait pas facile sans cette possibilité d'acheter des quotas supplémentaires* ».

Les quotas, amont ou aval : ex aequo pour homo economicus ...

L'hypothèse que je viens d'énoncer (une trajectoire rigide et décroissante d'émissions à respecter, répartie égalitairement entre nous sous la forme de budgets carbone individuels, juste adoucie par le fait que ceux d'entre nous qui ne peuvent pas s'empêcher d'émettre plus que la moyenne pourront acheter, sur une bourse d'échange, les excédents de quotas dont disposeront les plus sobres) présente un certain nombre d'avantages que j'ai, en fait, déjà énoncés :

- comme les quatre autres dispositifs, elle permet la suppression de la taxe carbone actuelle, générant ainsi un transfert de l'État (à prendre en compte par ailleurs) à notre profit, en tant que consommateurs ; en particulier, ceux dont les émissions sont juste dans la moyenne y gagneront ;
- d'autres, les plus sobres, y gagneront encore plus, seuls les vraiment peu sobres y perdront ; comme les premiers sont souvent les plus pauvres et inversement, ce système devrait être redistributif ;
- chacun pourra arbitrer rationnellement entre se chauffer un peu moins fort, covoiturer davantage, manger moins de viande de ruminant, ne pas prendre l'avion, ou payer pour conserver le droit de ne pas faire ces quelques efforts de sobriété. (La société arbitrant, quant à elle, entre, par exemple, plus de nucléaire ou plus de renouvelables ou les deux) ;
- l'égalisation des quantités de droits d'émission de CO_2 vendus et achetés sur la bourse d'échange se fera lorsque le

prix de ces échanges, en € par tonne d'équivalents-CO_2, en sera le bon point d'équilibre[1]. Ce « signal-prix », identique pour tous les secteurs, contribuera à une allocation optimale des ressources rares (la capacité d'absorption des gaz à effet de serre par l'atmosphère étant l'une de ces ressources, et, ici, la plus critique) ;

- enfin, contrairement à la taxe carbone, nous avons ici une enveloppe d'émissions de CO_2 strictement déterminée et baissant de 6 % par an – concrètement, un rationnement, ou l'équivalent des cordages inélastiques qu'Ulysse ordonne à ses marins d'utiliser pour le contraindre à ne pas céder au chant des sirènes. Ceci sera essentiel le jour où nous commencerons à gagner la partie en faveur du climat et où les prix des énergies fossiles risqueront de s'orienter nettement à la baisse, avec une tentation aussi forte que celle à laquelle Ulysse devait résister.

*

Tout ceci en fait-il le meilleur de tous les systèmes imaginables ?

Oui, mais ex aequo avec un autre, qui donne, à ce stade, exactement les mêmes résultats (par exemple, la même valeur du signal-prix et la même absence d'élasticité).

Les quotas que je viens d'évoquer sont égalitaires, et cet adjectif a un sens parce qu'il s'agit de diviser notre enveloppe globale en autant de consommateurs que notre pays (ou l'Europe) en compte. Ces consommateurs constituent la dernière étape du fonctionnement de l'économie, après la production, la distribution… Nous pouvons donc qualifier ce système de quotas « aval ».

---

[1] Trop de quotas sur le marché feraient baisser leur prix, de telle sorte que les vendeurs seraient tentés de, finalement, émettre eux-mêmes le CO_2 concerné, tandis que les acheteurs auraient envie d'en acheter encore plus et donc auraient tendance, eux aussi, à faire moins d'efforts de sobriété ; au total, le déséquilibre initial entre trop d'offre et pas assez de demande (« trop de quotas sur le marché ») serait corrigé.

Et, symétriquement, un prix trop élevé n'aurait pas non plus de raison d'être puisqu'il provoquerait un excès d'offre de droits d'émission de CO_2, par rapport à la demande, et donc une correction à la baisse de ce prix.

Il fonctionne car la préférence que nous manifesterons en tant que consommateurs pour tel ou tel bien ou service influencera les entreprises : elles auront intérêt à avoir une production décarbonée, parce que nous-mêmes aurons intérêt à une consommation décarbonée. Le signal-prix « remontera » de l'aval vers l'amont.

Mais on peut aussi générer ce signal-prix directement à l'amont de l'économie, ou au moins au plus près de chaque point où des énergies fossiles sont facilement appréhendables. Ces « quotas amont » ont deux avantages.

Le premier, c'est qu'ils peuvent, en apparence[1], répondre à un mot d'ordre assez répandu, celui qui exige qu'on fasse payer les entreprises et non les simples citoyens.

Et le second, c'est que de tels quotas amont existent déjà, soit dans les faits, soit dans le droit qui sera très prochainement applicable. Il s'agit de l'« EU ETS »[2] ou, en français, SEQE, système européen de quotas d'émissions.

Le SEQE d'origine concernait surtout des industries lourdes : sidérurgie, cimenteries, production d'électricité ... et, depuis peu, le transport aérien intérieur à l'Europe. Ce système a longtemps été critiqué pour son inefficacité et son soutien aux situations acquises, car beaucoup de quotas étaient attribués gratuitement, au motif que c'était nécessaire pour que les industries européennes ne soient pas déstabilisées par une concurrence étrangère non soumise aux mêmes contraintes. Après d'autres, une directive européenne de 2023[3] fait évoluer ce dispositif, en visant l'extinction de ces quotas gratuits parallèlement à l'instauration d'un mécanisme d'ajustement aux frontières. La décroissance dans le temps de l'enveloppe totale de quotas est également renforcée.

---

[1] En apparence seulement, car nous sommes en train de montrer que quotas amont et aval sont totalement équivalents.

[2] European Union Emissions Trading System

[3] Directive 2023/959 du Parlement européen et du Conseil modifiant la directive 2003/87/CE établissant un système d'échange de quotas d'émission de gaz à effet de serre.

La même directive a aussi étendu ce principe aux achats les plus émissifs des particuliers, essentiellement les carburants pour véhicules et les combustibles pour le chauffage. Mais, là encore, il s'agit de quotas amont : ce ne sont pas les particuliers eux-mêmes qui sont directement concernés, mais les vendeurs de ces énergies fossiles.

À partir de 2027 ou 2028, ils devront en principe acheter, aux enchères, des droits à mettre leurs marchandises sur le marché, au prorata des émissions de CO_2 qui en résulteront. Et ces enchères risquent d'être de plus en plus difficiles à gagner, donc de plus en plus coûteuses, car la quantité totale de droits mis en vente devrait diminuer de plus de 5 % par an à partir de l'entrée en vigueur du système. Comme dans une salle des ventes, la rareté croissante de ces droits fera qu'on se les arrachera – concrètement, il faudra payer de plus en plus cher pour être l'heureux acheteur.

Dans ce qui précède, un mot exclut ce dispositif des cinq meilleurs que je compare ici : « enchères ». En effet, aux enchères, il n'y a pas seulement des acheteurs, il y a aussi des vendeurs, qui ne peuvent être que publics. Le SEQE fait clairement rentrer de l'argent dans les caisses des États, à qui est attribuée la plus grande part du produit de ces enchères (une plus petite part revenant à l'Union Européenne).

C'est sans doute pour cela que ce système de quotas et d'enchères a été qualifié de « taxe carbone déguisée », en plus de son caractère incitatif, autre point commun.

La directive européenne prend en compte le risque d'un effet « gilets jaunes », on a même l'impression que cet argent, qu'elle ne peut pas ne pas collecter, lui brûle les mains : elle recommande aux États de redistribuer les gains de ces enchères, d'une part en soutien aux ménages en situation de précarité énergétique, et d'autre part en subventions aux filières qui répondront à cette demande d'économies d'énergies carbonées : isolation, chauffage alternatif, véhicules électriques…

Pourquoi pas, mais, là encore, la vision d'un économiste, c'est de se méfier de ce genre d'usine à gaz où on retrouvera à nouveau du clientélisme, des effets de seuil (à 1 € près de revenu, on aura droit, ou non, à des aides), des distorsions d'un secteur à un autre – ce que le fait d'avoir des enchères unifiées sur les carburants, les logements et quelques autres domaines, visait justement à éviter grâce à un « signal-prix unique ».

D'où l'intérêt d'une alternative radicale dans sa simplicité : redistribuer le produit des enchères de manière égalitaire à tous les citoyens. Si les économistes du climat sont nombreux à préférer une taxe carbone intégralement redistribuée par rapport à celle actuellement en vigueur, pourquoi la même évolution, appliquée à la « taxe carbone déguisée » que constitue le SEQE, ne présenterait-elle pas les mêmes avantages ?

Premier bon point. Mais un dernier effort est encore nécessaire pour arriver à quelque chose de suffisamment épuré pour devenir vraiment pertinent.

*

La directive européenne comporte un autre ensemble de dispositions assez complexes, traitant du cas où le signal-prix risquerait de dépasser les 45 € / tonne de CO_2, soit, par exemple, de l'ordre de 10 centimes par litre d'essence. Dans ce cas, le « signal-quantité » de l'enveloppe d'émissions (baissant de 5 à 6 % par an) serait remplacé temporairement par un retour au signal-prix constant que constituent ces 45 €/t.

Les députés européens ont sans doute cru instituer ainsi un garde-fou. Cela me rappelle un exemple dont j'avais entendu parler au cours de mes études d'économie. C'était il y a plus de 30 ans, au début des produits financiers dits « structurés », c'est-à-dire avec des taux d'intérêts variant en fonction de divers paramètres. Dans une banque, des administrateurs en avaient repéré un qui leur semblait assez suspect, leur faisant courir un risque bizarre. Ils ont donc obtenu sa résiliation. Mais, en fait, ce produit particulier avait une fonction précise : il compensait un risque symétrique résultant d'autres engagements. Avec ce produit, le risque global du portefeuille de la banque était minimisé, mais une fois celui-ci résilié, le déséquilibre réapparaissait et le portefeuille redevenait très risqué. En se voulant des « garde-fou », ces administrateurs s'étaient en fait, par ignorance, comportés comme des fous.

Ici, laisser le cours de la tonne d'équivalents-CO_2 réagir aux évènements de manière parfaitement libre en restant un pur « signal-quantités », c'est cela le vrai garde-fou ; et tenter de l'en empêcher avec cette limite de 45 €/t, c'est être un fou non gardé. En effet, nous retombons, une fois de plus, sur la tentation d'Ulysse : plus nous serons près d'arriver à bon port climatique, grâce à une forte baisse de notre consommation d'énergies fossiles, plus il y aura de risque que celles-ci voient leur prix baisser et notre tentation devenir intenable, et plus un signal-prix élevé à ajouter volontairement à ce prix de l'énergie sera indispensable pour que le total « prix de l'énergie + valeur de notre signal-prix » reste constant.

Bidouiller ce changement de logique quand ce signal-prix atteint 45 €/t était donc, non pas un garde-fou comme l'Europe a cru l'instituer, mais la pire stratégie face au chant des sirènes. Le véritable garde-fou, c'est le cordage qui maintient Ulysse à l'intérieur d'une contrainte intangible. Le changement de logique à 45 €/t est l'équivalent d'un bouton « à actionner en cas d'urgence » permettant à Ulysse de se libérer de ses cordages et de se précipiter dans le piège des sirènes.

Dernière vérification de ce raisonnement : éviter à la composante d'un prix de devenir très élevée, est-ce vraiment inutile ? Oui, car la question n'est pas celle-ci. Depuis le début de ce chapitre, nous avons exclu l'hypothèse que les €/t soient un prix : ils ne sont qu'un signal-prix, à fort effet incitatif mais sans conséquence sur l'équilibre économique d'un consommateur juste dans la moyenne, qui reste toujours à son « point-pivot ». Donc nous n'augmenterions pas « un prix ».

En conclusion, un mécanisme tel que le SEQE existant dans la loi et censé entrer en vigueur en Europe à partir de 2027 peut se mettre à cocher toutes les cases d'un dispositif aussi pertinent que les quotas individuels décroissants, égalitaires et négociables, à deux conditions :

- remplacer l'affectation du produit des enchères par usines à gaz clientélistes et technologiquement non neutres, par une redistribution égalitaire entre tous les citoyens, comme nombre d'économistes du climat le préconisent pour la taxe carbone ;

- et supprimer les mécanismes « pieds nickelés » actuellement prévus lorsque le signal-prix relatif à la seconde part du SEQE atteint les 45 €/t[1].

Bienvenue au pays du Ͼ

Les appréciations « ex aequo » ou « aussi pertinent que » utilisées ci-dessus résultent, comme vous avez pu le constater, de considérations assez théoriques. Mais des éléments plus concrets sont aussi à prendre en compte.

Ainsi, la simplification du SEQE (« quotas amont ») que je viens d'exposer a le grand avantage de concerner un dispositif existant. Et on peut imaginer que se contenter d'amender ce système qui vient juste d'être voté a plus de chances d'être politiquement acceptable que de le raser complètement et de se lancer dans la construction d'autre chose qui, au moins en apparence, serait très différent. Mais regarder plus en détail ces « quotas aval » présente quand même de l'intérêt.

Rappelons en quoi ils consistent : en ce que chaque citoyen ait droit à un budget carbone annuel, tout compris, qu'il devra gérer au mieux de ses choix ; et que, pour le dépasser, il doive trouver quelqu'un qui aura, symétriquement, un surplus de sobriété (choisie ou subie) à lui revendre. « Trouver » est une façon de parler : il y aura un mécanisme de marché, une plateforme nationale ou européenne où ces échanges seront organisés entre de nombreux vendeurs et de nombreux acheteurs. Ce qui fera apparaître un « signal-prix » pour ces droits d'émettre du CO_2, que l'on pourrait désigner par le symbole Ͼ[2].

« Mécanisme de marché » est une expression idéologiquement très connotée, que ce soit en bien (pour un électeur

[1] Dès lors que ce serait le cas, il n'y aurait d'ailleurs plus de raison de conserver les deux enveloppes du SEQE, entre lesquelles les mécanismes de réactions à des variations soudaines du signal-prix ont comme avantage d'introduire un petit effet de vases communicants. Pour le rétablir, quoi de plus simple (et par ailleurs d'assez utile) que de fusionner ces deux enveloppes en une seule ? Troisième simplification à introduire, donc.

[2] Proposé par les animateurs du site internet https://comptecarbone.cc/

d'Ensemble) ou en mal (pour la plupart des écolos). Précisons donc de quoi nous parlons exactement.

En positif, il s'agit d'un adoucissement du principe de base de ces quotas, qui est de rationner la ressource critiquement rare que constitue la place restant pour encore un peu de CO_2 en plus dans l'atmosphère. Un rationnement strict, sans possibilité d'échanges, est une solution extrême (et génère souvent un marché noir), alors que s'il est adouci par des possibilités d'achats et de ventes, il est plus supportable. Par ailleurs, la théorie économique confirme que ces possibilités d'échanges favorisent l'allocation optimale de l'ensemble des ressources économiques concernées.

En mal, cela va-t-il dans le sens des évolutions économiques contestables qui ont consisté à prétendre que ce serait un progrès que de nous encourager à investir en bourse pour assurer notre retraite, ou de nous confier, en tant que consommateurs, des choix assez complexes (si on les prend au sérieux) entre plusieurs offres d'électricité, d'opérateurs de télécoms, de mutuelles, … ? Chaque citoyen devra-t-il deviner à quel moment il aura intérêt à acheter, ou vendre, du Ͼ ? Et cela ne risque-t-il pas de rendre les cours du Ͼ erratiques, lui déniant son rôle de signal-prix orientant de manière rationnelle et écologique les investissements des entreprises ?

Dans les propositions qui sont élaborées à ce sujet, les citoyens ayant envie de tout maîtriser eux-mêmes en auraient le droit, mais le système fonctionnerait principalement au bénéfice, d'une part, des consommateurs n'ayant aucune envie de s'en mêler quotidiennement, et, d'autre part, d'une évolution maîtrisée des cours du Ͼ.

La plate-forme d'échange aurait en fait un rôle plus large. (1) En tant qu' « agence carbone », elle tiendrait la comptabilité en Ͼ de tous les citoyens (ou délèguerait cette fonction, sous son contrôle, aux banques). (2) Chaque mois, elle fixerait son cours du Ͼ. Et (3) elle passerait le reste de son temps à observer les différents paramètres à prendre en compte pour le faire évoluer, à la hausse ou à la baisse, afin de suivre (et, si nécessaire, de rattraper) la trajectoire annuelle qu'elle aurait prévue et publiée à l'avance, respectant l'objectif légal de - 6 % par an. Les paramètres en question, avant d'être observés mois après mois, auront eux aussi été prévus à l'avance, ce qui permettra de réagir par une « analyse des écarts », méthode classique en gestion.

Ils pourraient porter sur diverses prévisions : de trajectoire de prix du Ͼ ; de consommations de gaz (mois par mois pour des conditions météo moyennes) ; de ventes de charbon (pour l'industrie), de fioul domestique (et de niveau de remplissage des cuves chez un panel de particuliers ou de copropriétés), et de carburants à la pompe ; de jours de télétravail dans un panel d'entreprises, de nombre de visioconférences, de fréquentation des transports en commun, de trafic et de vitesses moyennes mesurées par des radars le long de diverses routes et autoroutes ; de ventes d'équipements pouvant contribuer à faire baisser les émissions (voitures électriques ou hybrides, pompes à chaleur, isolation des bâtiments, ...), d'emplois dans les entreprises de rénovation des logements ; de prix de vente en € des différentes énergies ; des Ͼ décomptés par les douaniers en ce qui concerne le commerce extérieur ; des quantités de Ͼ qui seront épargnées par les plus sobres tout au long des différents mois, de celles qui seront manquantes pour les moins sobres ; de résultats de sondages portant sur le respect ou non des cibles d'émissions ; etc. ...

Ainsi, chaque mois, l'agence carbone collecterait toutes les données « physiques » et « en € » énumérées ci-dessus, celles de la météo permettant d'analyser finement la question du chauffage, et totaliserait tous les Ͼ observés dans les comptes de tous les particuliers. Enfin, elle ferait tourner un modèle mathématique (régulièrement vérifié, amélioré et publié) permettant de déterminer si les citoyens auront été plutôt plus soucieux du respect de la trajectoire d'empreinte carbone nationale, ou s'il y a plutôt du relâchement, et donc si le prix du Ͼ doit être abaissé ou relevé par rapport à la trajectoire en cours.

Les différents cours mensuels du Ͼ seront utilisés, soit par les particuliers pour en acheter ou en vendre en fonction de leurs possibilités ou de leurs besoins tout au long de l'année, soit, pour ceux d'entre nous que cela n'intéresse pas, pour que, au 31 décembre, l'agence carbone convertisse en € nos comptes en Ꞓ, puis nous débite ou crédite de ces €. Au total :

- l'agence carbone ayant un mandat clair de respect (sous réserve d'aménagements entre hivers doux ou froids) de l'enveloppe diminuée chaque année de 6 %, et ayant, par ses corrections mensuelles du prix du Ꞓ, les moyens de respecter sa trajectoire, ces prix et ces quantités seront bien conformes au principe de détermination selon l'offre et la demande ;

- mais la plupart de nos concitoyens qui n'ont aucune envie de boursicoter verront, sans qu'ils aient besoin d'intervenir, la conversion de leurs Ꞓ se faire rationnellement ;

- et, entre les deux, nous aurons aussi la possibilité de confier cette gestion à notre banque préférée.

Voilà dans quelle mesure la notion d'« échanges sur une sorte de marché » implique d'adhérer ou non à une vision libérale de l'économie.

*

Et ceci en suivant un taux de décroissance de - 6 % par an pendant 25 ou 30 ans, dès la 1ère année : suis-je psychorigide au point d'ignorer l'intérêt d'une mise en œuvre progressive ?

En réalité, cette cible provoquera deux types de réponses de la société et de l'économie, avec deux échelles de temps différentes, et une relative souplesse d'adaptation aux réalités qui se découvriront au cours des années.

À long terme, une réduction permettant d'atteindre le zéro émissions nettes, c'est-à-dire de s'approcher du zéro émissions brutes, ne peut résulter de seuls efforts de sobriété. Les progrès approfondis qui seront nécessaires devront venir d'investissements de décarbonation, dans le domaine de l'efficacité énergétique (isolation thermique, etc.) et surtout de la substitution d'énergies fossiles par des décarbonées (renouvelables et / ou nucléaire) et de leur utilisation en tant qu'énergies électriques (voitures, pompes à chaleur, ...).

Ces investissements peuvent être le résultat des budgets carbone individuels dans la mesure où les consommateurs feront un calcul économique où les surcoûts de ces investissements seront compensés en fonction du cours du Ͼ. Plus il sera élevé, plus il y aura de chances que ses effets soient suffisants pour stimuler, à hauteur de ce qui est nécessaire, la transition de décarbonation.

Ce sera moins le cas lors des toutes premières années de fonctionnement du système. En effet, si la contrainte de la trajectoire à - 6 % par an n'a encore joué que pendant 1 ou 2 années, une réponse des citoyens uniquement sous forme de sobriété pourrait apparaître sans trop d'efforts, et donc sans que le cours du Ͼ monte trop haut. De ce fait, les investissements pourraient ne pas être, lors de ces toutes premières années, la réponse principale à la mise en œuvre des budgets carbone individuels.

Il se peut donc qu'il y ait, au total, deux phases successives. L'une, assez courte, où la sobriété serait la réponse majoritaire et où le cours du Ͼ augmenterait de manière progressive, proportionnellement au nombre d'années écoulées. Puis une seconde phase où le niveau suffisant atteint par ce cours déclencherait des investissements croissants de décarbonation, qui prendraient alors le relai de la sobriété pour parachever le processus de suivi de la trajectoire prescrite.

À quelle vitesse tout cela pourra-t-il se produire ? Pas facile à dire. Soit les entreprises décideront rapidement, même avec un signal-prix modeste sur le Ͼ, d'investir dans la transition climatique ; soit, au contraire, elles attendront, pour modifier leurs process ou leurs offres, que le prix du Ͼ soit plus élevé.

Mais, quoi qu'il en soit, il existera une réponse à l'objection qui consisterait à se demander si l'absence de tout plafonnement, que ce soit à 45 €/t ou à toute autre valeur, risquerait d'être anxiogène pour les consommateurs, rendant plus difficile son adoption par les parlementaires.

La réponse à cette objection est double. Tout d'abord, en y réfléchissant posément, on se rend compte que l'effet réel est inverse : la possibilité d'un signal-prix très élevé est la garantie de ce que des alternatives décarbonées seront bien proposées aux consommateurs. Et on peut aussi (ce qui est, en fait, équivalent) frapper les esprits par une comparaison avec la dissuasion nucléaire : quelque chose de très dévastateur, mais qui a comme principe d'être si dissuasif que ça ne sera, en réalité, jamais appliqué.

Le parallèle serait le suivant : la loi définit une trajectoire fortement décroissante d'émissions ; s'il n'y a pas assez d'investissements, tenir cette trajectoire ne serait possible que par une très forte sobriété ne pouvant être atteinte qu'avec un signal-prix très élevé sur le CO_2 ; les investisseurs concernés auraient donc devant eux le risque que s'ils investissent trop peu, ils voient leurs concurrents moins pusillanimes être rémunérés à un niveau très élevé grâce à ce signal-prix ; pour ces investisseurs tentés de ne rien faire, la perspective est de mourir « vitrifiés » par le différentiel de revenu qui apparaîtra entre eux et leurs concurrents directs plus avisés ; donc ce signal-prix devrait fonctionner et les investisseurs devraient être tous au rendez-vous[1].

Rappelons que le niveau du signal-prix en € par Ꞓ (ou par tonne de CO_2) sera déterminé par l'agence carbone qui collectera des données sur la réactivité de l'économie, qui aura comme « mandat » d'assurer le respect de la trajectoire de décarbonation, et qui pour cela regardera de près les investissements des entreprises : exactement le même métier … que la Banque de France, et de ses succursales dans toutes nos villes moyennes. Faudrait-il donc fusionner Banque de France et Agence carbone ? Pourquoi pas ?

Dans son deuxième discours de la Sorbonne, Emmanuel Macron a proposé que la Banque Centrale Européenne ait un objectif de décarbonation. Le Ꞓ (qui sera géré par nos cartes bancaires) ressemblera à une deuxième monnaie. Pour être bien sûrs que nous mettons une contrainte sur notre empreinte carbone totale et non seulement sur nos émissions territoriales, les douaniers devront devenir des experts en contenu carbone

---

[1] Sans pour autant surinvestir ni le faire dans le désordre : une planification climatique reste nécessaire pour le leur indiquer. C'est pour sa capacité à la réaliser et à la mettre en valeur qu'Elisabeth Borne avait été choisie comme première ministre, mais on l'a utilisée et usée à tout autre chose.

de ce qui franchira les frontières de l'Europe[1]. Donc pourquoi les employés des banques centrales ne verraient-ils pas leurs métiers évoluer de manière similaire ?

Et cette convergence était déjà apparue dans mon premier chapitre, quand j'ai évoqué le principe de minimisation du total de ce que nous léguerons aux générations futures, à la fois sous forme de dette publique et de dette climatique.

La Banque centrale européenne et la Banque de France ont comme mandat principal le contrôle de l'inflation, mais, sous la pression populaire, elles ont fini par évoluer et par travailler aussi à la régulation du chômage – deux objectifs que les économistes avaient longtemps considérés comme assez antagonistes. Nos concitoyens souhaiteront sans doute aussi que l'Agence Carbone, en plus de son mandat principal de contrôle de notre trajectoire de décarbonation, fasse en sorte que le chômage reste mesuré. Tout cela plaide pour un ensemble « Banque de France + Agence carbone » qui ait deux trajectoires principales à piloter, celle des émissions de gaz à effet de serre et celle de l'inflation, et qui pour tout cela ausculterait en permanence l'économie et les entreprises, gardant ainsi un œil sur le chômage. On s'assurerait donc à la fois que celui-ci ne se développe pas et que les investissements de décarbonation sont correctement planifiés en fonction du bon niveau de signal-prix sur le CO_2.

Pour résumer : par peur de la bombe atomique d'un prix du CO_2 qui, en théorie et si nécessaire, pourrait devenir très élevé, il se passera ce qu'il faut pour que cette bombe atomique ne soit pas utilisée (« dissuasion »). On retrouve ici l'idée selon laquelle proposer un mécanisme sans plafonnement à 45 €/t pourrait finalement être, pour l'économie, au moins aussi sécurisant qu'un mécanisme incluant ce plafond. Et, pour le climat, bien plus rassurant.

*

---

[1] Exactement de la même manière que si l'Europe, comme elle l'a annoncé, met en place un mécanisme d'ajustement carbone aux frontières, et ceci de manière assez fine pour supprimer toute distorsion de concurrence entre les produits concernés.

Revenons une dernière fois, mais de manière concrète, sur la question du signal-prix, et en particulier sur le fait qu'il doit être le même pour tous les secteurs, permettant une allocation optimale des ressources rares.

Si c'est bien le cas, chacun pourra arbitrer de manière parfaitement rationnelle entre, par exemple, covoiturer ou manger moins de viande de bœuf – ce dernier arbitrage nécessitant que l'on soit capable de déterminer avec précision les émissions en équivalents-CO_2 des différents phénomènes (stockage ou déstockage de carbone dans les sols, autres gaz à effet de serre tels que le méthane émis par les ruminants, ...) qui interviennent en agriculture et en élevage ; on comprend que l'Europe ne se soit pas encore attaquée à cet arbitrage, qui est complexe.

La gestion forestière et la prise en compte du chauffage au bois sont, en théorie, encore plus délicats, mais j'ai indiqué aux pages 166 et 167 qu'une bonne taxe carbone ne devrait pas s'appliquer au bois, et je reviendrai à nouveau, page 215, sur ce sujet.

De même, l'Europe commence à travailler à un ajustement aux frontières, destiné pour l'instant à remettre à égalité les entreprises européennes et étrangères, mais seulement dans le secteur de l'industrie lourde, concernée par le SEQE 1. Tout le monde reconnaît qu'il sera à la fois nécessaire et difficile d'arriver à une même remise à niveau pour l'ensemble des produits susceptibles d'être importés ou de ne pas l'être, voire exportés[1]. Dans le cadre des budgets carbone individuels, la même exigence (et la même difficulté pour la satisfaire) est présente, afin que chaque consommateur puisse arbitrer de manière rationnelle et dans l'intérêt du climat, non seulement entre, par exemple, déplacements ou nourriture, mais aussi entre produits européens ou extra-européens.

---

[1] L'idéal serait évidemment qu'un système tel que celui qui est proposé ici soit en vigueur sur la planète entière : nous ne sommes pas près d'avoir un gros problème douanier avec le commerce interplanétaire. En attendant, une piste d'extension à d'autres continents que l'Europe est esquissée dans mon dernier livre, « 5 défis techniques XXL inédits pour le climat », disponible sur simple demande.

Dès lors que tous ces arbitrages sont possibles, chaque consommateur pourra faire, en toute rationalité, tous les choix qui lui plairont, mais cela apparaîtra aussi au niveau de nos choix collectifs. Les quatre systèmes[1] proposés ci-dessus ne préjugent en effet nullement de nos préférences :

- soit pour l'efficacité énergétique (isolation des bâtiments, ...), soit pour la sobriété, soit pour un développement accéléré des solutions décarbonées à substituer aux énergies fossiles ;
- au sein de ces solutions, ils ne préjugent pas non plus du choix éventuel entre énergies nucléaire et renouvelables ;
- en ce qui concerne les finances publiques, une fois qu'on aura retiré la taxe carbone (non redistribuée) actuelle pour la remplacer par l'une de ces quatre options, il y aura un choix très ouvert, entre le fait d'intervenir ou non par des actions sectorielles, et entre les quatre possibilités de financement de la transition que sont les autres impôts, la dette publique, la dette privée ou l'autofinancement des entreprises privées ;
- enfin, ces quatre mécanismes se répercutent, entre le consommateur et l'amont des chaînes de valeur, d'une manière qui, comme la TVA, donne le même résultat aussi bien avec de grands conglomérats intégrés en une seule entreprise allant pratiquement de la mine à la vente au grand public, ou bien au contraire avec de nombreuses entreprises mono-métier principalement clientes et fournisseuses les unes des autres.

Nos différents systèmes, de la taxe carbone au SEQE simplifié en passant par les bonus-malus et les budgets carbone individuels, peuvent ainsi être qualifiés d' « agnostiques » sur ces quatre tirets, dont les premiers ont une grande importance politique. L'urgence climatique est telle que nous devons en priorité lancer des politiques publiques, éventuellement qualifiables de « et de gauche, et de droite », en tout cas capables de résister aux alternances politiques – dans la limite proposée au chapitre sur le « nouveau progressisme », excluant les formations politiques qui ne seraient vraiment pas sérieuses

[1] Taxe carbone équitablement redistribuée ; bonus-malus ; quotas amont par enchères européennes elles aussi équitablement redistribuées ; ou budgets carbone individuels, égalitaires et négociables.

sur l'essentiel de la question du climat. Grâce à ces quatre agnosticismes, la création d'un « signal-prix », dans la justice sociale et le souci de l'allocation optimale des ressources rares, remplira cette condition de longévité politique.

*

La question de l'acceptabilité d'une mesure suffisamment volontariste (les quatre options le sont) doit aussi être évaluée. Les budgets carbone, qui sont, soyons clairs, une forme de rationnement, ont le mérite de la cohérence. Un tel dispositif, visant à baisser 30 fois nos émissions de 6 %, ne sera adopté que le jour où nous serons, collectivement, persuadés que la sauvegarde du climat impose une sorte d'économie de guerre.

Que le gouvernement crée une taxe en disant qu'on est, comme pour le Covid mais de manière plus pérenne, « en guerre », il y aura toujours des sceptiques pour prétendre que c'est une énième ruse pour toujours plus nous imposer. Par contre, économie de guerre et rationnement, il y a une certaine logique à les associer.

Plus ponctuellement, il y a aussi une différence en ce qui concerne l'aviation. La convention de Chicago interdit de taxer le kérosène. Par contre, créer un signal-prix par l'intermédiaire d'une enveloppe limitative qui engloberait les voyages en avion, ce serait un moyen de contourner cette difficulté purement juridique[1].

Enfin, le SEQE aussi bien que la taxe carbone se caractérisent par une conversion des émissions de CO_2 en € assez en amont dans le système économique, tandis que pour les bonus-malus et pour les quotas individuels, ces émissions se matérialisent par un certain nombre de C qui suivent toute la chaîne de valeur, depuis l'industriel le plus en amont jusqu'au détaillant final et au consommateur individuel. Ceci nous ramène

[1] Inversement, appliquer un système de budget carbone individuel à des touristes ou travailleurs frontaliers, ça méritera un effort d'adaptation non négligeable. La comparaison avec la TVA suggère qu'il y pourrait y avoir une pression pour la création de « duty-free » échappant à notre volonté de sauver le climat. Résistons-y – surtout s'il s'agit de touristes accros aux voyages en avion.

aux agriculteurs, dont j'ai évoqué certaines revendications à la fin du premier chapitre, mais dont je vais maintenant examiner les récriminations face aux pratiques de la grande distribution.

Si une politique climatique ambitieuse, prenant la forme d'une taxe ou du SEQE, pousse à la hausse les coûts des produits intermédiaires, et donc les coûts de production agricole, on n'est jamais certain que les contrats de vente avec la grande distribution laissent ces surcoûts se répercuter sur les prix de ces contrats, et finalement sur les prix en magasin. Or, les agriculteurs ont raison de dire qu'ils n'y sont pour rien, au moins à court terme. Et il serait normal que la responsabilité de ne pas aggraver le changement climatique soit transmise jusqu'au consommateur final.

C'est possible dans un système de quotas (ou de bonus-malus). Des Ͼ accompagneront le produit jusqu'au consommateur final sans que le distributeur puisse rien y faire (à part, obligatoirement, y ajouter ses propres émissions).

Le rapport de force entre agriculteur et commerçant sera ainsi inversé. Avec une taxe en € qui frappe l'agriculteur, le commerçant peut prétendre : « *je ne veux pas le savoir, respectez votre prix de vente et faites votre affaire de vos divers coûts de production, dont cette taxe* », c'est injuste et par ailleurs le signal-prix risque de ne pas atteindre le consommateur final. Avec des quotas individuels, au contraire, de telles manœuvres de la grande distribution sont exclues par principe.

Et, à moyen et long terme, par l'effet sur le consommateur du coût de ces Ͼ, les agriculteurs qui auront le choix entre conserver leur modèle énergétique et d'émissions de gaz à effet de serre, ou le faire évoluer vers plus d'efficacité et de sobriété, seront incités à faire ce choix de la manière la plus favorable au climat.

*

Les divers avantages que nous avons détaillés jusqu'ici sont assez variés et politiquement équilibrés. Je suggère donc de donner à tout projet basé sur ce concept le qualificatif suivant : « 100 % liberté, 100 % égalité, 100 % fraternité ».

Liberté parce que le principe de la formation d'un signal-prix sur une bourse d'échange, donc sur un marché, visant une allocation optimale des ressources rares, c'est la base du libéralisme économique. De même que le fait de laisser indéterminé le cours du Ͼ à partir duquel l'investissement par les entreprises prendra sérieusement le relai de la sobriété initiale des consommateurs. Et de laisser chacun arbitrer entre ne pas prendre l'avion, manger moins de viande de ruminant, ou payer pour conserver le droit de ne pas faire ces quelques efforts de sobriété. Plus, en option, la compensation de la baisse de recettes pour les États, par une réduction du clientélisme et de subventions mal maîtrisées. Tout cela est très libéral, assez pour contrebalancer le fait qu'il s'agit quand même, à la base, d'instituer un rationnement, absolument nécessaire, des émissions de CO_2.

Égalité parce que le fort effet redistributif qu'on en attend, prendre aux très gros émetteurs de CO_2 qui ne peuvent être que des très riches, pour récompenser les faibles émetteurs, qui sont souvent des pauvres, c'est clairement égalitariste – notons que les anglais ont un souvenir plutôt positif du rationnement égalitaire qu'ils avaient subi pendant la guerre et grâce auquel, tous ensemble, ils l'avaient gagnée.

Fraternité enfin parce qu'être responsables et renoncer à une mentalité « après nous le déluge », c'est être solidaires de ceux qui sont nos frères et sœurs en humanité et n'ont pourtant pas voix au chapitre : les générations futures.

J'avais parlé de projet au singulier, mais peut-être à tort.

Tout ce que nous venons de voir est possible parce que, tout au long de la chaîne de valeur, l'empreinte carbone des produits accompagne ces derniers, sous forme d'un nombre de Ͼ que chaque entité doit faire suivre à la suivante. Et ceci est à l'origine d'un nouvel atout des budgets carbone individuels (ici, commun avec les bonus-malus) : le fait qu'ils peuvent se décliner en deux variantes, dont chacune a des avantages spécifiques, et entre lesquelles un choix démocratique plus ouvert sera donc possible.

Examinons cela.

Homo economicus, ou pas : du pour et du contre

Des cinq dispositifs que j'ai annoncés à plusieurs reprises, nous en avons, pour l'instant, examiné quatre : la taxe carbone intégralement redistribuée ; les bonus-malus ; le SEQE simplifié avec également une redistribution intégrale et égalitaire du produit des enchères ; et les budgets carbone individuels et négociables dans la version très « homo economicus », uniquement sensible au prix, que je viens de décrire.

Dans ces quatre cas, le cœur du système est la création d'un « signal-prix » qui oriente, à lui seul, les comportements des agents économiques.

Pour les budgets carbone individuels, la mise en place concrète du système peut alors être assez simple, en particulier au niveau des entreprises.

La logique est qu'elles répercutent sur leurs clients les quantités de CO_2 que soit elles auront émises elles-mêmes, soit elles se seront vu notifier par leurs fournisseurs. Pour cela, elles auront un registre carbone (en « Ͼ ») qui devra juste être équilibré entre les entrées et les sorties.

Pourraient-elles s'écarter de cette règle ? Par exemple équilibrer leur registre, en complément, en vendant ou en achetant du Ͼ sur le marché réservé en principe aux particuliers ? La logique globale deviendrait moins lisible, mais en pratique cela ne fausserait en rien la bonne apparition du signal-prix, au bon niveau, donc pourquoi pas ?

De même, si elles (ou un particulier) font un investissement incluant beaucoup d'acier ou de ciment, donc beaucoup d'émissions, comment le traiter en comptabilité ?

Toujours dans la logique « homo economicus », il suffit de les laisser suivre leur intérêt financier, qui est de passer intégralement cette opération en Ͼ l'année de l'achat, au besoin en achetant ce Ͼ sur les marchés, ou en le refacturant aux clients tout en baissant leurs prix par ailleurs, le tout en empruntant des € à leur banquier. En effet, le cours du Ͼ va augmenter au fil des ans, donc leur intérêt est d'en acheter le plus possible tout de suite[1] dans le cadre de ces investissements riches en acier ou ciment. Une « comptabilité en Ͼ » n'a pas besoin de prévoir un étalement pluriannuel du Ͼ associé à ces achats, sur toute la durée de vie de ces équipements, comme c'est le cas pour une comptabilité en €.

Ainsi, il n'y aura rien de moralement anormal à ce qu'une personne ait, certaines années, des émissions au-dessus de la moyenne, par exemple du fait de la construction d'une maison ou de l'achat d'objets neufs riches en acier[2]. Si, en moyenne sur une décennie, cette personne émet moins que la moyenne, elle aura bien le droit de se considérer comme « sobre ».

Excluons donc toute idée de « surpénalisation » des gens se situant dans la partie haute de la fourchette pour leurs émissions de CO_2, surtout si c'est uniquement une année donnée.

De manière générale, les entreprises pourraient suivre leurs entrées et leurs sorties de Ͼ aussi précisément ou, au contraire, aussi sommairement qu'elles le souhaitent, il n'y a aucune raison que l'État leur impose quelque obligation que ce soit, une fois leurs entrées et sorties équilibrées.

Dès lors que l'effet mécanique du signal-prix uniforme sur les émissions fonctionnera, le principe est qu'on s'arrête là, et que, pour l'immense majorité de nos concitoyens (c'est-à-dire tous sauf ceux qui, volontairement, voudraient se lancer des défis personnels de super-décarbonation), on évite d'en rajouter dans la charge mentale. Le système sera financièrement

---

[1] Par contre, même dans cette version simplifiée du budget carbone, interdisons de conserver du Ͼ d'une année sur l'autre pour mieux le valoriser dans le futur. Chaque 1er janvier, tous les comptes en Ͼ devraient être remis à zéro ou presque, avant que ceux des consommateurs ne soient crédités de leur quote-part de l'enveloppe nationale. Ne pas instituer cette règle pourrait créer une spéculation déstabilisatrice.

[2] Sans compensation systématique par des reventes d'occasion. Au maximum, du Ͼ ayant été affecté à des voitures ou des maisons construites depuis l'entrée en vigueur du système pourrait être à nouveau échangé. Par contre, on doit exclure ce qui est plus ancien. Aucune raison qu'un héritier de plusieurs logements, qui passerait sa vie à les vendre, bénéficie ainsi d'une grosse réserve de Ͼ. De ce fait, les gens qui achètent dans l'ancien seront exonérés de Ͼ. Bon, ils paieront sans doute un peu plus cher en €…

récompensant pour les plus sobres et notamment les plus pauvres ; qu'il ne soit moralement punitif pour personne.

Les règles seront donc très simples, ce qui est un atout …

*

… mais on peut aussi – et voilà enfin notre 5ème dispositif – les complexifier, pour rendre le système plus efficace.

En effet, celui-ci présente l'inconvénient de mettre en jeu le même signal-prix pour des personnes sobres par nécessité, donc aux revenus modestes, et pour les ultrariches. Ce qui permettrait à ces derniers de persister dans leur mode de vie insoutenable pour le climat sans même s'en rendre compte, vu qu'ils ne sont pas à quelques centaines de milliers d'€ près. Ils ne contribueraient donc pas à l'effort collectif d'une manière qui reflète le pouvoir considérable dont ils disposent.

Pour mieux prendre cela en compte, on pourrait tout d'abord rendre l'achat des droits à émettre du CO_2, les Ͼ, plus coûteux pour ceux qui ont déjà bien dépassé leur budget : rendre le système plus progressif. Mais vous connaissez les riches : juste par principe, ils voudront s'opposer à tout ce qui a l'air « de gauche ». Et s'y opposer, dans ce cas, c'est facile : il suffit d'envoyer un domestique faire le plein à sa place, etc.

Une autre solution pourrait, au contraire, jouer sur leur psychologie. Déjà, faire remarquer à un riche qu'on l'autorise à conserver son mode de vie, mais par un mécanisme où un certain nombre de pauvres acceptent, par pure charité, de lui céder un peu de leurs précieux Ͼ, ça pourrait avoir un premier impact : lui donner envie de ne pas subir passivement le système, mais au contraire de montrer qu'il le maîtrise.

Et le maîtriser, ça peut être, par exemple, arriver à concilier mode de vie inchangé et bilan carbone parfaitement dans les clous. J'entendais un jour Thomas Piketty plaider pour le compte carbone en insistant pour que ça empêche des riches de se payer des voyages de tourisme dans l'espace, ce qui faisait alors l'actualité. Si j'étais un ultrariche, j'aurais une seule envie : construire une fusée en alliages fabriqués avec de l'énergie verte, et la propulser par de l'hydrogène vert. Juste pour pouvoir narguer ce genre d'opposants.

C'est puéril, indécent (si des partis politiques veulent proposer une « taxe sur l'indécence » pour éviter que ce genre de comportement ne ternisse l'acceptabilité des budgets carbone individuels, libre à eux), ou tout autre qualificatif péjoratif qui vous plaira. Mais il se pourrait aussi que ce soit utile.

En effet, le climat, et les technologies décarbonées, n'ont pas seulement besoin que leurs rivales, les énergies fossiles, soient pénalisées : ça, c'est pertinent une fois qu'on est en présence de deux filières industrielles parfaitement mûres. Mais quand l'une d'elles en est encore au stade de la recherche et développement, ou de l'incubation, elle a besoin d'un soutien plus prononcé, comme je l'ai indiqué, page 134, à propos du photovoltaïque d'il y a 15 ans et du bien fou que la politique allemande post-Fukushima lui (et donc nous) avait fait.

Donc si des ultrariches veulent, par snobisme, construire ou utiliser des fusées sans impact sur le climat, peut-être cela servira-t-il de soutien à l'innovation pour des technologies qui, plus tard, seraient utiles à l'ensemble de l'économie.

« Construire ou utiliser » : il y a en effet deux mécanismes par lesquels des ultrariches peuvent réagir à une situation où leurs émissions de carbone seraient excessives et où ils voudraient ne pas en subir de conséquences négatives, par exemple en termes de réputation. Ils peuvent soit devenir clients de technologies vertes très sophistiquées, soit entrepreneurs dans le même domaine. Les deux nous seraient utiles.

J'ai assisté il y a un an à un webinaire sur les « carburants soutenables pour l'aviation », au cours duquel j'ai appris qu'il y avait une très forte demande, de la part des utilisateurs de jets privés, pour les premières tonnes qui seront produites. Et cela, évidemment, à n'importe quel prix. Ce qui tombe bien puisque le coût est, aujourd'hui, le principal handicap de ces produits. C'est un bon exemple de ce que, pour se tirer d'une situation délicate en termes de réputation, des privilégiés peuvent adopter un comportement utile à tous – ce qui, au passage, justifie l'action militante qui a mis en lumière leurs nombreux déplacements en jets privés.

*

En me référant aux « premiers de cordée » macronistes, est-ce que je vise un compromis, politiquement critiquable, entre l'action militante que je viens de citer, et les ultrariches ?

L'alternative est la suivante : considérer que même si ces ultrariches trouvaient des moyens technologiques de maintenir leur niveau de consommation tout en n'émettant quasiment aucun gaz à effet de serre, cela resterait insupportable car, en permettant une « croissance verte », cela justifierait la notion de « capitalisme vert » qui, pour certains, est un oxymore, le capitalisme étant, par essence, destructeur de la nature.

Il faudrait donc modifier la notion d'équivalent-CO_2, pour y intégrer non seulement les autres gaz à effet de serre (méthane, oxydes d'azote, fréons, hexafluorure de soufre, …), non seulement les autres phénomènes ayant un effet de forçage climatique généralement positif (traînées de condensation des avions), mais aussi les consommations liées au mode de vie des ultrariches, jugé insupportable donc insoutenable.

Politiquement, ça peut se concevoir. Dès lors que l'on penserait que l'écologie est forcément un peu punitive pour tout le monde, le seul moyen de rendre cela électoralement acceptable serait de promettre, en même temps, qu'elle soit ultra-punitive pour les ultrariches.

Fédérer de cette manière une majorité des anti-macronistes, c'est ce que LFI avait déjà tenté en se greffant sur le mouvement des gilets jaunes (qui initialement était principalement un mouvement anti-anti-bagnoles, donc assez anti-écolo) pour essayer de le transformer en quelque chose de plus exclusivement anti-Macron. Donc, pourquoi pas ?

Mais de là à y adhérer comme à la seule stratégie possible, non. La même dénonciation de l'idée d'un capitalisme vert, on la retrouve dans le livre de Timothée Parrique (« Ralentir ou périr ») que j'ai cité page 20 et qui, pour affirmer qu'il n'y a pas de solution fondée principalement sur la substitution des énergies fossiles par des énergies renouvelables, reprend des arguments anciens, aujourd'hui faux, des partisans du nucléaire. En écrivant ici « Politiquement, ça peut se concevoir », j'ai donc décerné à des idéologues un label de cohérence que, s'ils se reconnaissent dans l'argumentaire de Timothée Parrique, ils ne méritent pas.

Ce point n'est pas marginal, il est central, car il faut faire baisser nos émissions de presque 100 %. S'il n'y a pas de substitution possible des énergies fossiles par des énergies renouvelables, alors nous restons soumis à l'effet rebond, et la seule manière de ne pas nous suicider dans un enfer climatique, c'est de nous imposer une austérité généralisée. Une politique ultrapunitive à l'encontre des ultrariches la rendrait acceptable, mais cette austérité imposée à tous resterait objectivement punitive. Tandis que s'il est possible de remplacer à près de 100 % les énergies fossiles par des énergies décarbonées, et d'abord renouvelables, alors l'effet rebond peut disparaître.

Mais à condition de répondre à la thèse « Sans Transition » de Jean-Baptiste Fressoz. Seule une politique de type quotas individuels égalitaires ou SEQE réformé en est capable, par son effet « cordage inélastique ». Celui-ci se déclinant en un signal-prix, éventuellement accompagné d'effets de réputation. En combinant ainsi « dissuasion nucléaire » et souplesse, nous aurons les meilleures chances de voir apparaître une industrie de la substitution intégrale des énergies fossiles.

En définitive, dès lors que la technologie (la rénovation thermique des bâtiments, les énergies renouvelables, les batteries, ...) ne serait pas contredite par des obstacles objectifs majeurs, nous aurions, politiquement, à choisir entre :

- une écologie un peu punitive pour la plupart des gens (de nombreux partisans des quotas individuels négociables utilisent bien plus souvent les mots « sobriété » ou « comportement » que « substitution des énergies fossiles par d'autres énergies ») et ultra-punitive pour les ultrariches,

- ou une écologie la moins punitive possible (voire légèrement récompensante si les choses se goupillent parfaitement bien) pour tout le monde.

Cette présentation tendancieuse vise-t-elle à favoriser la 2ème alternative ? Globalement, oui. Mais, comme toujours, l'aviation est un cas à part, avec tant de gens qui prennent prétexte, pour ne rien faire, de ce que des plus riches qu'eux volent encore plus qu'eux… C'est pourquoi, page 219, j'indiquerai : « une seule solution, la sobriété : moins voler ».

Dans les autres cas, va pour les « nouveaux premiers de cordée » et leur rôle favorable au progrès technologique ?

Je pourrais encore m'y opposer, avec des arguments de gauche (développer ces technologies de manière plus étatique peut donner accès à des taux d'intérêt plus faibles, très favorables aux énergies renouvelables). Mais pas en prétendant qu'une décroissance très forte (sinon, ça ne change rien) serait inévitable parce que l'idée de substitution des énergies fossiles par des renouvelables serait illusoire, et ceci sur le fondement d'arguments repris du lobby pronucléaire.

Ceci rejoint mon réflexe de physicien consistant à craindre que calculer des équivalent-CO_2 en fonction du caractère politiquement insupportable de toute consommation, même décarbonée, des ultrariches, ce soit la porte ouverte à du n'importe quoi. Et d'abord au retour des climatosceptiques qui pourraient – c'est un comble – en profiter pour se parer de la vertu de la rigueur scientifique !

Donc, même si c'est sans enthousiasme, laissons aux ultrariches l'échappatoire consistant à être très en pointe sur la décarbonation technique de ce qui entre dans leurs consommations.

Et comme, page 210 aussi bien qu'en haut de celle-ci, nous parlions d'aérien en évoquant le caractère particulier de cette question, revenons-y.

Avec quelques milliards, vous feriez quoi, pour le climat ?

Dans ce secteur de l'aviation, on connaît le principe, et les inconvénients, de la « compensation carbone » : en gros, un organisme vous exonère de votre mauvaise conscience en plantant ou en protégeant des arbres quelque part. Si tout va bien, ces arbres vont, pendant 30 ans, recapter petit à petit le CO_2 que vous avez émis au départ.

Déjà, ce décalage dans le temps entre les émissions et la recapture[1] pourrait être résolu si des milliardaires le décidaient : ils agiraient d'abord en investissant beaucoup de leur argent dans de telles actions puis, année après année, ils mettraient en balance la photosynthèse effective de ces arbres avec les demandes de compensation des voyageurs aériens.

Ils pourraient également s'engager sur des calculs précis des bénéfices en CO_2 de leurs actions, en prenant en compte l'ensemble des considérations pertinentes, qui sont très complexes.

Des preuves de cette complexité ? J'ai rappelé, pages 166 et 167, la difficulté à considérer le bois-énergie, pourtant renouvelable, comme 100 % favorable au climat. À court et moyen termes, même l'alternative consistant à laisser une forêt pousser encore un peu, et, en attendant, à se chauffer au gaz, est justifiable ! En fait, les trois critères principaux de la pertinence du bois-énergie ne tiennent pas à sa nature mais à son mode d'utilisation. En évitant les coupes à blanc, en brûlant surtout les déchets de la filière bois, et en ne les brûlant que lorsque le réseau électrique est en difficulté, on ne risque aucune critique.

Éviter les coupes rases ? Pour avoir un bilan en CO_2 favorable autant en termes de flux que de stock, il faudrait donc privilégier l'idée de faire sortir du bois petit à petit des forêts :

- par des coupes laissant à chaque fois suffisamment d'arbres presque dans la force de l'âge pour qu'ils prennent très rapidement le relai du stockage de carbone par photosynthèse, à la place des arbres plus mûrs que l'on enlève ;

- et/ou, de plus en plus au fur et à mesure que le climat deviendra plus hostile, en sortant les arbres qui en seront

---

[1] Décalage encore plus grave depuis que, parmi les rares scénarios climatiques qui convergent encore vers 1,5 °C ou moins de 2 °C en 2100, une forte proportion passe par une température encore plus chaude entre-temps. Émettre tout de suite et compenser plus tard n'est pas sans risque sur ce point. En fait, il faut réfléchir en termes de trajectoire complète, donc de gestion à la fois de flux et de stocks de carbone (ce que l'on va faire en parlant de forêts), et pas seulement d'équivalents-émissions de CO_2.

victimes : ceux mis à terre par les tempêtes, et ceux victimes des sécheresses et de leur vulnérabilité aux insectes.

Tout ceci aura un surcoût financier par rapport aux coupes rases, qui restent la solution de facilité pour une rentabilité économique maximale.

Surcoût financier que nos milliardaires pourraient combler au moment où il se produit, avant de se faire rembourser (ni plus, ni moins) progressivement, par des ventes de compensation carbone à hauteur de la différence entre la photosynthèse qui se produit et se stocke effectivement, et celle, plus faible, qui se serait produite et stockée en cas de coupes rases.

Pour que ces milliardaires puissent s'en vanter (car nous sommes toujours dans l'hypothèse où un compte carbone qualitatif les pousse à être imaginatifs pour redorer leur égo), les quantités de CO_2 compensées devront être expertisées par des spécialistes de l'écologie et de la gestion forestières, qui valideraient ou non les méthodologies de calcul appliquées à cette compensation.

Même si ces experts devront être exigeants et sans concession, ce sera, me semble-t-il, source de moins de difficultés que ce qui devrait, en théorie, être fait sinon, c'est-à-dire dans le cadre des quotas carbone, pour trouver des équivalents-C au fait de se chauffer au bois. Et ceci aussi bien à partir de déchets transformés en plaquette forestière ou en pellets, ou de bûches qui, sur certaines terres pauvres, sont la seule chose que l'on peut exploiter à partir d'une forêt. Et enfin en tenant compte du type de coupe, rase ou non.

Ce sont ces multiples difficultés qui m'avaient conduit à conclure le chapitre précédent sur l'idée qu'il était préférable de n'instituer aucun signal-prix à l'encontre du fait de se chauffer au bois – il s'agissait alors de taxe carbone, mais, mutatis mutandis, nous n'aurons pas non plus, ici, à le comptabiliser dans nos quotas individuels d'émissions de CO_2.

Pas de regret : pour faire cela sérieusement, il aurait fallu définir des coefficients différents selon le type de coupe, l'origine à partir de déchets (de scierie ou de foresterie) ou non, etc. ... Ceci à partir d'une expertise scientifique qui aurait autant de chances d'être contestée que celle qui sert de base aux politiques de quotas de pêche. C'est-à-dire avec un fort risque d'être considérée comme « punitive » par les représentants autoproclamés de « la ruralité », peu connus non plus pour leur sens de la rigueur scientifique.

Au contraire, en raisonnant autrement qu'en termes de signal-prix classique, pas mal de choses semblent assez bien se goupiller : des interventions « récompensantes », subventionnant les meilleures pratiques, et accordant une récompense symbolique aux milliardaires qui auront avancé l'argent nécessaire, sachant que cette dépense en avance par rapport aux gains de capture de CO_2 est nécessaire pour répondre à la critique classique sur la compensation carbone qui ne respecte pas le principe du « *un "tiens" vaut mieux que deux "tu l'auras"* » ; et tout ceci, pour un gain climatique qui devra quand même être l'objectif guidant de bout en bout les méthodologies à adopter …

*

La compensation carbone a une autre caractéristique que nous n'avons pas encore exploitée. Le CO_2 étant une pollution mondiale, et les touristes clients du secteur aérien étant bien placés pour savoir que notre planète est vaste, il n'y a aucune raison de se limiter à des actions favorables au seul secteur forestier français.

Au contraire, les « compensateurs » ont fini par se rendre compte que lutter contre la déforestation peut être bien plus efficace que de planter des arbres. Et comme la France n'est pas menacée de déforestation – au contraire, notre forêt s'accroît légèrement au cours du temps, même si ce puits de carbone est fragilisé – c'est hors de nos frontières que cet effet de levier supérieur peut être recherché en priorité.

Une piste d'action de « protection des forêts » que nous aurions jusqu'ici envisagée uniquement dans un cadre français, mais qui pourrait être transposée, à une échelle bien plus grande, à l'étranger ? Il y a bien, page 25, l'idée de favoriser la création de nombreux pare-feu par un effet de synergie avec le photovoltaïque, ceci en réaction aux mégafeux tels que ceux de 2022 dans les Landes.

Des mégafeux encore plus colossaux, à l'étranger ? Oui, dans des pays gigantesques et peu peuplés, Canada, Sibérie ou Australie. Y établir des pare-feu, cela aurait-il du sens ? À voir, selon les cas : forêts pas trop lointaines des régions anthropisées, soit un contexte proche de celui des Landes ? Étendues les plus vastes et les moins exploitées ? Cas intermédiaires ?

Les différences portent sur l'économie d'actions pouvant y être menées, et donc sur la part de ressources de type philanthropique à y affecter : 100 %, ou moins, dès lors qu'il s'agirait d'actions pouvant avoir une certaine rentabilité intrinsèque ? Loin de tout, ça n'a peut-être pas grand sens de vouloir produire de l'énergie renouvelable. Si aucune exploitation forestière n'existe, cela veut dire trois choses : qu'y créer et y entretenir des pare-feu sera coûteux ; que si la fonction de tels pare-feu est de favoriser une intervention de pompiers, encore faut-il qu'elle soit envisageable ; et enfin que la forêt en question est de type primaire, c'est-à-dire capturant autant de CO_2 qu'elle en émet, ce qui serait toujours le cas si, régulièrement, elle se mettait à brûler puis à repousser.

En étant très cynique, on pourrait même ajouter que par une telle alternance, cette forêt pourrait voir ses sols s'enrichir en braises dont certaines s'éteindraient lors de la fin de l'incendie, une fois la pluie arrivée : une telle forêt deviendrait une machine à produire un peu de charbon de bois, c'est-à-dire à stocker de manière imputrescible un peu de carbone.

Bon, ceci n'est que spéculations n'ayant de chances d'être exactes qu'à long terme. Et encore, car entretemps le passage d'une forêt non brûlée à fréquemment brûlée aura largement diminué le stock de carbone en cause. En fait, là aussi, je ne voulais susciter qu'une nouvelle association d'idées : entre « charbon de bois » et « Les Landes ».

Les charbonniers des Landes mettaient du bois en tas, en grosses meules, qu'ils faisaient brûler de manière contrôlée, de manière à ne dégager que la chaleur nécessaire à l'expulsion hors de la matrice lignocellulosique de tout ce qui était liquide, puis à sa pyrolyse. Ceci pourrait-il être adapté au cas des grosses quantités de bois coupé qui résulteraient de la création de grands pare-feu, dans des zones bien ciblées, là où sortir ce bois de la forêt serait peu économique mais où il ne serait pas totalement utopique de ne pas se résigner à une impuissance complète face aux gigafeux ?

L'idée serait de construire, par centaines, des usines roulantes de « pyropétroléisation » qui, en avançant, couperaient les arbres, les hacheraient menu, pyrolyseraient cette biomasse (éventuellement en brûlant pour cela la litière du sol si c'est utile pour obtenir un pare-feu encore plus efficace), condenseraient les matières expulsées du bois sous forme de vapeurs par la chaleur, enterreraient sur place le résidu carbonisé, et collecterait la liqueur destinée à être distillée comme un pétrole ou comme la térébenthine des Landes.

En effet, ça pourrait trouver de l'utilité, comme produits de base pour une chimie organique non dépendante du pétrole, pour du kérosène renouvelable, etc. Et donc une valeur au m^3 supérieure à celle du bois dont on a supposé qu'il en avait trop peu pour mériter d'être sorti de la forêt.

Resterait, pour cette stratégie, à, d'abord, ne pas être jugée complètement farfelue[1] – déjà, la technologie existante sur ce créneau est la pyrogazéification, donc il pourrait être plus difficile d'obtenir un liquide que du gaz, lequel n'aurait, ici, pas d'intérêt. Mais dans le cas contraire, pourquoi ne pas dépenser quelques sous pour en préciser la faisabilité de principe ?

Bon, moi, qui ne suis ni usager de l'aviation, ni ultrariche, ni député Ensemble ayant voté la suppression de l'ISF et se demandant ce que les bénéficiaires ont apporté en retour à

[1] Ou, tout simplement, moins pertinente que d'autres idées – le titre de ce sous-chapitre est un appel à l'imagination la plus libre. Un de mes relecteurs les plus pointus me signale à ce titre : « *déploiement de panneaux photovoltaïques en Inde ou en Afrique, projets ferroviaires, fours solaires, soutien à des associations de protection des forêts primaires, soutien à la planification et aux infrastructures des nouvelles villes dans les pays peu développés...* ».

l'intérêt général, je ne me sens pas directement concerné. Sauf sur un point : à force d'entendre ou de lire que s'attaquer aux vols en avions, c'est de l'écologie punitive, il faut bien que je réfute ce point de vue.

Et cette réfutation est forcément en deux temps, se concluant par ce qui précède.

Tout d'abord, faire état des résultats de la science : pour les moyen- et surtout long-courriers, l'avion à hydrogène, qu'il soit liquéfié ou comprimé, pose énormément de problèmes, et les e-fuels sont une utilisation très inefficace et bien peu prioritaire du même hydrogène vert, ressource qui ne sera hyperabondante que dans pas mal de décennies. Quant à l'avion photovoltaïque, Solar Impulse, il volait à 90 km/h et même sa version 3 n'aura que deux personnes à bord. Ces deux chiffres ne sont pas ceux d'une première expérimentation d'un concept qui aurait encore une grande marge de progression. Ils sont, au contraire, très proches des limites indépassables d'une telle idée. En attendant, une seule solution, la sobriété : moins voler, c'est tout.

2ème temps : ou alors, continuer de voler, mais à quelles conditions ?

Si, par miracle, d'ici à 30 ans, grâce à l'efficacité énergétique, au nucléaire ou surtout aux renouvelables, l'Humanité arrivait à réduire, disons, de 70 % ses émissions de CO_2 par rapport à aujourd'hui, ce serait sans doute encore insuffisant pour que le climat arrête de se réchauffer, puisque les 30 % restants continueraient de s'accumuler dans l'atmosphère[1]. Et l'aviation, qui en est déjà à plus de 3 % du total actuel et qui prévoit de continuer à croître fortement, commencerait à devenir, au sein de ces 30 %, un problème majeur, alors même qu'à l'échelle mondiale, seul un faible nombre de privilégiés prennent l'avion, occasionnellement ou plus fréquemment.

---

[1] Une partie est absorbée par l'océan et par la croissance des forêts. Encore faut-il que ces « puits de carbone naturels » ne soient pas rendus moins efficaces par les effets du réchauffement climatique lui-même, et il y a de fortes inquiétudes à ce sujet.

Ce n'est pas pour rien que Jean-Marc Jancovici qui, de toute évidence, n'est pas un écolo-gauchiste, mais un ingénieur pronucléaire formé à raisonner sur des réalités, propose, avec son think tank, le Shift Project, un rationnement spécifique à ce secteur, leurs calculs débouchant sur une évaluation très stricte : quatre voyages long-courriers par humain et par vie, dont deux dans sa jeunesse.

La seule possibilité admissible de voler plus que cela, serait de mettre en place une compensation carbone sérieuse, dont les effets soient concomitants des émissions considérées. Et pour qu'ils soient concomitants, pas d'autre solution que de les avoir préfinancés, car toutes les actions envisagées pour cette compensation, dans le secteur de la foresterie, ne peuvent se traduire par du CO_2 en moins dans l'atmosphère qu'après un certain délai. « Préfinancer » : avantage concurrentiel des ultrariches. Messieurs, à vous de jouer. Et si des idées abracadabrantesques mais à fort potentiel d'effet de levier vous tentent, à vot' bon cœur !

Bref, je n'y crois guère, mais quand on écrit un livre traitant de l'écologie récompensante et du post-macronisme, explorer les moindres recoins de ce que pourraient imaginer des « premiers de cordée » soucieux de préserver de la vindicte populaire l'aviation en général et leurs jets privés en particulier, ça fait partie du deal. Et donc, pourquoi ne pas passer en revue des hypothèses de travail du type de ces pare-feu à charbon de bois et usines roulantes de pyropétroléisation ?

C'était aussi une occasion de rappeler la très forte menace d'effet boule-de-neige de ces gigafeux, effets du réchauffement climatique et qui en sont en même temps un moteur puissant, par les quantités astronomiques de carbone vert qu'ils transforment en CO_2. Sans compter les effets collatéraux sur les régions des même pays concernées par le dégel du pergélisol (permafrost), avec la même menace d'un cercle vicieux massif.

C'est donc bien tout de suite, avant que ces spirales infernales ne soient enclenchées, qu'il faut agir.

Et, selon moi, en priorité par les moyens les plus efficaces dont nous disposons immédiatement : les énergies renouvelables, les diverses stratégies résolvant leur soi-disant problème d'intermittence, et des outils législatifs contraignants (mais libéraux) tels que les quotas carbone individuels, permettant d'éviter que ce progrès ne soit dévoyé par effet rebond. Un seul objectif : que, par substitution et non juxtaposition, notre consommation d'énergies fossiles cesse enfin.

Homo economicus, ou pas : pour conclure sur ce choix

Pour résumer et pour nous remettre en mémoire ce que j'ai écrit de moins déraisonnable sur la compensation carbone et sur l'innovation, ne négligeons pas la possibilité suivante : que des très riches, pour maintenir leur style de consommation, fassent des efforts de réduction de leurs émissions, qui soient plus coûteux financièrement que le simple fait de s'acquitter du « signal-prix » de base. C'est-à-dire du signal-prix unique généré par un système de budget carbone individuel négociable, dans sa version la plus simple, faisant appel à des comportements d'homo economicus.

Autrement dit, ces très riches, motivés par une question de réputation (à leurs propres yeux ou aux yeux des autres), ou vexés par le fait de devoir mendier du Ͼ auprès de pauvres, seraient prêts à agir comme s'ils étaient soumis à des incitations correspondant à un signal-prix bien plus élevé que celui s'appliquant au commun des mortels.

Ceci pourrait aussi être le cas, non seulement de ces « nouveaux premiers de cordée », mais aussi de nous, les sobres par conviction. Or, avec un signal-prix que la machine bancaire et commerciale rendrait transparent en le transformant quasi-instantanément en simple somme d'argent supplémentaire à recevoir ou à payer, nous finirions, comme tout le monde, par ne plus y penser. Tandis que si un double affichage en Ͼ et en € était souligné de manière insistante, nombre d'entre nous pourraient se fixer des défis tels que, par exemple, être 20 % en-dessous de la norme d'émissions[1] – et ceci, année après année, c'est-à-dire en suivant la même décroissance de - 6 % par an pendant 30 ans.

Un signal-prix subjectif, donc, nettement plus élevé que le signal-prix anonyme généré par le système de base. Et par lequel aussi bien les « nouveaux premiers de cordée » que les « très sobres par conviction » encourageraient les produits les plus neutres en carbone, permettant l'innovation et l'émergence d'une nouvelle offre, préfiguratrice de ce qui devra devenir la norme dix ou vingt ans plus tard… Oui, cette version du budget carbone à double niveau de signal-prix a l'air très convaincante !

Mais elle n'est pas gratuite.

La version de base, calquée sur l'idée que nous serions tous de simples homo economicus, s'autorisait une simplicité maximale : les entreprises n'avaient, parce que ça ne servait à rien, aucune obligation particulière concernant leur façon de comptabiliser ou de faire auditer leurs entrées et leurs sorties de ₵ ; elles pouvaient en acheter et en vendre sur le marché, donc à des particuliers ; elles pouvaient faire des économies en finançant intégralement dès la première année le contenu en ₵ de leurs investissements … c'était la liberté totale, à la seule condition, pour les entreprises, de faire rentrer autant de ₵ qu'elles en sortaient.

Mais comment laisser ce contenu carbone à la merci d'une absence totale de règles, d'un simple Far West, dans l'hypothèse où afficher un très faible contenu carbone deviendrait un argument commercial important pour capter la clientèle des sobres par militantisme et des nouveaux premiers de cordée, avec la possibilité de vendre très cher ces produits ?

Il faut donc que ce système, permettant de bien financer la transition énergétique aussi bien pour la consommation du

[1] Je connais même des personnes qui, dans ce cas, envisageraient de ne pas vendre leur surplus de ₵, afin de ne pas faciliter la vie à ceux qui émettraient trop de CO_2, et afin qu'au total nous détériorions encore moins le climat que prévu par la norme collective que nous nous serions fixée.

plus grand nombre de nos concitoyens (signal-prix de base) qu'au stade de l'innovation (signal-prix majoré par effet de snobisme ou de militantisme), fonctionne de manière non biaisée. Pour cela, le nombre de Ͼ affichés doit refléter le véritable contenu carbone d'un produit au travers de tous les process ayant mené à sa vente.

Il devient donc exclu qu'une entreprise achète du Ͼ à des particuliers – elle n'aura que le droit de le répercuter sur ses clients.

Il devient exclu qu'elle tienne sa comptabilité à sa guise, affectant beaucoup de son Ͼ à ses produits grand public et isolant des produits haut-de-gamme qui, par miracle, seraient quasi-neutres en carbone : pour empêcher ça, il faudra édicter une réglementation sur la comptabilité en Ͼ, former des commissaires aux comptes, des experts-comptables, …

Il devient enfin exclu de payer un gros investissement en acier et en ciment l'année de sa réalisation, quand aucun produit ne sort de l'usine en question, pour bénéficier d'un avantage compétitif important toutes les années suivantes. Il faudra imposer, à des entreprises qui ne le verront pas d'un très bon œil car elles y perdront, et dans le cadre d'une enveloppe globale nationale qu'il faudra recalculer d'une manière assez complexe, un amortissement comptable du contenu carbone de leurs investissements…

Encore plus délicate et, me semble-t-il, insoluble, la question des investissements réalisés avant l'entrée en vigueur du système. Par exemple, une entreprise veut vendre de l'électricité à des gens très soucieux de leur image. Si elle fait construire des éoliennes et des panneaux photovoltaïques, le bilan carbone sera bien meilleur qu'avec des énergies fossiles, mais il restera non nul, car cela consomme du béton, de l'acier, du silicium très pur, de l'aluminium, du verre, et nécessite d'avoir de grosses batteries pour lisser la production…

Cette entreprise devra donc refacturer du Ͼ à ses clients … sauf si elle rachète des fermes éoliennes et photovoltaïques construites dix ans plus tôt ! Ou alors, pour éviter ce contournement du système, il faudrait réévaluer le contenu carbone de tous ces investissements anciens, et bien d'autres, d'une très grande variété.[1] Mais on voit mal pourquoi il faudrait trouver un moyen de rétro-pénaliser ceux qui, il y a dix ans, ont construit des éoliennes, alors qu'on ne rétro-pénaliserait pas ceux qui, au même moment, voyageaient en jet privé.

Bref, rien qu'en nous limitant à l'avenir, il faudrait déjà introduire des mécanismes d'étalement qui ne seront pas très simples. C'est bien le problème : les règles du budget carbone de base, ne visant à générer qu'un signal-prix unique, en nous prenant pour des homo economicus réagissant de manière automatique et stéréotypée à ce signal-prix, auraient été particulièrement simples ; mais elles n'auraient pas inclus de soutien à une innovation bas-carbone plus audacieuse, ce soutien ne pouvant reposer que sur un ciblage des homo susceptibilus.

D'où la variante opposée, avec un signal-prix différencié selon les consommateurs concernés. Mais qui, malgré l'intervention de tout un monde bureaucratique, peuplé de règles comptables et de professionnels visant à les faire respecter, pourra de toute manière être contournée dès lors que l'achat d'occasion d'équipements anciens sera possible.

Comme disent les économistes, « no free lunch » : on n'a rien sans rien.

En pratique, il reste donc ce choix entre deux systèmes :

---

[1] Et pour des immeubles contenant des bureaux, sachant qu'ils peuvent être reconvertis en logements, et inversement ? J'ai exclu, dans la note n° 2 du bas de la page 208, d'imputer du C à des logements anciens au titre du ciment ayant servi à les construire. Et le chapitre précédent, qui traitait justement du logement, était conçu sur le principe de ne jamais en imputer quand la personne concernée était dépourvue de la possibilité d'y changer quelque chose.

De même, pour la question des éoliennes et des panneaux solaires qui nous intéresse, il vaut sans doute mieux nous résigner à ce que toutes les entreprises se trouvant dans cette situation rachètent effectivement des fermes d'énergie renouvelable anciennes, acceptant de les payer un peu plus cher du fait de cet avantage, et que les acheteurs de cette électricité puissent un peu trop facilement se vanter de ce qu'elle serait 100 % décarbonée alors qu'en réalité ce serait seulement vrai à ≈ 95 %... Ceux qui savent qu'aucune électricité n'a un bilan carbone 100 % vierge ne seront pas dupes de cette autosatisfaction discutable.

- un très simple, libéral et pas trop contournable, qui nous prend tous, en tant que consommateurs (y compris les très riches, espérons que ce libéralisme appliqué à eux-mêmes va les énerver), pour des machines incapables de réflexion sur les implications climatiques de leur acte d'achat ;

- ou, à l'opposé, un système plein de complexifications bureaucratiques, mais visant une véritable prise de conscience de notre empreinte carbone (et de celle des autres, donc la possibilité de « name and shame » les ultrariches), et finalement un financement astucieux de l'innovation bas-carbone.

Auxquels, bien entendu, on rajoutera le SEQE, système européen de quotas amont, que j'avais déclaré ex aequo, mais à réformer sur les deux points que j'ai examinés plus haut : redistribution intégrale du produit des enchères, et suppression du plafond de 45 €/t, soi-disant garde-fou qui, en réalité, libérerait Ulysse en train de devenir fou du chant des sirènes.

Il reviendra au débat démocratique de trancher entre ces trois options, et d'abord entre les deux versions des budgets carbone individuels, dont chacune a ses avantages et ses inconvénients.

Et, dans ce débat démocratique, la position d'Ensemble sera intéressante à observer.

Défendront-ils leur vision libérale de l'individu, cet homo economicus uniquement capable d'arbitrer par un calcul froid, entre son compte en banque et ses pulsions de consommation, téléguidées par la pub ?

Ou bien seront-ils sensibles à l'impasse dans laquelle se trouve leur discours sur les premiers de cordée français, qui sont souvent des individus cyniques et égoïstes, dont la mentalité consiste à « faire sécession » de la société[1], et tout au mieux animés d'un snobisme désuet et à côté de la plaque (financer des musées d'art moderne…) ? Aux Etats-Unis, où règne pourtant le capitalisme le plus débridé, un milliardaire

[1] Tiens, une autre notion, celle de « séparatisme », qui aurait pu être revisitée, au chapitre sur le nouveau progressisme, dans le cadre de la redéfinition de qui fait partie et qui ne fait pas partie de l'arc républicain.

qui tient à sa réputation a intérêt à investir massivement dans une fondation visant à lutter contre le sous-développement, etc. Et des pétitions réclamant plus d'impôts sont signées par ceux qui en seraient les « victimes » !

La conscience de cette impasse française permettrait-elle de faire émerger ces « nouveaux premiers de cordée », à qui serait offerte la possibilité de se motiver par une mission sociale réellement valorisante, ainsi que le sentiment grisant mais utile de convertir un gros pouvoir économique en un gros pouvoir de changer, pour le mieux, le sort de la planète ?

*

Ce qui suit, jusqu'à la page 232, n'est pas essentiel pour la compréhension du message principal de ce livre : j'ai à peu près fini d'expliquer en quoi l'usage des mots « écologie punitive » peut être doublement réfuté (au moins en ce qui concerne le climat), d'une part en promouvant toutes les occasions possibles d'écologie récompensante, et d'autre part en transposant à notre monde la stratégie d'Ulysse de résistance au chant des sirènes, clairement non auto-punitive.

Libre à vous, donc, de me faire confiance, en particulier sur le fait de pouvoir ainsi triompher de l'effet rebond. Mais, dès lors que j'entends le mot « confiance », ma formation de scientifique m'impose de mettre réellement la démonstration à votre disposition, car la confiance ne se décrète pas, elle se prouve. D'où les quelques paragraphes qui suivent.

*

Revenons d'abord sur le constat pessimiste que j'avais souligné au sous-chapitre sur cet effet rebond. J'y avais écrit, pages 129-130 : « ... *quasiment toutes les bonnes nouvelles qui pourraient se produire au sujet des grandes questions du monde, portent en elles le germe de mauvaises nouvelles pour le climat ... nombreux exemples : - Quel serait l'effet d'une répartition parfaitement égalitaire des revenus (que ce soit en France ou dans le monde) ? Peut-être plus d'émissions de* CO_2*, d'après Keynes lui-même, qui soulignait que la propension marginale à consommer des pauvres est supérieure à* *celle des riches, tandis que la propension à se reporter sur des solutions décarbonées varie, elle, sans doute en sens inverse.* »

À ceci s'ajoute le fait que nous examinons des dispositifs où la taxe carbone existante est soit supprimée soit redistribuée. Ceci génère un transfert net pour nous, à commencer par un citoyen qui serait juste dans la moyenne. On peut prévoir un effet rebond, et nous devons donc anticiper les conséquences à en tirer, notamment en termes de signal-prix.

« Anticiper » est un verbe qui a différents sens selon les cas : avec une taxe carbone intégralement redistribuée, c'est déjà le législateur qui devra prévoir de la fixer à un taux supérieur à celui qu'il aurait jugé pertinent en l'absence de cet effet rebond ; inversement, avec des budgets carbone individuels et négociables, ce rehaussement du signal-prix au niveau, en €/t, qui serait nécessaire, se produira automatiquement par le jeu du marché sur la bourse d'échange du Ͼ. Et, dans tous les cas, ce sera surtout aux entreprises d'anticiper les marchés qui, grâce à ce signal-prix plus élevé, s'ouvriront à elles si elles sont en pointe sur le décarboné, ou qui se fermeront à elles dans le cas contraire.

Cet effet rebond, ajouté à l'effet de plus forte propension à consommer de ceux qui seraient les bénéficiaires les plus nets du système, tout ça va, de base, complètement à l'encontre du but recherché. Au point de faire exploser le mécanisme ? Non. En prenant mieux en compte le fait que le pouvoir d'achat qui n'est pas consommé est épargné et finalement, pour l'essentiel, dépensé en investissements soit par les particuliers soit par les entreprises, je ne suis pas arrivé, pour l'instant, à concevoir de modélisation dans laquelle l'effet normal du signal-prix ne l'emporte pas quand il s'agit de calculer le total de toutes les émissions considérées. Les conséquences sont :

- pour la taxe carbone intégralement redistribuée, qu'une hausse de son taux entraîne toujours une baisse des émissions ;

- et, pour des budgets carbone individuels ou pour le SEQE réformé, que la bourse d'échange arrive toujours à trouver un prix du carbone où l'offre est égale à la demande, et que ce prix croît par ailleurs progressivement au fur et à mesure que l'on resserre la contrainte, ce qui est permet à l'économie de s'y adapter de manière rationnelle.

Au pire, avec divers consommateurs, notamment assez modestes, qui verraient leur pouvoir d'achat s'accroître, alors que la décroissance imposée des émissions de CO_2 poserait une sorte de limite sur les biens et services pouvant être consommés, comment se résoudrait cette apparente contradiction ?

Soit, classiquement, par de l'inflation « one-shot », comparable à celle que nous avons connue à l'occasion du Covid avec des revenus qui avaient été maintenus et des occasions de les dépenser qui avaient disparu : nous l'avons évoquée aux pages 34 et 35, à propos du « nouveau quoi qu'il en coûte ».

Soit, plus astucieusement, par une substitution de deux plaisirs, objets de la redistribution que nous visons : celui de consommer, remplaçons-le par celui du repos. N'oublions pas que ce sont les écolos qui avaient poussé à la loi sur les 35 heures. Si une organisation du travail progressiste aux deux sens du terme, intégrant de manière réfléchie les possibilités d'automatisation, permettait à la fois de générer les investissements de décarbonation nécessaires (« nous retrousser les manches », Cf. mon premier chapitre) et de moins solliciter le travail humain, la perspective de sortir par le haut de la transition climatique pourrait aider la société dans son ensemble à envisager l'avenir de manière confiante et apaisée.

Le reflux de l'angoisse climatique, l'amélioration du solde du patrimoine investi et des dettes financière et climatique, tout cela pourrait convaincre nos concitoyens du bien-fondé de la vision écolo. Profiter de plus de temps libre plutôt que d'être dans l'obéissance aux injonctions de la pub pourrait alors résoudre le risque de l'effet rebond, aussi bien en ce qui concerne les émissions de gaz à effet de serre que, plus généralement, le respect de l'ensemble des limites planétaires.

*

En fait, la plus grande difficulté à anticiper serait que l'aspect redistributif se mette à fonctionner à l'envers, ce qui serait rédhibitoire pour l'acceptabilité sociale du dispositif.

J'ai présenté les quotas carbone individuels comme redistributifs et récompensants parce qu'ils sont favorables aux plus pauvres qui sont forcément plus sobres énergétiquement, n'ayant pas les moyens de consommer à outrance. C'est vrai, mais les mécanismes incitatifs favorables au climat ne ciblent pas seulement la sobriété : ils ciblent (et c'est très bien) toutes les réductions possibles d'émissions de gaz à effet de serre, et donc à la fois, de manière sans doute indissociable, la sobriété et les éléments de la transition énergétique qui passent par des investissements.

La transition des entreprises qui se doivent de répondre à la demande « verte » des consommateurs, nous l'avons examinée en indiquant combien une sorte de « dissuasion atomique » leur interdisait de ne pas la faire. Mais il y a aussi les investissements des ménages eux-mêmes.

Si aucune mesure correctrice n'était prise, qui pourrait investir le plus facilement ? Les riches, pour quatre raisons : parce qu'ils ont parfois la trésorerie suffisante pour investir sans même emprunter ; parce que sinon, « on ne prête qu'aux riches » ; parce qu'en matière de logement, ils sont surreprésentés parmi les propriétaires ; et enfin parce qu'en jouant le jeu des « nouveaux premiers de cordée » que je viens de décrire, ils ont un cadre d'action que les pauvres n'ont pas.

Avec quelles conséquences ? Qu'après quelques années d'investissements des ménages se produisant de manière non accompagnée, les plus riches deviennent moins émissifs que les plus pauvres, alors même que leurs sobriétés respectives resteraient ce qu'elles sont. Et qu'ainsi, les mesures incitatives censées être redistributives finissent par plus pénaliser les pauvres et les locataires, que les riches et les propriétaires.

J'avais indiqué plus haut que, dans une approche du type « Ulysse résistant au chant des sirènes », en cas de réussite des politiques pro-climat et donc de baisse importante des cours mondiaux des énergies fossiles, je ne voyais aucun inconvénient à ce que le « signal-prix » atteigne des montants très élevés. Ceci parce que ça ne frapperait que les moins sobres, donc les plus riches. Si, en réalité, ça devait surtout frapper ceux à qui on aura le moins prêté, donc les locataires et les plus pauvres, nous serions en présence d'une écologie bien punitive.

C'est pourquoi la pureté de la théorie du signal-prix qui serait plus rationnel que les politiques sectorielles, et en particulier les politiques de subventionnement, ne résiste pas à une analyse plus précise. Il sera bien nécessaire, comme développé au chapitre précédent, de renforcer les droits des locataires, dans le fonctionnement juridique des copropriétés, mais aussi en faisant intervenir des tiers-investisseurs, c'est-à-dire en fait des « prêteurs qui ne prêtent pas qu'aux riches ».

De même pour l'accès à la voiture électrique : la location à 100 €/mois devrait, elle aussi, s'appuyer autant qu'il sera nécessaire sur le même concept de tiers-investisseur. L'échec ne sera pas permis dans ce domaine – sachant qu'aux pages 52 à 55, en plaidant (avec une argumentation géopolitique très personnelle) pour l'hybride, j'ai suggéré une échappatoire pour le cas où l'obstacle serait décidément trop haut pour 2035.

Ces tiers-investisseurs, s'ils s'appuient sur la puissance publique, seront-ils trop coûteux ? C'est bien pour résister à cette objection qu'au 1er chapitre, j'ai rappelé deux arguments pro-keynésiens en matière de climat. Tout d'abord, c'est le total de la dette climatique et de la dette financière publique qui importe dans notre legs aux générations futures. De plus, investir aujourd'hui massivement dans la transition énergétique, c'est le contraire d'une attitude de « vie facile » qui est souvent associée à l'idée de laisser filer la dette publique.

Ce n'est donc pas pour des raisons budgétaires que l'on devrait refuser de répondre à la demande de travaux, notamment si elle est très forte. Mais il peut y avoir d'autres raisons de ne pas y répondre, par exemple s'il n'existe pas assez d'entreprises et de techniciens, ou de matériaux, pour réaliser ces investissements. Dans ce cas, comment choisir les heureux élus ? Personne n'accepte le tirage au sort pour ParcourSup, pourquoi serait-il plus justifié ici ? La régulation par file d'attente est toujours une solution par défaut, même si elle peut sélectionner les plus motivés. Ce critère peut aussi s'évaluer sur des actes plus utiles : pourquoi ne pas conditionner un accès rapide aux subventions, prêts aidés, etc., à des engagements personnels pro-climat ? S'engager à covoiturer, à gérer son chauffage et le rechargement de sa voiture de la manière la plus utile pour les réseaux électriques …

En tout cas, n'hésitons pas à voter toutes les mesures nécessaires pour remettre à égalité, face à la capacité d'emprunter, les riches et les pauvres, les propriétaires et les locataires.

*

J'ai indiqué plus haut que l'effet rebond ne risque pas de complètement paralyser le fonctionnement d'un système de quotas carbone individuels négociables. Cependant, dans un contexte d'enveloppe d'émissions qui devra diminuer de 6 % par an, sans faiblir, pendant 25 ou 30 ans, la transition énergétique risque de ne pas être super-facile, et, là encore, si ça bloque, c'est le signal-prix qui le montrera, en s'élevant nettement plus haut qu'espéré dans le cadre de scénarios plus cools.

Cela serait le révélateur de ce que la dissuasion (« bombe atomique ») marcherait mal pour punir les non-innovateurs, par exemple s'il y avait, de manière inattendue, des difficultés techniques objectives qui rendent difficile la transition de l'ensemble des entreprises privées. Il serait donc utile de mobiliser tous les moyens que ça se passe bien, et en particulier les deux que nous avons évoqués dans ce livre :

- l'option « nouveaux premiers de cordée »[1] serait à privilégier s'il y avait un risque de sous-innovation tel que décrit ci-dessus, conduisant à la non-apparition de prix d'équilibre raisonnables sur la bourse d'échange du carbone. Surmonter

---

[1] Parmi les deux qui étaient apparues il y a quelques paragraphes, dans le cadre des budgets carbone individuels et négociables. Pour résumer : l'idée est de s'orienter vers un cadre comptable assez exigeant pour que les produits aient un étiquetage carbone fiable et que la peur du « name and shame » pousse les très riches à acheter ou investir dans le très décarboné d'une manière qui encourage l'innovation – par opposition avec l'option qui repose uniquement sur le signal-prix en nous prenant juste pour des homo economicus, avec l'avantage de règles de comptabilité carbone plus souples mais l'inconvénient de moins induire un soutien à l'innovation de la part des très riches.

ces difficultés pourrait intervenir de manière anticipée, grâce à la prime au snobisme de « super-innovateur » qui serait attachée à la stratégie de définition des quotas carbone individuels visant à l'apparition de ces « nouveaux premiers de cordée ».

- et il faudra éviter qu'une fois que la plus grande partie des logements habités par leurs propriétaires auront été rénovés par la triple incitation « Ma prime Rénov' + prix de l'énergie + signal-prix sur le CO_2 », ce mouvement ne se grippe dès lors qu'on en arrivera aux logements en location avec chauffage individuel au gaz ou au fioul, et au blocage des « tenant / landlord split incentives » examiné au chapitre précédent. Les propositions que j'y ai faites sont d'autant plus nécessaires. Cependant, je les ai formulées uniquement en supposant que le signal-prix était généré par une taxe carbone. Il reste donc à transposer ces politiques dans le cadre des budgets carbone individuels.

En fait, il n'y a aucune difficulté particulière. L'équivalent du fait que la taxe carbone continue de peser sur les locataires, c'est que, dans un système de budgets carbone individuels, ces mêmes locataires voient le CO_2 émis par leur chauffage pris en compte à 100 % dans leur enveloppe annuelle à respecter. De ce strict point de vue, nous aurons instauré les budgets carbone individuels sans distinguer le secteur du logement.

La seule chose vraiment nécessaire, ce n'est pas de changer l'identité de celui sur qui pèsera cette incitation, c'est de fortement accroître sa capacité à y répondre. Donc d'attribuer à ce locataire, y compris en assemblée de copropriété et/ou avec l'intervention d'un tiers-investisseur, la capacité juridique d'engager des travaux, dans le cadre d'un financement mobilisant les économies qui apparaîtront annuellement sur sa facture de chauffage.

RÉSOLUTION

Il y a 8 ans, Emmanuel Macron rédigeait « Révolution ». Vaste programme. Dans son chapitre intitulé « *Produire en France et sauver la planète* », on peut lire, mélangés à d'autres questions environnementales, quelques faits assez consensuels sur le climat. La phrase sur « … *la filière nucléaire qui, seule, permet une production d'électricité décarbonée et à des prix particulièrement compétitifs* » ne figure pas dans ce chapitre. Peut-être pour masquer la contradiction du mot « seule » avec l'affirmation, non démentie depuis, selon laquelle, en 2025, le « *solaire photovoltaïque* (pourrait devenir) *le mode de génération d'électricité le moins coûteux qui soit* ».

Je ne suis pas de taille à proposer « une nouvelle révolution ». Je me contenterai donc de conclure ce livre en insistant sur les deux sens d'un mot voisin, celui de « Résolution » :

- « résoudre » une équation, qui provient de la science. En 2020, avec le Covid, nous avons découvert la règle : « on ne négocie pas avec le coronavirus ». Les évènements extrêmes de ces dernières années montrent qu'on ne négocie pas non plus avec la physique du climat. Si nous, humains, ne nous mettons pas d'accord sur les mesures à adopter, et même si nous avons de bonnes excuses à présenter, il n'y aura aucune mansuétude à attendre de la part du climat : il évoluera comme les lois de la physique prévoient qu'il évolue, et c'est tout. Désolé, si vous trouvez mes propositions « déconnectées des réalités », je vous retourne l'argument : il n'y a pas plus réel que ce que montre la physique du climat.

- et « rester résolus, déterminés », dans un combat où ce n'est pas facile, car c'est seulement dans une bonne génération que nous saurons s'il est gagné. Les tentations sont là, qui nous guettent. Nous pouvons nous protéger d'elles en nous fixant des contraintes, qui ne sont pas plus punitives qu'Ulysse ne voulait se punir lui-même quand il préparait sa stratégie de résistance au chant des sirènes. Ceux qui voudraient, au contraire, que nous y cédions, les marchands de doute et de découragement, qu'ils soient climatosceptiques à la solde du lobby des énergies fossiles, ou politicien(ne)s n'ayant que les mots « écologie punitive » à la bouche, sont donc les fossoyeurs des générations futures. C'est leur droit, mais appelons un chat un chat. Et inventons de nouveaux moyens de les combattre. L'écologie récompensante, par exemple.

Les civilisations qui se sont effondrées, en particulier après avoir détruit leur environnement, comme les Mayas ou les Pascuans, n'ont pas eu de deuxième chance. Heureusement, notre monde, à commencer par la France, ne manque pas de moyens à affecter à notre survie. Nous avons toutes les cartes en main à part une seule : les choses seraient plus faciles, nous n'aurions pas besoin de nous forcer à rester résolus, si nous subissions en temps réel les conséquences de nos actes.

Au lieu de cela, le CO_2 que nous émettons est un gaz invisible dont l'action, bloquant les infrarouges qui essaient de traverser l'atmosphère pour nous aider à nous rafraichir, est difficilement perceptible. Et surtout, il reste en moyenne plus de 100 ans dans l'atmosphère, donc produira son réchauffement aussi bien demain que dans 50 ou 100 ans. Quant à celui que nous subissons aujourd'hui, plus de possibilités d'agir : il est l'héritage des décennies passées.

Rien d'étonnant, dans ces conditions, à ce que nous soyons soumis au syndrome de la grenouille (Cf. p. 127-128), et menacés de subir passivement un réchauffement de plus en plus mortel, auquel nous aurions réagi vigoureusement si nous l'avions ressenti instantanément.

Ce syndrome, conjugué à l'effet rebond, nous oblige à des efforts de volonté constants pour nous dégager de l'ornière du « business as usual ». Il nous faut, au minimum, la vision d'un « bon port » renouvelable à rejoindre, pour rester suffisamment résolus et échapper à un tel enlisement de tous les jours.

Comment nous contraindre nous-mêmes à répondre aux enjeux de long terme ? Au moment où j'écris ces lignes, en juillet 2024, personne ne sait de quoi seront faites, en France, les trois années à venir, pourtant essentielles pour le climat.

Le sentiment d'impasse politique que ressentent beaucoup de français concerne aussi bien les questions qui sont explicitement portées par les principaux partis, que le climat, qui semble oublié. Il n'y a pourtant pas d'enjeu plus existentiel.

Le reflux des mobilisations pour le climat d'il y a quelques années doit-il se traduire, au nom de la démocratie, par un recul des politiques de réduction des émissions de gaz à effet de serre ? Au regard des échelles de temps pertinentes, elles sont à peine engagées. Sitôt passées de mode, sitôt à abandonner ? Elles méritent une circonstance atténuante.

Ce mouvement des marches pour le climat, auxquelles même Gabriel Attal avait participé, portait une exigence : l'arrêt de l'inaction. Dès lors, comment savoir si nous avions gagné ? Si un gouvernement a un projet de réforme, que le pays s'y oppose, et que le pouvoir retire son projet, le succès de la mobilisation est clair, on peut passer à autre chose. Mais que penser d'un premier ministre qui viendrait dire : « Vous avez protesté contre mon inaction, bon, d'accord, vous avez gagné, je cède, j'arrête de ne pas agir. » ? À quoi cela l'engage-t-il vraiment ? Si, le lendemain, il ne se passe rien, est-ce un parjure ? Et un mois plus tard ? Et deux ans plus tard ?

Encore le syndrome de la grenouille ! Une seule solution : mettre l'exigence de résolution au cœur de la démocratie.

Les questions qui ne peuvent être résolues que par une action résolue, c'est-à-dire par une volonté qui ne s'érode pas au cours du temps, devraient, dans l'idéal, bénéficier d'un traitement de faveur.

Au minimum, que ce ne soit pas l'inverse. Il est décourageant que, quelques années après que des centaines de milliers de personnes aient, à maintes reprises, manifesté à pied pour le climat, les revendications anti-climat des agriculteurs deviennent prioritaires au motif qu'à quelques dizaines sur de gros tracteurs, ils ont les moyens de bloquer une autoroute[1].

---

[1] Ceci dit sans animosité à leur égard ni opposition à leurs autres revendications. Page 205, j'ai souligné les atouts que les quotas carbone aval leur donneraient dans leurs relations avec la grande distribution

C'est vrai, multiplier par zéro ou presque nos émissions de gaz à effet de serre, c'est une transformation radicale. S'y tenir en faisant preuve d'une résolution sans faille pendant des décennies, ce n'est pas dans l'air du temps, addict à la succession de modes éphémères. Mais ne pas le faire, c'est simplement impossible au regard des lois de la physique.

Tolérer un flux constant d'émissions nettes de CO_2, ce ne serait pas nous accommoder d'une situation dégradée mais stable : ce qui serait constant, ce serait son rythme d'aggravation, sans limite. La substitution radicale des énergies fossiles par des énergies décarbonées est donc une nécessité absolue.

Argumenter sans tenir compte des lois de la physique, ce n'est pas une opinion comme une autre. Ce que dit la physique du climat peut être vérifié par des expériences de laboratoire, donc tranché objectivement. S'il n'y avait pas de possibilité, sur cette base, de construire un consensus trans-partisan assez largement majoritaire, ce serait à désespérer de tout.

Au sens propre : ce serait accepter que l'humanité choisisse la voie du suicide collectif.

Ce diagnostic est sévère, mais, pour les solutions, je suis aussi pragmatique que possible. Selon les cas, j'ai défendu des idées parfois libérales et parfois étatistes, parfois écolo et parfois technosolutionnistes …

Le seul compromis envisageable avec la tendance à la procrastination qui nous caractérise collectivement depuis des dizaines d'années, c'est une écologie aussi récompensante que possible, y compris dans le cadre d'une stratégie à la Ulysse. J'ai essayé d'y contribuer, techniquement et du mieux que j'ai pu, par ce livre. De même que j'ai cherché à montrer en quoi un « bon port » très renouvelable serait possible, même avec de longues pannes de vent et de soleil.

D'autres auteurs que moi feront mieux. Mais, en attendant, aux politiques de prendre le relai et de ne pas gaspiller, par des postures et des jeux politiciens stériles, les dernières années que la physique du climat nous laisse pour nous montrer à la hauteur de nos responsabilités à l'égard de nos enfants et de nos petits-enfants.

Table

Structures éditoriales du groupe L'Harmattan

L'Harmattan Italie
Via degli Artisti, 15
10124 Torino
harmattan.italia@gmail.com

L'Harmattan Hongrie
Kossuth l. u. 14-16.
1053 Budapest
harmattan@harmattan.hu

L'Harmattan Sénégal
10 VDN en face Mermoz
BP 45034 Dakar-Fann
senharmattan@gmail.com

L'Harmattan Cameroun
TSINGA/FECAFOOT
BP 11486 Yaoundé
inkoukam@gmail.com

L'Harmattan Burkina Faso
Achille Somé – tengnule@hotmail.fr

L'Harmattan Guinée
Almamya, rue KA 028 OKB Agency
BP 3470 Conakry
harmattanguinee@yahoo.fr

L'Harmattan RDC
185, avenue Nyangwe
Commune de Lingwala – Kinshasa
matangilamusadila@yahoo.fr

L'Harmattan Congo
219, avenue Nelson Mandela
BP 2874 Brazzaville
harmattan.congo@yahoo.fr

L'Harmattan Mali
ACI 2000 - Immeuble Mgr Jean Marie Cisse
Bureau 10
BP 145 Bamako-Mali
mali@harmattan.fr

L'Harmattan Togo
Djidjole – Lomé
Maison Amela
face EPP BATOME
ddamela@aol.com

L'Harmattan Côte d'Ivoire
Résidence Karl – Cité des Arts
Abidjan-Cocody
03 BP 1588 Abidjan
espace_harmattan.ci@hotmail.fr

Nos librairies en France

Librairie internationale
16, rue des Écoles
75005 Paris
librairie.internationale@harmattan.fr
01 40 46 79 11
www.librairieharmattan.com

Librairie des savoirs
21, rue des Écoles
75005 Paris
librairie.sh@harmattan.fr
01 46 34 13 71
www.librairieharmattansh.com

Librairie Le Lucernaire
53, rue Notre-Dame-des-Champs
75006 Paris
librairie@lucernaire.fr
01 42 22 67 13